Demografia e migrazioni nel mutamento epocale

Piermaria Davoli

Demografia e migrazioni nel mutamento epocale

Edizioni LOTTA COMUNISTA

Editoriale Lotta Comunista s.r.l.
Via per Crescenzago 188 – 20099 Sesto San Giovanni (Milano)

ISBN 978-88-96901-88-5

Nota redazionale
Il volume raccoglie articoli pubblicati su *Lotta Comunista* dal febbraio 2012 che, salvo la correzione dei refusi, sono presentati integralmente. La suddivisione in capitoli, con i relativi titoli, è redazionale.

Indice

INTRODUZIONE

Da decenni, sin dai primi segnali, crisi demografica e irrompere dell'immigrazione hanno fatto parte della nostra battaglia teorica e politica comunista. «Civiltà della vita», a fine anni '70, fu la nostra parola rivoluzionaria sulle questioni dell'aborto e del calo delle nascite, che iniziava a segnare l'andamento demografico italiano. Si denunciava in quell'articolo il fallimento di un riformismo pusillanime, che lasciava alla Chiesa «la bandiera della vita». La Chiesa coglieva l'esigenza oggettiva che si poneva alle borghesie delle potenze mature dell'imperialismo, difendere il livello della natalità al fine di evitare «un pericoloso vuoto futuro di popolazione». Quanto alla classe operaia cosciente, se si opponeva all'ipocrisia di tutte le leggi che vietano l'aborto, essa era l'unica ad avere «una prospettiva per il futuro dell'umanità»; non aveva paura della vita perché era in lotta contro la capitalistica «civiltà della morte», e nella società comunista avrebbe realizzato appunto la «civiltà della vita».

Non molto tempo dopo, però, Arrigo Cervetto doveva interrogarsi proprio a quel proposito su un «problema strategico»: la «miopia» delle frazioni borghesi dominanti, che non avevano raccolto l'offerta politica natalista vaticana.

A quarant'anni da quel combattimento teorico e politico, possiamo trarne quattro conseguenze. Primo, la *crisi demografica* si è avvitata esattamente come previsto allora; il numero di figli per donna è da decenni sotto il livello di rimpiazzo, si sono ridotte le schiere femminili in età riproduttiva e il «vuoto» di popolazione si misura ormai nelle centinaia di migliaia che mancheranno alle leve in età lavorativa.

Secondo, la «miopia» non è stata un tratto della sola borghesia italiana; pressoché in tutte le metropoli imperialistiche mature un *inverno demografico* così prevedibile è sopraggiunto inaspettato, palesandosi all'improvviso nelle sue conseguenze sulla produzione e sui rapporti di potenza. Terzo, anche le borghesie che avevano una loro tradizione natalista, essenzialmente quella francese, certo hanno ritardato di una generazione il manifestarsi della tendenza generale, ma al dunque iniziano a inoltrarsi anch'esse nell'*inverno demografico*. Si riscontra una vera e propria *legge della popolazione della maturità imperialista*, dove pesano *famiglia plurireddito*, *patrimonializzazione di massa*, generalizzazione dell'istruzione superiore e universitaria che ritarda l'età del primo concepimento. In misura crescente, il capitale nella sua spinta cieca per riprodurre sé stesso si è impadronito della donna come forza-lavoro, ma così facendo non si è curato di tutelarla come forza riproduttiva della specie.

Quarto, l'altra faccia del declino demografico nelle società mature è il ricorso al rincalzo migratorio; del resto lo stesso sviluppo globale del capitale è andato disgregando le campagne del mondo, riversando nelle città ogni anno decine di milioni di migranti. Per una frazione, forse un decimo o un ventesimo, quel flusso imponente va a colmare il deficit demografico delle vecchie potenze, America ed Europa soprattutto: lo sviluppo imperialista delle aree mature non sa più reggersi senza succhiare giovane forza-lavoro dalle nuove aree, con tutte le conseguenze economiche, sociali e politiche che ciò comporta. Mentre l'impatto migratorio alimenta le paure di società invecchiate, agricoltura, servizi e anche industria non possono più reggersi senza l'apporto indispensabile della manodopera immigrata. Se la demagogia di tanta parte della *loro* politica è spinta dalla logica cialtrona del parlamentarismo a inseguire e ad attizzare le paure xenofobe e securitarie, si affaccia ormai nelle vecchie metropoli dell'imperialismo un nuovo tratto della contesa, una vera e propria concorrenza per assicurarsi i flussi migratori.

È qui che la riscoperta *natalista* del governo di Giorgia Meloni si rivela un calcolo a metà, e mostra sul fronte migratorio la medesima vecchia «miopia». Anche ammesso che politiche per la natalità vengano attuate, sul modello francese o nordico, avrebbero effetto tra decenni, mentre già oggi e nell'immediato domani la voragine demografica che si è aperta nelle leve in età lavorativa rende certo – è matematica – che l'apporto migratorio alla forza-lavoro dovrà essere raddoppiato.

Non sta a noi il compito di dare consigli alla *loro* politica, che sarà investita da contraddizioni e collisioni storiche che non sa comprendere, si tratti della destra neoconservatrice o di un riformismo frastornato e imprigionato anch'esso nell'elettoralismo securitario. Quanto alla *nostra* politica comunista, si tratta di attrezzarsi nella teoria, nell'analisi e nell'organizzazione per la battaglia internazionalista, in difesa dell'unità di classe contro ogni discriminazione per etnia, religione o nazionalità. Giunta alla condizione senile e parassitaria della sua maturità, la società capitalistica non è più in grado nemmeno di assolvere al compito primordiale della riproduzione della specie; lo sviluppo imperialista erode le stesse basi biologiche dell'esistenza sociale. Può esserci dimostrazione migliore della necessità storica di una società superiore, una società comunista?

CIVILTÀ DELLA VITA

Il riformismo dimostra una faccia del suo fallimento lasciando alla Chiesa la bandiera della "vita". La Chiesa, agitando questa bandiera, da un lato si attesta su di un moralismo ipocrita, in quanto non intacca le cause sociali che provocano morti in mille direzioni, ma dall'altro coglie una tendenza oggettiva sorta nei paesi industrializzati a contrarrestare la caduta delle nascite.

La Chiesa, sempre attenta ai fenomeni demografici, organizzatrice professionalmente di tutti gli effetti demografici, ispiratrice di una propria scuola demografica, sa perfettamente che le borghesie dei vari paesi industrialmente maturi si pongono il problema di aumentare la natalità e di evitare un pericoloso vuoto futuro di popolazione. Essa fornisce la sua tradizionale ideologia a tale esigenza oggettiva, certa di essere riportata così sulla cresta dell'onda.

Infatti la borghesia, che ieri aveva propagandato le correnti riformiste e laiche, sostanzialmente neo-malthusiane, nelle campagne per il divorzio e l'aborto, sta lasciando largo spazio alle nuove campagne della Chiesa.

Ieri, dai riformisti neomalthusiani, oggi, dai cattolici, tutto ciò assume il nome di "diritti civili". I corsi demografici della specie umana sono un qualcosa di molto più profondo dei fenomeni superficiali del diritto e del costume. Essi sono i cicli della produzione fondamentale delle forze produttive: la produzione dell'uomo.

Rifiutando ogni soluzione superficiale, in un senso o nell'altro, il marxismo ci insegna che solo il comunismo è la "civiltà della vita" perché risolve la necessità nella libertà.

Arrigo Cervetto, Roberto Casella, *Lotta Comunista*, aprile 1979.

UN PROBLEMA STRATEGICO

La tendenza demografica, determinata dalla industrializzazione e dalla forza-lavoro femminile (da noi analizzata nel Centro Nazionale allargato di marzo), va verso la crescita zero e sotto zero.

È una tendenza oggettiva che, almeno per 10 anni, non sarà impedita dal natalismo. Quindi: aumento lavoro femminile, raddoppio immigrazione, inevitabili tensioni razziali.

Le frazioni borghesi (salvo il terzo costituito dalla finanza cattolica) hanno bloccato la Chiesa come corrente natalista (la quale perciò continua isolata).

Perché?

1°) Per miopia?

2°) Per calcolo immediato sull'attuale mappa del potere?

Arrigo Cervetto, "Relazioni", 22 maggio 1981, *Opere*, vol. 18.

«La popolazione è un'astrazione, se ad esempio non tengo conto delle classi di cui si compone. Queste classi sono a loro volta una parola priva di significato, se non conosco gli elementi sui quali esse si fondano. Ad esempio il lavoro salariato, il capitale ecc. [...] Se dunque incominciassi con la popolazione, avrei un'immagine caotica dell'insieme, e attraverso una determinazione più precisa perverrei sempre più, analiticamente, a concetti più semplici. [...] Da quel punto il viaggio dovrebbe esser nuovamente intrapreso a ritroso, fino a giungere finalmente, di nuovo, alla popolazione, che questa volta però non sarebbe più la rappresentazione caotica di un insieme, bensì una ricca totalità di molte determinazioni e relazioni. [...] Quest'ultimo è evidentemente il metodo scientificamente corretto».

Questo è l'approccio del marxismo alle questioni demografiche, come enunciato da Marx nei *Grundrisse*: non la sovrapposizione di uno schema astratto alla realtà, ma un approccio che parte dalle classi e dai rapporti fra le classi.

«In differenti modi sociali di produzione esistono differenti leggi di aumento della popolazione e della sovrappopolazione. [...] Queste differenti leggi vanno semplicemente ridotte ai differenti modi di rapporto con le condizioni di produzione, o, rispetto all'individuo vivente, con le condizioni di riproduzione di esso in quanto membro della società, giacché egli lavora e si appropria soltanto nella società».

Occorre dunque studiare le leggi della popolazione non in generale, ma in relazione al modo di produzione e alle relative condizioni: ciò vuol dire per noi, oggi, nella fase della maturità imperialista.

Le migrazioni di masse di uomini da una regione della terra a un'altra, più o meno distante dal luogo di origine, talvolta anche lontanissimo, risalgono ai primordi della nostra specie, e furono già da allora mosse da motivazioni di sopravvivenza, ossia in ultima analisi da motivazioni economiche. Sulla base di questi movimenti la specie umana ha occupato tutta la superficie terrestre. Ma, anche qui, a noi interessano le migrazioni moderne, quelle messe in moto dal modo di produzione capitalistico.

Valgono ancora oggi pienamente le considerazioni di Lenin del 1913. «Il capitalismo ha creato un tipo particolare di migrazione di popoli. [...] Centinaia di migliaia di operai si spostano. [...] Il capitalismo avanzato li assorbe violentemente nel suo vortice, li strappa dalle località sperdute, li fa partecipare al movimento storico mondiale, li mette faccia a faccia con la possente, unita classe internazionale degli industriali. [...] Ma solo i reazionari possono chiudere gli occhi sul significato *progressivo* di questa migrazione moderna di popoli. La liberazione dall'oppressione del capitale non avviene e non può avvenire senza un ulteriore sviluppo del capitalismo, senza la lotta di classe sul terreno del capitalismo stesso. E proprio a questa lotta il capitalismo trascina le masse lavoratrici di *tutto* il mondo, spezzando il ristagno e l'arretratezza della vita locale, distruggendo le barriere e i pregiudizi nazionali, unendo gli operai di tutti i paesi nelle più grandi fabbriche e miniere dell'America, della Germania ecc.». Sono considerazioni che partono dal punto di vista di classe, e che vanno semmai aggiornate alla dimensione quantitativa e qualitativa che la «moderna migrazione di popoli» ha raggiunto nell'attuale fase dell'imperialismo maturo, e di un modo di produzione capitalistico che da tempo ha ormai raggiunto ogni sperduto angolo della terra.

La *demografia*, intesa come dinamica della popolazione umana sulla terra, e le *migrazioni*, intese come gli spostamenti di uomini da una regione all'altra del mondo, sono fenomeni non indipendenti fra loro, ma profondamente intrecciati e che si influenzano a vicenda, nell'anarchica dinamica di sviluppo ineguale e di crisi regolari che caratterizza il modo di produzione capitalistico.

A noi, oggi, interessa analizzare questi aspetti nel mondo contemporaneo: quindi nel capitalismo nella sua fase della maturità imperialistica. E ci interessa da un particolare punto di vista, che non è quello accademico né quello dell'economia borghese: ci interessa da un punto di vista di classe. La forte crescita della popolazione mondiale, che da tempo però sta rallentando, e l'aumento invece ininterrotto delle masse di migranti, cioè di uomini, donne, bambini che si spostano dalle regioni dove sono nati verso altre regioni, vicine oppure lontane o lontanissime, hanno enormemente rafforzato la nostra classe. L'hanno rafforzata numericamente, perché una quota crescente della popolazione mondiale entra a farne parte. L'hanno rafforzata qualitativamente, perché gli spostamenti dalle campagne alle città, che da sempre avvengono non solo sulla scala di un singolo paese (gigantesche, come è noto, sono state e sono quelle della Cina e dell'India), ma soprattutto su scala continentale e inter-continentale, hanno come risultato di concentrare la nostra classe, aumentandone di conseguenza la forza oggettiva.

Il XXI secolo è, per la popolazione mondiale, il secolo del rallentamento della crescita e, probabilmente, del raggiungimento di una stazionarietà che può solo precedere una diminuzione. Gli otto miliardi sono stati raggiunti nel 2022; il tetto potrebbe essere raggiunto intorno al 2085 al livello di circa 10,4 miliardi. Ma è anche il secolo della marcata diseguaglianza dei ritmi di crescita o decrescita e, di conseguenza, della variazione assoluta e relativa delle dimensioni demografiche delle potenze. I ritmi dei fenomeni demografici sono lenti, ma marciano inesorabilmente, accumulando nel tempo il prodotto delle tendenze in corso. Vi sono regioni del mondo che procedono ancora oggi a ritmi elevati, seppur calanti, come gran parte dell'Africa. Vi sono le metropoli delle vecchie potenze, quasi tutte alle prese con un calo di popolazione che sarebbe assai più forte se non fosse compensato da massicce iniezioni d'immigrati. Vi sono i due colossi asiatici, che da soli contano più di un terzo della popolazione mondiale, i quali con un distacco temporale di alcuni decenni hanno imboccato entrambi la strada della fecondità al di sotto del rimpiazzo e quindi, inevitabilmente, del calo assoluto della popolazione. Per la Cina esso è già arrivato nel 2022; per l'India si profila inesorabilmente fra pochi decenni. Dall'anno 2020, secondo le stime più recenti dell'ONU, i due terzi della popolazione mondiale vivono in paesi nei quali la fecondità media è al di sotto di 2,1 figli per donna, che è – pur con una qualche approssimazione – il valore di fecondità che assicura la tenuta della popolazione.

La strada è segnata, ed è densa di conseguenze. La più evidente è la dinamica nella graduatoria dei pesi demografici degli Stati. Nel 2000 le prime dieci potenze demografiche pesavano per il 65% della popolazione mondiale; nel 2050, sulla base delle previsioni ONU, peseranno solo per il 57%. Inoltre, a metà del secolo tre di queste saranno uscite dalla classifica delle prime dieci (Russia, Bangladesh e Giappone), sostituite da tre paesi africani, Nigeria, Congo ed Etiopia. Intanto l'India ha già superato la Cina o lo farà nell'immediato futuro.

Le altre conseguenze sono inerenti alla struttura per età della popolazione, che in gran parte del mondo invecchia sempre di più; alla contrazione relativa e anche ormai assoluta della popolazione potenzialmente attiva, cioè della forza-lavoro, in gran parte del mondo; ai movimenti migratori che ne sono indotti e agli effetti nella dinamica sociale e delle classi.

Questa strada, che solo oggi sembra apparire chiaramente segnata, in realtà lo era già da alcuni decenni. Le tendenze si avvertivano fin dagli anni '80 del secolo scorso ed emergevano dall'accurata analisi dei dati sulla popolazione, che andavano però studiati con la necessaria visione di prospettiva. Ricordiamo come la fine degli anni '60 sia stata segnata dalla massiccia propaganda sulla "bomba demografica", che dette alimento a ideologie di taglio neo-malthusiano nelle metropoli dell'imperialismo. In realtà, proprio nelle metropoli si iniziavano già allora a vedere le nuove tendenze.

Se adesso passiamo dall'«astrazione della popolazione» alle «classi di cui si compone», non possiamo non osservare che alla crescita della popolazione mondiale è corrisposta un'ancora più sostenuta crescita della forza della nostra classe. I *due miliardi di salariati*, che abbiamo stimato alla fine del secondo decennio del XXI secolo su una popolazione mondiale di 7,8 miliardi, sono ormai superati. Non solo in virtù della crescita numerica, seppur rallentata, della popolazione, ma anche perché la forma del lavoro salariato è sempre più la forma tipica dell'attività lavorativa. Sul volgere del secolo, a 2,64 miliardi di occupati (salariati, autonomi e le mille altre forme di attività lavorativa, che comprendono il lavoro minorile valutato a 150 milioni di fanciulli e le sacche di forme vicine allo schiavismo) corrispondevano 1,34 miliardi di salariati, il 51%. Vent'anni dopo, nel 2020, su 3,41 miliardi di occupati i salariati raggiungono 1,98 miliardi, il 58% degli occupati. Ogni anno i salariati hanno guadagnato più di un terzo di punto percentuale. Nei paesi più avanzati, nelle metropoli dell'imperialismo, sono da tempo l'80-90% degli occupati, e a questa quota sono destinati ad arrivare nei paesi in corso di sviluppo.

Nei vent'anni dal 2000 al 2020 la popolazione mondiale è passata da 6,15 a 7,79 miliardi; i salariati pesavano dunque sulla popolazione per il 22% nell'anno 2000 e per il 25% nel 2020. Ma se aggiungiamo le famiglie (i bambini, gli studenti, i pensionati) si può valutare che *circa i due terzi della popolazione mondiale* facciano parte della classe dei salariati. Quota in sicura crescita, nella misura in cui procederanno la disgregazione contadina, le migrazioni, l'industrializzazione di Africa e Asia e delle restanti regioni in sviluppo del mondo.

Le moderne migrazioni capitalistiche hanno, in ultima istanza, una motivazione economica; intendendo con questo termine che sono messe in movimento dal meccanismo complessivo di funzionamento di questo modo di produzione, che ha fra i suoi caratteri tipici e regolari anche le crisi, l'anarchia del mercato e lo sviluppo ineguale. E che comprende quindi guerre, carestie, conseguenze di eventi naturali non previste anche quando sarebbe stato tecnicamente possibile, insomma tutto quanto fa capo alla regolarità di funzionamento del capitalismo nella fase imperialistica matura. I tentativi di schematizzare le migrazioni distinguendole fra *push* e *pull*, cioè *spinte* (da guerre, calamità, aridità e altri fenomeni naturali, e anche da una sovrappopolazione relativa) e *attirate* (dalle necessità di funzionamento di industria e servizi non soddisfatte dalla popolazione locale), sono funzionali alle visioni delle *politiche imperialiste sulle migrazioni* e alle ideologie conseguenti, che alla fine convergono sul razzismo nelle varie forme nelle quali si manifesta.

Però la realtà, nell'analisi marxista dello sviluppo capitalistico, in fondo è semplice. Da un lato, gli investimenti di capitale necessitano di forza-lavoro per essere valorizzati; e questa forza-lavoro, se non è disponibile *in loco*, vi arriva da dove è invece disponibile. Lo stesso vale per le mansioni nei servizi, moltiplicate dall'ipertrofia parassitaria della maturità imperialista. Dall'altro lato, lo sviluppo capitalistico molecolare globale, procedendo nelle campagne del mondo, disgrega le stratificazioni sociali di quelle realtà contadine, crea una sovrappopolazione relativa e innesca l'esodo verso le periferie urbane.

Sono infiniti i fili che tessono nel mondo questi spostamenti. Ma è un meccanismo che nessuno governa, che ha funzionato, funziona e funzionerà sulla base di immense contraddizioni: ne sono testimonianza imperitura i cimiteri di migranti al confine fra USA e Messico, quelli in fondo al Mediterraneo, al canale della Manica, sulla rotta terrestre dei Balcani e tantissimi altri meno conosciuti. Non c'è vera distinzione tra *migrazioni economiche* (indispensabili alla macchina produttiva del capitalismo) e *migrazioni dei rifugiati* (i flussi prodotti da guerre, disastri naturali e così via). Oggi esistono le *migrazioni capitalistiche nella fase dell'imperialismo maturo*: le une non possono esistere, non esistono e non potranno mai esistere senza le altre.

I dati più recenti del maggio 2022 forniti dallo IOM, l'agenzia dell'ONU che si occupa delle migrazioni, quantificano in 281 milioni lo stock di migranti internazionali, cioè le persone che risiedono in uno Stato diverso da quello di origine. A questi occorre aggiungere le migrazioni interne ai confini dei singoli Stati, assai più difficili da quantificare, ma valutate in 763 milioni. In totale si arriva a 1,044 miliardi, più del 13% della popolazione mondiale.

Le migrazioni *internazionali* interessano un po' tutto il mondo, ma hanno, ed avranno ancora in questo inizio del XXI secolo, due zone di destinazione privilegiate: il Nord America (USA e Canada) e l'Europa. Sono due delle zone a maggiore concentrazione di forza economica, ed entrambe sono entrate nella fase di *inverno demografico*, che si traduce in invecchiamento marcato e calo della popolazione in età di lavoro. Sono quindi la destinazione di flussi massicci di migrazioni dalle aree dove lo sviluppo ineguale rende disponibile forza-lavoro potenziale nelle fasce di età necessarie. L'origine sono le regioni geograficamente vicine, ma non solo: per il Nord America il bacino del Centro-Sud America, ma anche l'Asia (India, Filippine); per l'Europa, l'Asia occidentale e l'Africa.

Le vicende delle migrazioni dal Centro America verso gli USA occupano da decenni le cronache: il *fence*, quel muro-barriera che divide il Sud degli Stati Uniti dal Messico, è uno dei monumenti più concreti che sia stato eretto alle contraddizioni del mondo attuale. L'imperialismo USA, un paese nato dall'immigrazione, della quale continua ad avere necessità, non riesce ancora oggi a gestirla, imprigionato in uno scontro politico interno che alimenta, ed è alimentato, dalla rincorsa elettorale di opinioni pubbliche impaurite e dal razzismo, in un cortocircuito infinito. Il bilancio lo paga per intero la nostra classe.

L'Europa dal secondo dopoguerra è destinazione regolare di flussi d'immigrazione, che hanno compensato i vuoti del crescente *inverno demografico* iniziato dopo il "baby boom" postbellico, conclusosi negli anni '60. Nel 2015 ha vissuto un anno simbolico, con la crisi dei rifugiati del Medio Oriente e l'afflusso concentrato nel tempo di un milione e più di arrivi, che si sommavano a quelli più o meno regolari dei decenni precedenti di provenienza africana e da altre regioni del mondo. Abbiamo scritto allora di una *politica imperialista europea sull'immigrazione*: a dispetto di tensioni politiche inedite è stata quasi una manna dal cielo, masse di forza-lavoro giovane, relativamente bene istruita, che si sono rese disponibili. Sono passati quasi dieci anni da allora e la macchina produttiva dell'Europa in crescente crisi demografica ha sempre più bisogno di forza-lavoro immigrata; i vuoti nelle classi d'età della popolazione attiva aumentano e sta nascendo un fenomeno quasi inedito sul mercato europeo della forza-lavoro: la concorrenza per accaparrarsi gli immigrati. La Germania è stata in prima linea nel 2015, e lo è ancora in quello che sarà negli anni a venire un *leitmotiv* dell'aggiornata *politica imperialista europea sull'immigrazione*.

L'intreccio fra le tendenze demografiche e migratorie sarà sempre più forte nei prossimi decenni.

Le migrazioni *interne*, e più in generale non solo quelle nell'ambito di uno Stato, ma anche quelle a breve/media distanza, fanno parte della storia del capitalismo industriale moderno e dei relativi cicli di sviluppo. Nel secondo dopoguerra, ad esempio, in Francia ci sono stati «*les trente glorieuses*», come li ha chiamati Jean Fourastié; in Italia in parallelo il "boom economico". In entrambi i casi, lo sviluppo ha visto massicci spostamenti di popolazione verso i centri della crescita; e così per molti altri paesi industrializzati coinvolti nel ciclo espansivo del secondo dopoguerra. Quei movimenti impetuosi sono conclusi da tempo, sostituiti nelle aree economiche di tutte le regioni industrializzate nella maturità imperialista da un'organica e regolare circolazione di forza-lavoro, alla quale si aggiungono gli ingressi delle migrazioni internazionali. Ma quei processi non sono conclusi in Africa, in Asia e segnatamente in Cina, dove hanno alimentato negli ultimi trent'anni l'impetuosa crescita del Dragone, segnando un inedito mondiale non per il carattere, che è una regolarità dello sviluppo capitalistico, ma per le dimensioni quantitative. Abbiamo più volte messo in rilievo l'importanza di questi spostamenti cinesi di popolazione dalle campagne alle città, che hanno costruito la fabbrica del mondo, base industriale dell'imperialismo cinese. Le stime più aggiornate della World Bank lo confermano: c'è stato un raddoppio della popolazione urbana in Cina dal 2000 (456 milioni) al 2021 (901 milioni), ma non è ancora finita, perché la popolazione classificata "rurale" è ancora il 37%.

I temi della popolazione e delle migrazioni sono stati portanti nell'analisi strategica di Arrigo Cervetto, sia per gli aspetti che riguardano la contesa mondiale imperialista, sia per la dinamica delle classi in Italia. Rimandiamo per questo all'esposizione che ne è stata fatta nel terzo volume della storia di "Lotta Comunista". Segnaliamo qui solo tre dei molti aspetti di quell'analisi. Il primo è aver colto e sottolineato, già negli anni '70, i segni dell'inversione di tendenza sulla crescita demografica nei paesi industrializzati, in particolare in Europa e in Italia. Il secondo è averne analizzato lo stretto legame con la bilancia delle potenze e la ristrutturazione sociale. Il terzo, riguardo all'analisi della ristrutturazione sociale in Italia, è aver collegato il rapido calo delle nascite anche ai caratteri del ciclo economico espansivo del dopoguerra e ai conseguenti tratti dello *scorrimento sociale*, con milioni di diplomati e laureati ad alimentare i nuovi *strati intermedi* delle mansioni tecniche e impiegatizie e della burocratizzazione: da cui la conseguente svolta da paese di migranti a metropoli d'immigrazione.

Gli studiosi borghesi degli andamenti della popolazione si domandano da sempre: demografia è destino?

La questione viene vista con sfumature diverse. Nel mondo statunitense ha prevalentemente il significato di domandarsi se la forza di una nazione dipenda dal peso demografico che ha nel confronto con gli altri Stati; quindi se il "destino", ossia il ruolo che una potenza può e potrà avere nella contesa, sia legato alla sua demografia. In questo senso, alla domanda viene generalmente data risposta affermativa, ciò che, nell'età dell'imperialismo, vuol anche dire arruolare la demografia nella competizione fra le potenze. La questione non è certo nuova, perché risale alla formazione degli Stati moderni. Ha avuto un'evidente manifestazione nel confronto tra la Francia, che nella seconda metà dell'Ottocento è stato il primo paese a conoscere una crisi di natalità e quindi di popolazione, e la confinante Germania, che invece non l'aveva. Da lì è nato il dibattito che ha portato alle politiche nataliste francesi, dalle quali ancora oggi Parigi trae vantaggio. Ed è questione sempre più attuale oggi, nel mondo multipolare del XXI secolo. Un recentissimo esempio è nelle tesi "multipolari" del cancelliere tedesco Olaf Scholz, con riferimento ai paesi che, nella nuova fase della globalizzazione, in Africa, in Asia, nei Caraibi e nell'America Latina «stanno diventando gradualmente più prosperi» e quindi potranno «rivendicare un ruolo più forte negli affari mondiali corrispondente al loro crescente peso economico e demografico».

In altri paesi, e in particolare in Europa, prevale un altro significato della stessa domanda sul "destino": gli andamenti della popolazione possono, o no, essere influenzati da interventi politici o di politica economica? Ossia: il futuro della popolazione degli Stati è segnato da un "destino" non influenzabile dall'uomo o può invece essere indirizzato e modificato dall'intervento politico? Ad esempio, dalle *politiche nataliste*, che nel secolo XX, e ancor più nell'attuale, hanno cercato e cercano di contrastare, in alcuni paesi più sviluppati, il calo della fecondità in atto ormai da molti decenni, mirando a frenare la contrazione della popolazione, e quindi di quella in età di lavoro. O dalle politiche *anti-nataliste* (il *controllo delle nascite*), per ridurre una crescita giudicata eccessiva, che hanno segnato negli ultimi settant'anni in particolare paesi di stazza continentale come Cina e India. Queste resteranno per sempre scritte con inchiostro di sangue nella storia dell'umanità, per i disastri che hanno operato nella nostra specie, soprattutto fra le bambine non nate perché non fatte nascere, o abbandonate fin dalla nascita. La risposta a questa seconda domanda è tuttora incerta. Valutata sul lungo periodo, come si deve fare per le tendenze demografiche e come oramai si può fare, visti i più di due secoli di rapido sviluppo capitalistico e della popolazione oramai accumulati, la risposta prevalente è *no*. Le politiche di popolazione non riescono a modificare significativamente i trend fondamentali, in questo modo di produzione capitalistico giunto all'età dell'imperialismo maturo. Diverso è il rapporto di forze contingente nella contesa, come mostra l'esempio francese; Parigi al dunque non ha potuto sottrarsi alla tendenza generale che ha portato il tasso di fecondità al di sotto del livello di tenuta della popolazione, ma ritardando di almeno una generazione l'*inverno demografico* ha acquisito un vantaggio che peserà nel medio periodo, misurabile in centinaia di migliaia di nascite aggiuntive.

Per i marxisti, però, la questione si pone in tutt'altro modo. Abbiamo visto che la scienza marxista sostiene che non esiste *una* legge della popolazione per il genere umano, ma che la demografia segue andamenti dipendenti dalla formazione economico-sociale e dal suo stadio di sviluppo. Oggi vale quella che abbiamo individuato come la *legge della popolazione della maturità imperialista*, avvalorata ancor più dal fatto che i due terzi della popolazione mondiale vivono oramai in paesi nei quali la fecondità è scesa sotto la soglia del rimpiazzo, quindi destinati a breve a subire un calo assoluto perché il numero dei morti supererà sempre più quello delle nascite.

Il capitalismo ha avuto il grande merito di aver portato in pochissimo tempo, inteso in senso storico, la nostra specie a un livello che non aveva mai raggiunto, anche come numerosità sulla terra. Ma ciò al prezzo di contraddizioni insanabili, delle quali le guerre, che altro non sono se non autodistruzione della specie, rappresentano solo la manifestazione più evidente e drammatica. Lo sviluppo delle forze produttive può procedere solo al prezzo della loro distruzione. Anche l'*inverno demografico* ne è una dimostrazione, se la logica del capitale non è più in grado di garantire la continuità della specie.

PARTE PRIMA

L'inverno demografico

CAPITOLO PRIMO

L'inverno demografico si estende su tutto il pianeta

Revisione al ribasso della crescita mondiale *

Due anni sono un battito di ciglia per le dinamiche della popolazione, ma è con questo breve intervallo di tempo che la Population Division dell'ONU aggiorna le sue stime (sugli anni passati, dal 1950 a quello della pubblicazione) e le sue proiezioni (per gli anni a venire, che da un po' di tempo vengono prolungati fino al 2100). Difficile pensare che molto possa cambiare in due anni. Invece, la "2019 revision" ha prodotto quelle che il demografo Gilles Pison dell'INED ha chiamato «sorprese» e ha portato *The Economist* a titolare «missing millions», milioni (di uomini) mancanti (all'appello).

Mentre finora le revisioni erano state sostanzialmente al rialzo rispetto alle precedenti riguardo alle prospettive di crescita della popolazione mondiale, stavolta è successo il contrario. La correzione non è particolarmente evidente se vista nel totale; ma è significativa in sé, come inversione di tendenza, soprattutto se se ne coglie la causa, sostanzialmente una valutazione al ribasso della fecondità, particolarmente in Africa; e nei paesi cosiddetti sviluppati si conferma il trend calante della fecondità.

Previsioni e proiezioni

È assodata l'idea che i trend demografici siano abbastanza attendibili se proiettati in avanti su un arco di 20-30 anni, sostanzialmente perché la gran parte della popolazione che ci sarà è già nata al momento della stima, e quindi i relativi comportamenti demografici sono prevedibili abbastanza bene; andando oltre, l'incertezza aumenta di

* Febbraio 2020.

parecchio. Bisognerebbe poi distinguere fra proiezioni e previsioni, dove le prime sono una pura estrapolazione matematica in avanti di tendenze in atto, mentre le seconde introducono correzioni derivanti da stime e ipotesi di vario tipo. Quelle dell'ONU si dichiarano proiezioni, ma a giudizio di molti sono in realtà previsioni vere e proprie, come la correzione del 2019 di fatto conferma.

Sono invece da considerarsi pienamente previsioni quelle prodotte dallo IIASA (International Institute for Applied Systems Analysis) di

POPOLAZIONE MONDIALE (2020-2050)

	popolazione (milioni)				*Δ% annuo medio*			*Δ%*
	2000	*2020*	*2050*		*2000/2020*	*2020/2050*		*2050*
	ONU	*ONU*	*ONU*	*IIASA*	*ONU*	*ONU*	*IIASA*	*ONU*
Africa orientale	257	445	851	808	*+2,8*	*+2,2*	*+1,9*	*+1,7*
Etiopia	66	115	205	184	*+2,8*	*+2,0*	*+1,6*	*+1,4*
Africa centrale	96	180	383	313	*+3,2*	*+2,6*	*+1,9*	*+2,0*
Congo RD	47	90	194	163	*+3,3*	*+2,6*	*+2,1*	*+2,0*
Africa Sud	51	68	87	83	*+1,4*	*+0,9*	*+0,7*	*+0,5*
Africa occidentale	235	402	796	724	*+2,7*	*+2,3*	*+2,0*	*+1,9*
Nigeria	122	206	401	383	*+2,6*	*+2,2*	*+2,1*	*+1,9*
Niger	11	24	66	59	*+3,9*	*+3,4*	*+3,0*	*+2,8*
Africa Nord	171	246	372	327	*+1,8*	*+1,4*	*+1,0*	*+1,1*
Egitto	69	102	160	142	*+2,0*	*+1,5*	*+1,1*	*+1,2*
AFRICA	811	1.341	2.489	2.254	*+2,5*	*+2,1*	*+1,7*	*+1,7*
Asia occidentale	185	280	383	388	*+2,1*	*+1,0*	*+1,1*	*+0,7*
Turchia	63	84	97	96	*+1,4*	*+0,5*	*+0,5*	*+0,3*
Asia centrale	55	74	100	88	*+1,5*	*+1,0*	*+0,6*	*+0,7*
Asia Sud	1.457	1.940	2.396	2.391	*+1,4*	*+0,7*	*+0,7*	*+0,4*
India	1.057	1.380	1.639	1.642	*+1,3*	*+0,6*	*+0,6*	*+0,2*
Pakistan	142	221	338	307	*+2,2*	*+1,4*	*+1,3*	*+1,0*
Bangladesh	128	165	193	204	*+1,3*	*+0,5*	*+0,6*	*+0,2*
Asia orientale	1.520	1.678	1.617	1.516	*+0,5*	*−0,1*	*−0,3*	*−0,4*
Cina	1.291	1.439	1.402	1.302	*+0,5*	*−0,1*	*−0,3*	*−0,4*
Giappone	128	126	106	107	*=*	*−0,6*	*−0,5*	*−0,7*
Asia Sud-Est	525	669	794	766	*+1,2*	*+0,6*	*+0,5*	*+0,2*
Indonesia	212	274	331	308	*+1,3*	*+0,6*	*+0,4*	*+0,3*
Vietnam	80	97	110	106	*+1,0*	*+0,4*	*+0,3*	*+0,2*
Filippine	78	110	144	145	*+1,7*	*+0,9*	*+0,9*	*+0,6*
ASIA	3.741	4.641	5.290	5.150	*+1,1*	*+0,4*	*+0,4*	*+0,1*

	popolazione (milioni) 2000 ONU	2020 ONU	2050 ONU	2050 IIASA	Δ% annuo medio 2000/2020 ONU	2020/2050 ONU	2020/2050 IIASA	Δ% 2050 ONU
Russia	146	146	136	133	=	−0,2	−0,2	−0,3
Germania	81	84	80	80	+0,1	−0,1	−0,1	−0,5
Francia	59	65	68	74	+0,5	+0,1	+0,4	−0,2
Italia	57	60	54	55	+0,3	−0,4	−0,2	−0,7
Regno Unito	59	68	74	75	+0,7	+0,3	+0,4	−0,1
Spagna	41	47	44	48	+0,7	−0,2	+0,1	−0,6
Polonia	39	38	33	34	−0,1	−0,4	−0,4	−0,6
EUROPA	726	748	710	724	+0,1	−0,2	−0,1	−0,4
USA	282	331	379	393	+0,8	+0,5	+0,6	=
NORD-AMERICA	312	369	425	437	+0,8	+0,5	+0,6	=
Messico	99	129	155	160	+1,3	+0,6	+0,6	+0,3
Brasile	175	213	229	230	+1,0	+0,2	+0,2	−0,1
AMERICA LATINA	522	654	762	763	+1,1	+0,5	+0,5	+0,2
OCEANIA	31	43	57	55	+1,5	+1,0	+0,9	+0,5
Mondo	**6.143**	**7.795**	**9.735**	**9.383**	+1,2	+0,7	+0,6	+0,5

La stima della popolazione nel 2020 di IIASA non è molto differente da quella ONU e non è stata riportata. Il tasso annuo di variazione della popolazione nell'anno 2050 è fornito solo dall'ONU, mentre IIASA fornisce stime medie quinquennali.

Fonti: nostre elaborazioni su dati ONU, Population Division, 2019 revision, medium variant, e IIASA, 2018, SSP2 medium.

Vienna, che si contrappongono a quelle ONU, di cui criticano radicalmente il metodo utilizzato. Esso avrebbe portato (ed effettivamente ha portato) a sovrastimare la crescita della popolazione in alcune importanti regioni in sviluppo ancora in fase di transizione demografica, in particolare nell'Africa sub-sahariana, tanto da doverla poi correggere al ribasso. Secondo il demografo Massimo Livi Bacci, le proiezioni sono di fatto utilizzate come se fossero previsioni. Taglia la testa al toro sulla differenza proiezioni-previsioni l'Istituto Montaigne, un *think tank* francese, che afferma perentoriamente: «La demografia è uno sport di combattimento politico, nel quale i dati e le previsioni sono le armi».

Il ritmo doppio africano

La popolazione mondiale – 6,1 miliardi a inizio secolo, oggi 7,8 – dovrebbe superare i 9 miliardi a metà secolo. Il dato più significativo, oltre al dimezzamento del ritmo complessivo di crescita in 50 anni, è il fatto che il calo è generalizzato: non esiste regione del mondo che non segua questa tendenza.

Anche l'Africa, che ha un ritmo doppio di quello mondiale, poiché la transizione demografica è tuttora in corso in buona parte del continente mentre altrove è praticamente conclusa, ha una tendenza al calo di velocità che riflette quella mondiale. Le previsioni IIASA restano sensibilmente più basse di quelle ONU, pur adesso corrette, in conseguenza di una valutazione diversa, più bassa, dei ritmi del continente, che si traduce in una differenza di stima al 2050 rispetto all'ONU di 250 milioni in meno (–10%). Il ritmo doppio africano, seppur fortemente differenziato fra le regioni centro-occidentali (Sub-Sahara incluso) e il resto, produce quasi un triplicamento della popolazione in mezzo secolo, e un peso mondiale aumentato da poco più di un ottavo a un quarto. La Nigeria si candida a competere con gli USA come terza potenza demografica.

Asia, Cina, India

L'Asia pesa oggi, e peserà ancora nel 2050, per più della metà sulla popolazione del pianeta, ma nel nuovo secolo cresce a un ritmo che è inferiore a quello mondiale. Dominano Cina e India. Il Dragone dovrebbe toccare il massimo della popolazione (fra 1,43 e 1,46 miliardi) nel decennio appena iniziato, per poi avviare un inedito calo assoluto che lo porterà a metà secolo ad avere poco più della popolazione di inizio secolo. Il sorpasso da parte dell'Elefante indiano è previsto in questo decennio. Ma anch'esso rallenta vistosamente: dovrebbe toccare il picco (1,65 miliardi) intorno al 2060, e poi iniziare l'egualmente inedito calo.

Il rallentamento, più o meno marcato, coinvolge anche tutte le medie potenze demografiche dell'Asia. Del Giappone non stupisce leggere che si prevede, a metà secolo, una riduzione a poco più di cento milioni.

Europa e Americhe

Il vecchio mondo europeo è ormai inesorabilmente indirizzato a perdere popolazione, tendenza che sembra ormai inarrestabile, non contrastabile neanche con un'eventuale accresciuta iniezione d'immigrazione, di cui peraltro le previsioni tengono già conto. Il massimo verrebbe toccato nei primi anni di questo terzo decennio; poi inizierà il calo che porterà ad avere a metà secolo meno popolazione che all'inizio. Anche i due grandi paesi che, per l'effetto combinato di immigrazione e politiche nataliste prolungate nel tempo, hanno continuato ad avere una sia pur lieve crescita, nell'anno 2050 si prevede avranno crescita negativa: è il caso della Francia e del Regno Unito.

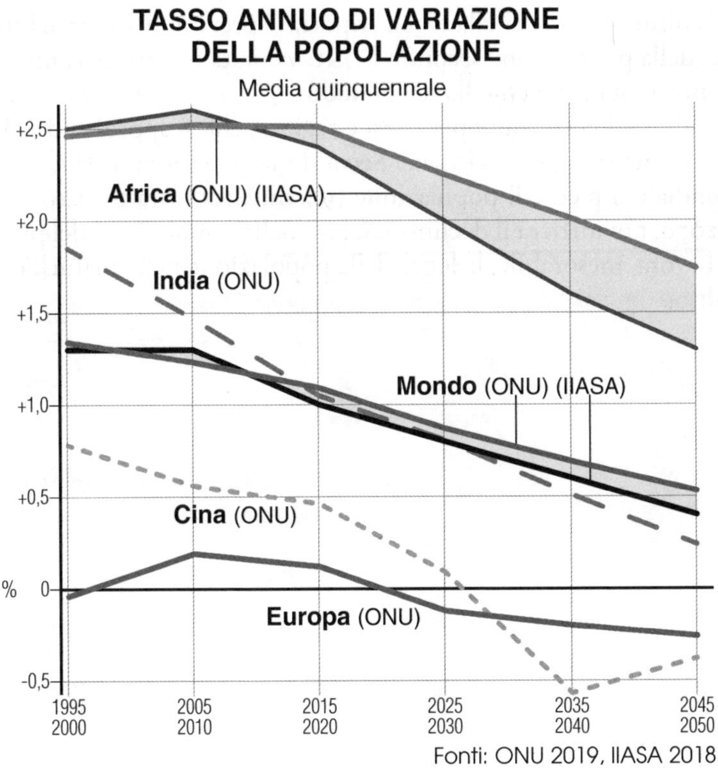

Fonti: ONU 2019, IIASA 2018.

Solo gli USA sfuggirebbero, almeno fino al 2050, al segno meno, grazie sostanzialmente alla fortissima immigrazione, regolare e prolungata nel tempo, che ha prodotto i due effetti di fornire con continuità popolazione aggiuntiva e di sostenere una fecondità che comunque è calante e ben differenziata per gruppi etnici. Ma nell'anno 2050 la stazionarietà dovrebbe toccare anche gli States; e alla stazionarietà dovrebbe seguire il declino. Com'è noto, la questione migratoria, però, è al centro della campagna populista e xenofoba di Donald Trump. In questo contesto, non mancano allarmi sul calo in assoluto delle leve più giovani della popolazione in età lavorativa.

Una tendenza chiarissima

L'ultima colonna della tabella riporta la previsione di variazione annua della popolazione secondo l'ONU valutata nel preciso anno 2050. Confrontata con la media del periodo 2020/2050, è un chiaro indicatore di tendenza futura per paesi e regioni, che si apprezza dai diffusi "segni meno" e "zero virgola". Secondo la previsione IIASA, a livello mondiale il picco di popolazione (9,7 miliardi) sarà toccato intorno al 2070, poi inizierà il declino assoluto della popolazione del pianeta.

Lavora, inesorabile, la legge della popolazione nella maturità imperialista.

Calo generale della natalità *

Un bilancio demografico è, nella sua essenza, semplice: per un dato paese o regione, e per un fissato intervallo di tempo (in genere un anno), si contano i nati, i morti e il saldo netto delle migrazioni. La somma (algebrica) di nati e morti è il saldo naturale, al quale va aggiunto quello migratorio. Si ottiene così l'incremento, o il decremento, della popolazione, da aggiungere al valore che aveva a fine anno precedente per ottenere quello aggiornato.

Sul lato delle migrazioni, i numeri derivano da tendenze di medio-lungo periodo, con momenti di accelerazione che si sono presentati più volte nella storia delle migrazioni capitalistiche, l'ultima a metà dello scorso decennio per l'Europa. Lo stock di immigrati a livello mondiale è passato dal 2,8% della popolazione nel 2000 al 3,5% nel 2019 (da 174 a 272 milioni), meno di un punto in più in vent'anni, ma con un'accelerazione della crescita nel secondo decennio del secolo, da +4,7 a +5,6 milioni/anno.

Transizione demografica

Per quanto riguarda il numero dei morti, e il tasso di mortalità, i fattori che influiscono maggiormente sono la struttura per età della popolazione e il livello del *welfare sanitario* del paese, che si può misurare per esempio con l'indicatore dell'aspettativa di vita alla nascita. Le modifiche sono relativamente lente per i paesi cosiddetti sviluppati, che hanno cioè concluso da tempo la *transizione demografica*. Sono assai più rapide per i paesi (oggi principalmente quelli dell'Africa centrale, il Pakistan in Asia e pochi altri), che sono ancora nel pieno della transizione, caratterizzata da un rapido calo della mortalità, soprattutto infantile e perinatale, accompagnato da un assai più lento calo della natalità. Il risultato, una forte crescita di popolazione, è il *dividendo demografico*.

* Marzo 2020.

È dunque sul lato delle nascite che occorre guardare per ricostruire le tendenze passate, e soprattutto indagare su quelle future. Il dato incontestabile è che da inizio secolo nel mondo il tasso di natalità è in calo: in valore assoluto, le nascite sono previste stazionarie dal 2020 al 2050, per poi iniziare a calare. Lo strumento di indagine è il tasso di fecondità totale (TFT), un indicatore astratto che valuta il numero di figli generati da una donna nella sua vita riproduttiva, calcolato in un dato anno come se la donna assumesse nella sua vita il comportamento di riproduzione di quello specifico anno. Il confronto viene fatto col TFTr, detto di rimpiazzo, che è il valore che sarebbe necessario per mantenere costante la popolazione.

TASSO DI FECONDITÀ TOTALE
(FIGLI PER DONNA)

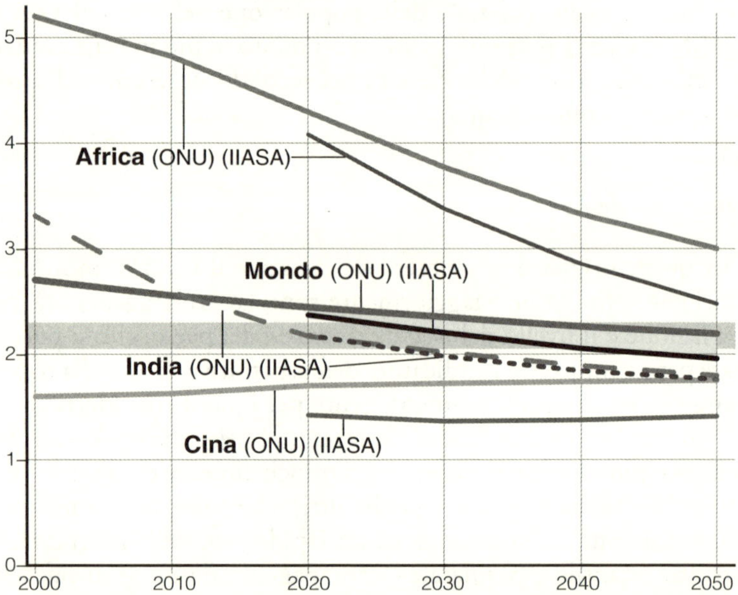

La fascia orizzontale grigia indica i valori (2,05-2,30) che può assumere su scala mondiale il tasso di fecondità totale di rimpiazzo della popolazione (TFTr).

Fonti: ONU, IIASA.

Su quale sia questo valore non c'è certezza, e il numero fra 2,05 e 2,10 abitualmente utilizzato è solo un riferimento, una prima approssimazione. La Population Division dell'ONU, criticata da più parti per avere sino a pochi anni fa mostrato un lontano futuro di popolazione mondiale stazionaria, si riferiva a 2,10. Altri sostengono, forse più realisticamente, che su base mondiale il numero oggi sarebbe 2,3. La critica all'ONU è anche per l'affermazione, perentoria e presentata quasi fosse una legge universale, «*about 2,1 children per woman*», circa 2,1 figli per donna, quando invece è appurato che il numero dipende dal grado di sviluppo del paese, dalla mortalità infantile, dalla struttura per età, ecc. Del resto, prima che lo sviluppo capitalistico producesse il boom demografico della nostra specie che è durato due secoli, il XIX e il XX, e che nel XXI starebbe concludendosi, per mantenere una popolazione circa costante ogni donna fertile doveva dar vita a molti più dei due bambini che forse basterebbero oggi.

Il quadro mondiale

La tabella e il grafico parlano da soli nel documentare le tendenze profonde che stanno dietro all'*inverno demografico* che si estende sempre più su tutto il pianeta. Accanto alle previsioni ONU abbiamo riportato quelle dello IIASA (International Institute for Applied Systems Analysis di Vienna), nettamente più basse specialmente per i paesi africani, perché l'istituto viennese valuta in maniera diversa i trend del TFT durante la transizione demografica, e utilizza indicatori specifici aggiuntivi legati in particolare al livello di istruzione femminile e alla sua dinamica.

La critica IIASA all'ONU è pungente: l'approccio ONU è «impreciso, incompleto e statisticamente carente», scrissero nel 2004. Poi la Population Division corresse il metodo, introducendo l'approccio probabilistico. Ma ugualmente nel 2018 «l'ONU si appoggia a modelli statistici di estrapolazione» mentre lo IIASA «dà un maggior peso agli argomenti degli esperti e al ragionamento scientifico», che è come dire che l'ONU non userebbe un metodo scientifico. In realtà al Palazzo di Vetro gli scienziati della statistica non mancano di certo, ma la tendenza a sopravvalutare la popolazione mondiale da quelle parti è sempre stata una costante, tanto da meritarsi critiche di "neo-malthusianesimo" perché, così facendo, si contribuirebbe ad agitare lo spauracchio di un pianeta sovrappopolato.

Prospettive per il futuro

Piazziamo per semplicità l'asta del rimpiazzo al livello TFTr = 2,1 e interroghiamoci sulle prospettive future, sulla base dei dati ONU 2019 *medium variant*. Dividendo il mondo in 14 regioni, quelle indicate in

TASSO DI FECONDITÀ TOTALE (TFT)

	2000	2020		2050	
	ONU	ONU	IIASA	ONU	IIASA
Africa orientale	5,93	4,24	4,17	2,82	2,38
Etiopia	6,54	4,05	3,82	2,44	1,96
Africa centrale	6,45	5,32	4,84	3,36	2,41
Congo RD	6,75	5,72	5,22	3,30	2,50
Africa Sud	2,82	2,44	2,36	1,97	1,79
Africa occidentale	6,05	5,02	4,77	3,37	2,91
Nigeria	6,11	5,25	5,04	3,45	3,24
Niger	7,68	6,74	6,53	4,14	3,81
Africa Nord	3,30	3,17	2,87	2,43	1,95
Egitto	3,34	3,24	2,88	2,45	1,88
AFRICA	5,20	4,30	4,08	2,99	2,48
Asia occidentale	3,40	2,58	2,64	2,05	1,95
Turchia	2,50	2,04	1,97	1,75	1,58
Asia centrale	2,65	2,70	2,41	2,16	1,79
Asia Sud	3,43	2,33	2,31	1,88	1,84
India	3,31	2,18	2,18	1,80	1,76
Pakistan	5,04	3,39	3,18	2,32	2,12
Bangladesh	3,17	1,99	2,05	1,62	1,65
Asia orientale	1,57	1,66	1,42	1,73	1,41
Cina	1,60	1,70	1,42	1,75	1,41
Giappone	1,32	1,36	1,40	1,56	1,41
Asia Sud-Est	2,58	2,18	2,11	1,87	1,63
Indonesia	2,51	2,27	2,12	1,89	1,53
Vietnam	2,01	2,05	1,80	1,91	1,45
Filippine	3,81	2,49	2,67	1,98	1,94
ASIA	2,51	2,12	2,05	1,87	1,73

	2000	2020		2050	
	ONU	ONU	IIASA	ONU	IIASA
Russia	1,24	1,83	1,60	1,83	1,67
Germania	1,35	1,61	1,49	1,72	1,60
Francia	1,82	1,84	2,00	1,83	1,91
Italia	1,26	1,30	1,52	1,50	1,61
Regno Unito	1,68	1,74	1,94	1,77	1,91
Spagna	1,21	1,36	1,40	1,58	1,67
Polonia	1,35	1,45	1,47	1,63	1,71
EUROPA	1,41	1,61	1,62	1,72	1,72
USA	2,02	1,77	1,92	1,81	1,91
NORD-AMERICA	1,97	1,75	1,89	1,79	1,90
Messico	2,72	2,08	2,16	1,73	1,76
Brasile	2,30	1,71	1,72	1,58	1,48
AMERICA LATINA	2,62	2,00	2,02	1,74	1,67
OCEANIA	2,46	2,33	2,26	2,07	1,85
Mondo	**2,70**	**2,44**	**2,37**	**2,19**	**1,96**

Fonti: nostre elaborazioni su dati ONU, Population Division, 2019 revision, medium variant e IIASA, 2018, SSP2 medium.

tabella, abbiamo calcolato che fino al 1970 non ve ne era una nella quale il TFT fosse al di sotto del rimpiazzo. Nel 1980-90 già il 20% della popolazione mondiale viveva in una regione dove il TFT era inferiore al rimpiazzo. Nel 2000 il 40%. Oggi siamo al 45%. Dal 2030 in avanti, anche perché l'India farà presto il salto, è prevista un'accelerazione, che porterà a metà secolo il 75% della popolazione mondiale a vivere in paesi dove la crescita naturale della popolazione è compromessa.

Non è automatico che un TFT inferiore al TFTr produca rapidamente in un paese o una regione un calo assoluto di popolazione. Infatti le altre due componenti operano in parallelo, e la mortalità può diminuire, mentre le migrazioni nette possono essere a saldo positivo. Ma prima o poi, nel giro di un paio di generazioni o forse solo di 30 anni, i risultati arrivano, inesorabili. E su scala mondiale le migrazioni non contano.

Una conferma viene dal fatto che la percentuale di donne che sono in età riproduttiva (15-49) e risiedono nei paesi con TFT sotto il rimpiazzo crescerà fino al 70% nel 2050. Ancora: delle prime 10 potenze demografiche di oggi, cinque sono già sotto il rimpiazzo, ma saranno otto nel 2050 (mancheranno Nigeria e Pakistan). E nel 2050 i paesi con TFT superiore al rimpiazzo e con più di 50 milioni di abitanti saranno 19, iniziando dalla Nigeria (che avrà 400 milioni e TFT=3,2-3,5 figli per donna) fino al Camerun (51 milioni e 3,2 figli/donna); ma tutti assieme i 19 paesi peseranno solo per poco più di un quinto della popolazione mondiale.

Va infine segnalata, anche se non è recente, una posizione fortemente critica verso l'ONU che, vista a posteriori, sembra aver colpito nel segno. Scrisse nel 2013 Sanjeev Sanyal, allora *global strategist* per l'Asia di Deutsche Bank, oggi al ministero delle Finanze indiano: «Dati questi trend, noi riteniamo che il TFT mondiale calerà al livello di rimpiazzo nel 2025». In effetti, siccome egli sostiene che il TFTr mondiale è 2,3 e non 2,1 figli per donna, non avrebbe sbagliato di molto, dato che l'ONU oggi prevede per il 2025 il TFT mondiale pari a 2,4 mentre il valore di 2,3 sarebbe raggiunto nel 2036. E Sanyal concludeva: «Vogliamo semplicemente mettere in allerta i lettori della seria possibilità che la traiettoria futura della popolazione mondiale potrebbe essere di un ordine di grandezza inferiore a quella che suggeriscono le proiezioni tradizionali», cioè quelle ONU.

Si potrebbe continuare, ma ce n'è sicuramente a sufficienza per illustrare in che direzione evolverà la popolazione mondiale, sempre più inoltrata nell'*inverno demografico* secondo le previsioni stesse dei più importanti centri di analisi della borghesia.

Vecchi e giovani nella contesa *

Uno dei quattro *megatrend* che la Population Division dell'ONU evidenzia a commento della revisione dei dati fatta nel 2019 è l'invecchiamento; gli altri sono la crescita rallentata, le migrazioni e l'urbanizzazione. L'invecchiamento è definito «senza precedenti»: infatti oggi, «per la prima volta nella storia dell'umanità», nel mondo coloro che hanno oltre 64 anni sono più numerosi dei bambini che hanno meno di 5 anni, e da oggi al 2050 il numero dei primi più che raddoppierà, mentre il numero dei minori di 5 anni resterà circa invariato. Ciò «sottolinea l'impatto potenziale dell'invecchiamento sul mercato del lavoro» e su altro ancora. Le differenze fra regioni e paesi sono, anche qui, molto grandi, ma il quadro complessivo è questo.

Va detto subito che l'invecchiamento non è, di per sé, un fatto negativo, essendo il risultato dell'evoluzione nelle cure mediche che, oltre ad allungare l'aspettativa di vita, estendono anche la durata della "vita utile" dell'uomo. Il problema è che in parallelo diminuiscono, in valore assoluto e in quota percentuale, i giovani, fatto che con l'invecchiamento avrebbe poco o niente a che fare; e qui la causa è il calo delle nascite. L'ONU sottolinea l'impatto sul mercato del lavoro che – come il Giappone ha anticipato e ora interessa estesamente tutto il Vecchio Mondo, l'Europa in particolare – è sempre meno alimentato "dal basso" mentre le uscite "dall'alto" continuano ad aumentare. La preoccupazione, come sappiamo, è la diminuzione della quota di "attivi" sul totale della popolazione.

L'età mediana e il calo dei giovani

Come misurare, e valutare comparativamente fra paesi e regioni, l'invecchiamento della popolazione? Il demografo Antonio Golini suggerisce ("The ages of populations", *Aspenia*, giugno 2009) l'utilizzo

* Maggio 2020.

dell'indicatore *età mediana*, che è quel valore di età che divide la popolazione in due parti uguali, di modo che il numero dei più giovani è uguale a quello dei più vecchi di quella specifica età. Una popolazione "giovane" ha quindi età mediana bassa, una "anziana" alta. Osserva Golini che il valore di questo indicatore è il risultato della passata mortalità, della passata fecondità, dei trend migratori (che iniettano o sottraggono popolazione in specifiche fasce d'età, modificandone la struttura) e della struttura storica delle età. Comunque, scriveva una

ETÀ MEDIANA DELLA POPOLAZIONE

	2000			2020			2050		
	età med.	popol. milioni	0-19 %	età med.	popol. milioni	0-19 %	età med.	popol. milioni	0-19 %
Africa orientale	16,9	146	*56,8*	18,7	236	*52,9*	24,9	350	*41,1*
Etiopia	16,6	38	*57,3*	19,5	59	*51,2*	27,3	77	*37,4*
Africa centrale	17,0	54	*56,4*	17,3	100	*55,7*	22,2	176	*45,9*
Congo RD	17,2	26	*55,9*	17,0	50	*56,4*	22,1	90	*46,1*
Africa meridionale	22,1	24	*46,0*	27,0	26	*38,0*	33,3	26	*29,8*
Africa occidentale	17,7	129	*55,1*	18,2	216	*53,8*	22,7	359	*45,0*
Nigeria	17,9	67	*54,5*	18,1	112	*54,1*	22,4	183	*45,5*
Niger	15,9	7	*58,3*	15,2	15	*60,6*	19,0	34	*52,1*
Africa settentrionale	21,2	82	*47,7*	25,5	101	*41,1*	31,1	124	*33,3*
Egitto	21,1	33	*47,9*	24,6	43	*42,4*	29,7	56	*35,1*
AFRICA	18,3	435	*53,6*	19,7	679	*50,7*	24,8	1.034	*41,5*
Asia occidentale	22,1	85	*46,0*	28,2	101	*36,3*	35,3	106	*27,8*
Turchia	24,9	26	*40,7*	31,5	27	*32,0*	41,7	22	*22,7*
Asia centrale	22,6	25	*45,4*	27,6	28	*37,8*	33,2	31	*30,7*
Asia meridionale	22,0	675	*46,4*	27,6	712	*36,7*	36,8	632	*26,4*
India	22,7	476	*45,1*	28,4	487	*35,3*	38,1	413	*25,2*
Pakistan	18,8	75	*52,5*	22,8	99	*44,8*	30,0	114	*33,8*
Bangladesh	21,0	61	*48,0*	27,6	60	*36,2*	40,0	44	*23,0*
Asia orientale	30,7	480	*31,6*	39,4	381	*22,7*	48,3	302	*18,7*
Cina	30,0	423	*32,8*	38,4	337	*23,4*	47,6	267	*19,0*
Giappone	41,2	26	*20,8*	48,4	21	*17,0*	54,7	17	*15,6*
Asia Sud-Est	24,2	221	*42,1*	30,2	223	*33,4*	38,4	201	*25,3*
Indonesia	24,4	87	*41,2*	29,7	94	*34,5*	37,4	86	*26,1*
Vietnam	24,2	34	*42,0*	32,5	29	*29,9*	41,2	25	*22,9*
Filippine	20,5	38	*49,0*	25,7	43	*39,6*	34,7	42	*28,8*
ASIA	26,0	1.486	*39,7*	32,0	1.446	*31,2*	39,9	1.271	*24,0*

	2000			2020			2050		
	età med.	popol. 0-19 milioni	%	età med.	popol. 0-19 milioni	%	età med.	popol. 0-19 milioni	%
Russia	36,5	39	*26,5*	39,6	34	*23,2*	41,7	30	*22,4*
Germania	40,1	17	*21,3*	45,7	16	*18,9*	49,2	15	*18,3*
Francia	37,7	15	*25,5*	42,3	15	*23,6*	45,9	14	*21,1*
Italia	40,3	11	*19,7*	47,3	11	*17,7*	53,6	8	*15,6*
Regno Unito	37,6	15	*25,2*	40,5	16	*23,1*	44,5	15	*20,8*
Spagna	37,6	9	*21,2*	44,9	9	*19,2*	53,2	7	*16,3*
Polonia	35,0	11	*28,3*	41,7	7	*19,8*	51,2	6	*17,2*
EUROPA	37,7	178	*24,5*	42,5	158	*21,1*	47,1	138	*19,4*
USA	35,2	81	*28,8*	38,3	82	*24,8*	42,7	85	*22,3*
NORD-AMERICA	35,4	89	*28,5*	38,6	90	*24,4*	43,0	93	*22,0*
Messico	22,9	44	*44,5*	29,2	45	*34,5*	39,3	37	*24,0*
Brasile	25,3	70	*40,2*	33,5	60	*28,3*	45,1	45	*19,7*
AMERICA LATINA	24,2	220	*42,2*	31,0	210	*32,1*	40,8	176	*23,1*
OCEANIA	30,8	11	*33,9*	33,4	13	*30,8*	37,2	15	*26,9*
Mondo	**26,3**	**2.419**	*39,4*	**30,9**	**2.596**	*33,3*	**36,2**	**2.728**	*28,0*

Età mediana, popolazione fino a 19 anni di età e peso percentuale sulla popolazione totale. Fonti: ONU, 2019 revision, medium variant.

decina d'anni fa, si registrava in tutto il mondo un trend di aumento della popolazione più anziana e di diminuzione di quella giovane, che si traduce in aumento dell'età mediana. Non si era sbagliato.

Per descrivere questo particolare aspetto della *legge della popolazione nella maturità imperialistica* abbiamo utilizzato, oltre all'indicatore suggerito da Golini, anche il numero assoluto dei giovani fino a 19 anni e il loro peso sul totale della popolazione. Si aggiungono poi le "piramidi delle età" (c'è chi vorrebbe cambiarne il nome: ormai quasi solo in Africa possono legittimamente chiamarsi così), che mostrano l'evoluzione della struttura per età. Abbiamo separato l'Africa, dove è in corso ancora la transizione demografica, dal resto del mondo, dove è conclusa o sta concludendosi.

Anche qui le cifre e le previsioni parlano da sole su cosa ci sia da aspettarsi. I giovani fino a 19 anni, che rappresentano il futuro della

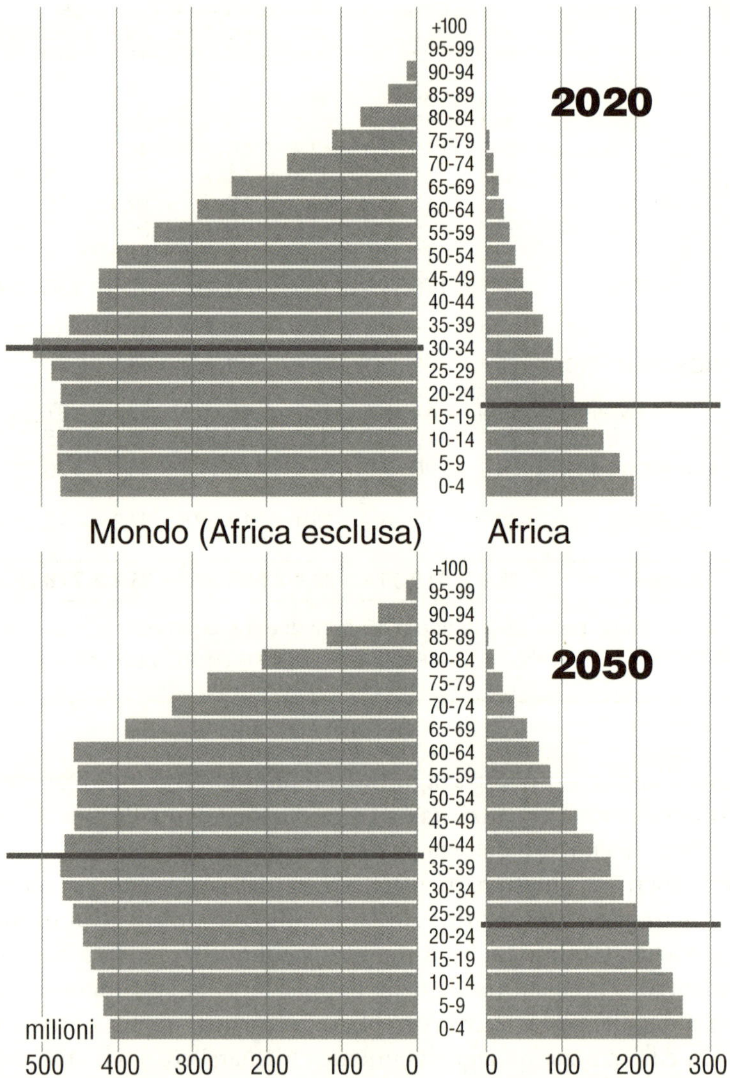

"Piramidi delle età" della popolazione mondiale Africa esclusa, e della sola Africa. La riga scura indica approssimativamente l'età mediana per le rispettive popolazioni.

Fonte: ONU.

nostra specie, in mezzo secolo aumentano di appena un decimo o poco più, a fronte di una popolazione che cresce della metà; la loro quota passa da uno ogni 2,5 a uno ogni 4. Ma nel Vecchio Mondo, in India, in Cina, nell'Asia intera il numero o è stazionario o cala in assoluto e non soltanto come peso sulla popolazione. Solo nella giovane Africa aumentano, e nel 2050 un giovane su tre sarà africano. Ma anche nel continente nero, come dimostrano l'aumentata età mediana e la forma assunta dalla piramide delle età, è solo questione di aspettare qualche decennio.

Più nel dettaglio: nella vecchia Europa, a metà secolo sarà pari a quasi 50 anni l'età che divide in due parti uguali la popolazione. L'Asia e le Americhe seguiranno, con un decennio circa di ritardo. In Africa, nel periodo 2020-50, aumenteranno di 350 milioni i giovani, superando il miliardo; ma il resto del mondo ne perderà più di 200 milioni. Sono questi alcuni dei risultati che sta portando quell'*inverno demografico* che, lento ma inesorabile, si sta estendendo dal Vecchio Mondo a tutto il pianeta.

UN MILIARDO DI "SCONOSCIUTI"

È logico domandarsi quale sia l'accuratezza delle cifre sulla popolazione mondiale, che sono la somma di statistiche nazionali accurate (in Europa, in Giappone, ecc.) e di altre poco accurate o addirittura inesistenti, come in numerosi paesi africani nei quali i censimenti non si fanno da tempo o forse non si sono mai fatti. Ad esempio, il Congo non lo fa da 30 anni, altri 14 paesi non lo fanno da 10. È quindi lavoro degli statistici stimare i dati mancanti, correggerli e metterli assieme. Dal punto di vista tecnico, il metodo usato è quello probabilistico, che porta a fornire un numero che è la mediana di centinaia o migliaia di andamenti, affiancato da un intervallo in più o in meno, definito ad esempio al 95% di probabilità. Il dato di 9,7 miliardi della popolazione prevista per il 2050 dall'ONU cade in un intervallo (al 95% di probabilità) che va da 9,4 a 10,1. Ma, come abbiamo già osservato, anche le cifre della popolazione non sono mai "tecniche".

Ciò premesso, approfondendo il tema si legge la notizia che nel mondo almeno un miliardo di uomini non avrebbero prova ufficiale della loro identità. La stima è della World Bank, che ha istituito un programma chiamato "ID4D – Identification for Development" col quale si prefigge di aiutare i paesi che sono in difficoltà nel fornire un'identità a tutti. La questione anche qui non è puramente tecnica, come dimostra ad esempio ciò che è accaduto di recente in India, dove il colossale programma AADHAAR per fornire a tutti gli indiani un'identità ha portato al mancato riconoscimento degli appartenenti a minoranze religiose musulmane. La cifra di un miliardo, per quanto inclusa nelle previsioni, è comunque gigantesca, e mette a dura prova chi deve compilare le statistiche della popolazione, che "politiche" sono sempre state, come emerge in particolare dalla storia recente di Cina e India.

Si aggiunge il problema della registrazione alla nascita. Sempre secondo World Bank, attualmente dei 140 milioni di nati ogni anno solo il 70% sarebbe registrato alla nascita. Quindi più di 40 milioni di bimbi si aggiungono potenzialmente ogni anno al miliardo di cui sopra, pur se evidentemente esiste anche la registrazione ritardata, sulla quale non ci sono informazioni. Commenta il demografo Massimo Livi Bacci (*Neodemos*, 24 settembre 2019), dopo aver ricordato che la Rivoluzione Francese introdusse nel 1792 lo Stato Civile, sostituendosi alle parrocchie nel registrare le nascite: «L'evoluzione del mondo non consente l'incognito». In definitiva, queste cifre vanno valutate conoscendo l'incertezza che ci sta dietro, e quindi che le unità e le cifre dopo la virgola hanno spesso un puro valore accademico.

Nuova graduatoria dei grandi paesi (1) *

Uno dei dati più significativi dell'ultima edizione delle stime prodotte dall'ONU sulla popolazione mondiale è sicuramente questo: ormai i due terzi vivono in paesi nei quali la fecondità è scesa al di sotto della soglia di 2,1 figli per donna, che è (con la dovuta approssimazione) la cosiddetta soglia del rimpiazzo; per valori minori, non vi è il ricambio delle generazioni e la popolazione è destinata a calare. Questa è un'importante conferma delle tendenze in corso ormai da molti anni.

Il complesso dei dati dei "World Population Prospects 2022" va infatti tutto nella stessa direzione: la dinamica della popolazione mondiale è in netto calo, l'invecchiamento aumenta in modo significativo, la crescita annua è scesa allo 0,82% (il minimo dal 1950) e le previsioni/proiezioni fanno già vedere un tetto nel decennio 2080-90, dopo il quale la popolazione mondiale inizierebbe a calare. Le precedenti previsioni/proiezioni, di tre anni fa, prevedevano invece una crescita ininterrotta fino a fine secolo. Inoltre, nel novembre 2022 sarebbe stato superato il traguardo degli 8 miliardi.

Il "sorpasso" dell'India sulla Cina

C'è poi l'affermazione che tanti si aspettavano: la Cina non solo raggiunge nel 2022 il massimo di popolazione (1,426 miliardi) e poi inizierà il calo, ma sarà stata anche superata nello stesso anno dall'India, che invece continuerà a crescere, seppure in rallentamento. Dietro c'è il crollo della fecondità, pur smorzato dall'aumento della durata di vita: per la Cina il passaggio all'ingiù attraverso la soglia dei 2,1 figli per donna avvenne intorno al 1990; oggi la fecondità è valutata dall'ONU a 1,16 e il calo della popolazione è previsto dal 2023. Ci sono voluti poco più di 30 anni perché il passaggio della soglia si tramutasse in calo assoluto di popolazione, in un grande paese con bassa migrazione internazionale.

---

* Febbraio 2023.

L'India è passata sotto i 2,1 figli per donna nel 2020 e l'ONU prevede il calo assoluto della popolazione fra una quarantina d'anni. I conti tornano per le due superpotenze asiatiche, che sono sfasate da questo punto di vista di 30-40 anni. Ma, per generale consenso, le previsioni demografiche sono affidabili solo fino a circa trent'anni, quindi oggi fino circa al 2050; e a questa regola è opportuno attenersi nelle valutazioni.

Per quell'anno, i "WPP 2019" prevedevano una popolazione mondiale di 9,7 miliardi, sostanzialmente confermati dai "WPP 2022": ma ciò nasconde al suo interno, a livello regionale e di singoli paesi, differenze marcate, soprattutto nella direzione della tendenza (aumento o calo). Ad esempio, nelle previsioni al 2050 la Cina passa da 1,402 a 1,317 miliardi, l'Europa da 710 a 704 milioni, l'India da 1,639 a 1,668 miliardi e l'Africa da 2,489 a 2,466 miliardi (ma per l'Africa sub-sahariana la previsione è rimasta invariata). L'invecchiamento mondiale sarà marcato: i maggiori di 64 anni cresceranno dal 10% della popolazione totale di oggi al 16% e saranno in numero doppio dei minori di 5 anni.

Sviluppo ineguale nella tendenza generale al rallentamento

Ben maggiori differenze si osservano analizzando nel dettaglio le aree e gli Stati. Stanno infatti dispiegandosi appieno, ormai nel terzo decennio del secolo, gli effetti delle tendenze in atto da molti decenni: per quanto lente, le leggi della popolazione operano inesorabili. E inesorabile opera la *legge della popolazione nella maturità imperialista*. Nell'ambito di questa legge, lo sviluppo ineguale di regioni e paesi si traduce in dinamiche di popolazione differenti e quindi, col tempo, nella modifica della graduatoria delle *potenze demografiche*. Nella tabella abbiamo riportato questa dinamica per il periodo 2000-2050 per le prime dieci potenze: fino al 2020 i numeri sono ormai attestati, per il futuro si tratta delle previsioni ONU del 2022, nella variante media che è giudicata la più probabile.

Il primo ventennio è segnato dall'uscita del Giappone dal gruppo delle prime dieci e dalla discesa della Russia in ultima posizione. Ma è dal 2020 in avanti che la dinamica si accelera, anche perché l'accumulo

CONFRONTO FRA I PRIMI 10 STATI PER POPOLAZIONE AL MONDO
(dati in migliaia)

2000		2020		2030	
1 Cina	1.260	**1** Cina	1.424	**1** India	1.509
2 India	1.050	**2** India	1.390	**2** Cina	1.417
3 UE 27	426	**3** UE 27	445	**3** UE 27	444
4 USA	281	**4** USA	335	**4** USA	351
5 Indonesia	213	**5** Indonesia	271	**5** Indonesia	291
6 Brasile	175	**6** Pakistan	225	**6** Pakistan	272
7 Pakistan	152	**7** Brasile	213	**7** Nigeria	260
8 Russia	147	**8** Nigeria	206	**8** Brasile	223
9 Bangladesh	128	**9** Bangladesh	166	**9** Bangladesh	184
10 Giappone	127	**10** Russia	146	**10** Etiopia	148
prime 10	**3.959**		**4.821**		**5.099**
Mondo	**6.108**		**7.805**		**8.512**

2030		2040		2050	
1 India	1.509	**1** India	1.608	**1** India	1.668
2 Cina	1.417	**2** Cina	1.380	**2** Cina	1.317
3 UE 27	444	**3** UE 27	436	**3** UE 27	424
4 USA	351	**4** USA	366	**4** Nigeria	375
5 Indonesia	291	**5** Pakistan	320	**5** USA	375
6 Pakistan	272	**6** Nigeria	318	**6** Pakistan	366
7 Nigeria	260	**7** Indonesia	308	**7** Indonesia	317
8 Brasile	223	**8** Brasile	230	**8** Brasile	231
9 Bangladesh	184	**9** Bangladesh	196	**9** Congo DR	215
10 Etiopia	148	**10** Etiopia	180	**10** Etiopia	213
prime 10	**5.099**		**5.342**		**5.501**
Mondo	**8.512**		**9.159**		**9.687**

Fonte: ONU World Population Prospects 2022.

delle tendenze negli anni precedenti si traduce in avvicinamento delle dimensioni dei paesi. Esce la Russia, in piena crisi di popolazione ormai dalla fine dell'URSS, e si compie il sorpasso dell'India sulla Cina. La Nigeria, entrata nel 2020, in trent'anni scalerà fino a raggiungere e superare gli USA. Il Brasile tiene le posizioni. Entrano due grandi paesi africani, Etiopia e Congo; la forte crescita dell'Africa la porterà a essere rappresentata nel 2050 da tre paesi fra le prime dieci potenze demografiche. Infine va osservato che la UE a 27 mantiene la posizione.

La "correzione" migratoria

Qui si apre il grande, indispensabile capitolo del corollario delle tendenze demografiche: le migrazioni internazionali. Lo squilibrio della crescita della popolazione nelle regioni del mondo, rispetto a quelle dove le necessità economiche, gli investimenti di capitali e lo sviluppo ne richiedono la presenza, mette in moto inevitabilmente correzioni migratorie. Queste, viste le tendenze in atto, non potranno che aumentare nei prossimi decenni e segneranno vantaggi o debolezze per i paesi che sapranno utilizzarle nel modo migliore o peggiore.

Le stime "WPP 2022" inglobano le valutazioni (sempre ONU) sulle migrazioni internazionali. Da quanto si vede, USA e UE-27 sono state in grado di utilizzarle e la tenuta delle posizioni è dovuta in pratica solo a un massiccio, caotico e anche sanguinoso per la nostra classe, arrivo di popolazioni provenienti da alcune zone di Africa, America Latina e Asia, costi quel che costi. Il Giappone, silenziosamente e lentamente, sta aprendo all'immigrazione.

Quanto alla Cina, la questione è per ora un'incognita, un nodo che inevitabilmente si porrà negli anni a venire, dato che la popolazione in età di lavoro è in calo.

Le prime 10 potenze rappresentavano il 65% della popolazione mondiale nel 2000, sono oggi il 62% e scenderanno al 57% nel 2050. Ciò significa che stanno crescendo, alle spalle, potenze demografiche medie e piccole.

La popolazione, come c'insegna la scienza marxista, non è una variabile indipendente, in nessun modo di produzione e quindi anche nel capitalismo della fase imperialistica. È invece una delle variabili che intervengono, e forse è quella che opera più lentamente di tutte, ma anche più inesorabilmente. Ciò che gli aggiornamenti dell'ONU confermano oggi con grande evidenza è essenzialmente questo: stanno ormai giungendo pienamente a maturazione gli effetti delle tendenze demografiche che hanno operato per decenni. Le dimensioni della popolazione delle grandi e medie potenze che si stanno via via attestando saranno quindi un fattore di crescente importanza nel confronto fra gli Stati.

LA POPULATION DIVISION DELL'ONU

I "WPP 2022" (World Population Prospects) sono il risultato del lavoro della Population Division, una delle dieci che fanno capo al DESA (Department of Economic and Social Affairs) delle Nazioni Unite. Il DESA, che ha uno staff permanente di circa 840 persone, è diretto dal 2017 da Liu Zhenmin, già viceministro degli Esteri della Cina, poi ambasciatore e rappresentante cinese in vari organismi ONU a Ginevra prima di approdare a New York al DESA; è anche responsabile dell'Agenda sullo sviluppo sostenibile. La Population Division ha uno staff di 50 persone ed è diretta da John Wilmoth, demografo dell'Università di Berkeley, California.

Il lavoro della divisione degli ultimi tre anni (uno in più rispetto al passato, dovuto alla pandemia), che ha portato ai "WPP 2022", si è basato sull'analisi di 1.750 censimenti nazionali e di 2.900 indagini a campione. Sostiene Wilmoth che, rispetto alle precedenti edizioni, è stato fatto un importante passo in avanti nella metodologia utilizzata. Altri centri studi e *think tank* nel mondo, che si occupano di analisi e previsioni dei trend della popolazione mondiale, producono analoghe valutazioni, e spesso hanno criticato quelle dell'ONU per il metodo usato e per la sopravvalutazione di fecondità e tassi di crescita (vedi a pp. 29 e 35). Coi "WPP 2019", e ancor più coi "WPP 2022", le previsioni dell'ONU convergono con quelle degli altri centri d'analisi.

Nuova graduatoria dei grandi paesi (II)*

I dati dei "World Population Prospects 2022" dell'ONU confermano la revisione al ribasso della crescita della popolazione mondiale, scesa dal 2020 sotto l'1% annuo, annunciano il raggiungimento degli 8 miliardi e fanno intravedere prima di fine secolo, intorno al 2085, un tetto di 10,4 miliardi (per allora la fecondità è stimata intorno a 1,9 figli per donna). Inoltre delineano la graduatoria delle grandi potenze demografiche. Le stime sono state variamente commentate dai centri studi e dai *think tank* che si occupano di questi temi. Riprendiamo alcuni commenti e valutazioni fra i più interessanti e significativi.

Nella presentazione fatta dal capo della Population Division dell'ONU va evidenziato un passo, non direttamente legato alle valutazioni statistiche, ma che ne è un importante corollario: «Nei prossimi decenni, il numero dei morti supererà il numero delle nascite nei paesi a reddito elevato, e quindi l'immigrazione sarà il solo motore della crescita della popolazione in questi paesi» (John Wilmoth, luglio 2022). Aggiungiamo: solo nella misura in cui questi paesi riusciranno a indirizzarla.

Migrazioni, sviluppo, guerre, violenza

L'INED francese mette in evidenza sette messaggi chiave di questo rapporto, nel confronto tra oggi e il 2050: tra questi, la crescita dell'aspettativa di vita (da 72,8 a 77,2 anni, pur con forti differenze fra paesi), l'invecchiamento mondiale (triplicherà la popolazione di 80 e più anni) e l'aumento del numero di paesi con popolazione in calo. Significativo quanto scrive sulle migrazioni internazionali: «Alcuni dei più grandi movimenti migratori (da Bangladesh, Nepal e Sri Lanka) sono mossi dalla richiesta di forza-lavoro nei paesi ad alto reddito, mentre altri sono il risultato di violenti conflitti armati in paesi dai quali

---

* Marzo 2023.

provengono i migranti (Siria, Venezuela, Myanmar)». Noi ribadiamo ancora una volta che sviluppo economico, necessità di forza-lavoro, guerre e violenza non sono fenomeni indipendenti, bensì parte integrante dello stesso sistema capitalistico: non esistono e non possono esistere l'uno senza l'altro.

Il *think tank* demografico italiano Neodemos osserva che si vede, per la prima volta, una possibile discesa della popolazione mondiale e che adesso l'ONU si allinea, con le previsioni al ribasso, a quelle di altri centri d'analisi.

"La Cina si sta contraendo?"

Nel bollettino dell'American Enterprise Institute, *think tank* politico-economico di Washington, Nicholas Eberstadt si concentra sulla Cina. «La Cina si sta contraendo?», si domanda, sostenendo che il calo annunciato della popolazione è una primizia che avrebbe avuto poca risonanza, e che non era prevista nelle precedenti valutazioni ONU prima del 2031; quindi è anticipata di una decina d'anni. Ma esprime poca fiducia sulle statistiche cinesi e su quanto si sa sulla popolazione: secondo alcune valutazioni il calo sarebbe iniziato già nel 2018.

Anche un lungo intervento su *The Spectator*, settimanale di Londra, di Rana Mitter, docente di Oxford, si concentra sulla Cina: "Baby bust: l'incombente disastro demografico cinese" è il titolo, dove «baby bust» è il termine correntemente usato per definire il forte calo delle nascite. Dopo aver messo in evidenza i ben noti pesanti dati della demografia cinese, e i possibili effetti sull'economia non solo del paese ma mondiale, viene comunque affermato che non necessariamente la Cina declinerà per questo: ci sono zone *hi-tech* che sono al top mondiale e il settore scientifico è globalmente competitivo. Viene affrontato anche il nodo dell'immigrazione, che potrebbe essere una soluzione. «L'immigrazione di massa non ha mai fatto parte della cassetta degli attrezzi della politica cinese, e l'arrivo di grandi numeri di lavoratori con lingue e regole sociali diverse sarebbe un problema per il PCC».

Il tempo dirà se e come il gigante asiatico affronterà questo nodo demografico e il ruolo che la soluzione data potrà avere nelle future dinamiche di popolazione del paese.

COMMENTI DIVERGENTI SULLA STAMPA INTERNAZIONALE

Nel dare notizia dei nuovi dati dell'ONU la stampa internazionale ha usato sfumature differenti, con interpretazioni che riflettono anche il peso che la questione demografica ha all'interno dei vari paesi.

Il sorpasso dell'India sulla Cina, più che la dinamica mondiale, è stato naturalmente al centro delle analisi e dei commenti della stampa delle due superpotenze demografiche.

The Hindu, che titola "L'India supererà la Cina nel 2023, secondo l'ONU", mette in evidenza un aspetto correlato alla dinamica demografica, cioè le migrazioni internazionali nell'Asia centro-meridionale: negli ultimi dieci anni il Pakistan avrebbe avuto uscite per 16,5 milioni, il Bangladesh per 2,9, l'India per 3,5, il Nepal per 1,6, lo Sri Lanka per un milione. Non sono dati del Report ONU, ma è significativo che vengano richiamati in quest'occasione, perché sono un corollario inevitabile della dinamica demografica.

Business Standard, quotidiano economico di New Delhi, conferma con valutazioni nazionali (in realtà un po' più basse di quelle ONU) il sorpasso sulla Cina, definendolo una non-sorpresa. L'accento viene posto sulla forza-lavoro: a parità di popolazione, l'India ha il vantaggio sulla Cina di un maggior numero di persone in età di lavoro, a causa della più favorevole struttura delle età.

La stampa cinese ha toccato il tema sotto vari aspetti. Su *Global Times* la notizia del sorpasso viene data osservando che «le cose stanno cambiando più in fretta di come molti pensavano». Ma in India ci sarà pressione sul mercato del lavoro, perché a milioni vi entrano ogni anno, e ciò sarà destabilizzante, se non si creeranno i posti di lavoro corrispondenti; anche perché l'India, negli anni passati, non è stata in grado di fare un utilizzo appropriato di questo vantaggio demografico. Viene poi ripreso un recente studio della National Health Commission, reso di pubblico dominio sull'organo del PCC e quindi con i crismi dell'ufficialità: esso afferma fra l'altro che «i demografi cinesi hanno previsto che la crescita negativa sarà il trend dominante negli anni a venire». Sarebbe la prima volta che il governo ammette esplicitamente il problema, e ciò viene interpretato come volontà di affrontarlo di petto. Da altra fonte, secondo la NHC, la dimensione della famiglia media è scesa da 3,1 a 2,6 persone negli ultimi dieci anni e il numero dei figli pianificati dalle coppie sarebbe sceso da 1,76 a 1,64 negli ultimi quattro anni.

China Daily pubblica numerosi commenti di varie fonti, molti tesi a sostenere che il sorpasso non deve preoccupare più di tanto, data l'acquisita superiorità tecnologica e industriale cinese. Esempio: se la Cina invecchierà più rapidamente, «la dimensione del proprio capitale umano, l'istruzione e il sistema sanitario sono indubbiamente in una condizione migliore che in India». Inoltre, l'effetto psicologico (negativo) dell'aver subìto il sorpasso non dovrebbe influenzare la volontà di aumentare la natalità, questione che va affrontata in maniera efficace. Il commento di Qu Xiaobo, dell'Accademia delle scienze sociali, è invece assai più netto: «Tali cambiamenti demografici possono influenzare il tasso di crescita economico. [...] Anche la demografia influenza direttamente la politica di un paese, la forza della nazione. [...] Bassa fecondità e invecchiamento della Cina creeranno nuove sfide per lo sviluppo economico [...] l'invecchiamento causerà carenza di forza-lavoro [...] prospettiva sconfortante per il sistema pensionistico». Occorre quindi creare una società "amica della famiglia", riformare il mercato del lavoro, prevenire i problemi di carenza di forza-lavoro con investimenti *technology intensive*, ecc.

Fuori da India e Cina, i commenti hanno un taglio differente. Il *Financial Times*, che pubblica la notizia in prima pagina, mette in evidenza i timori per l'economia derivanti dalla più lenta crescita della popolazione mondiale. Per quanto riguarda l'Europa, sottolinea la mancanza di giovani che già c'è e ci sarà in futuro. Ospita anche la valutazione dell'economista di Oxford Ian Goldin, secondo cui la cosa più sorprendente è la velocità alla quale la fecondità è calata, anche in paesi molto differenti fra loro, in modo indipendente da fattori religiosi, culturali e di reddito. Occorre quindi inevitabilmente aumentare i livelli di immigrazione. «Demografia non è destino», sostiene Goldin, e quindi ritiene che si possa intervenire in modo efficace, con politiche pubbliche mirate, per influenzare le tendenze di popolazione. È, questo, un tema molto dibattuto.

Le Monde, che dedica due intere pagine, sottolinea l'importanza della tappa "8 miliardi" per il pianeta; riporta valutazioni sul maggiore allineamento delle previsioni ONU con quelle del resto della comunità scientifica, sul declino irreversibile che si starebbe profilando per la popolazione mondiale e sul fatto che il sorpasso India-Cina è un «cambiamento di paradigma» in quella regione del globo.

The Economist si distingue nel mettere in evidenza le mutate gerarchie dei paesi: «L'ordine gerarchico della popolazione mondiale sta per cambiare, la Cina si restringe, l'India continua a crescere», sottolineando il sempre maggiore peso di alcuni paesi africani e asiatici. Queste variazioni avranno conseguenze geopolitiche, e il fatto che l'India sarà in prospettiva molto più popolosa della Cina «darà peso alle sue rivendicazioni di giocare un ruolo molto più importante nelle questioni mondiali».

Sul *Washington Post* si mette in evidenza che gli aumenti di popolazione sono fortemente diseguali, che alla fine solo l'Africa crescerà e che la Cina ha una popolazione anziana sproporzionata. Si riporta il giudizio del direttore della Population Division: «Ciò, alla fine, potrà essere un vantaggio per l'India», che ha una popolazione più giovane.

La stampa italiana non ha dato particolare rilievo alla pubblicazione dei "WPP 2022", e soprattutto non sembra volerne cogliere gli aspetti realmente più rilevanti. Su *Il Foglio* si afferma che la denatalità è una bomba a orologeria e si titola "Addio Malthus. L'ONU smonta la balla della bomba demografica", ripescando una polemica da tempo superata dai fatti. Il *Corriere della Sera*, forzando gli stessi dati e le analisi più accreditate, titola "L'Occidente non tramonta, la Cina sì", in ottica fortemente anticinese.

EUROPA

Le migrazioni sostengono la popolazione europea *

È «*fascinating*», affascinante, il fatto che solo trent'anni fa, a metà degli Ottanta, l'Europa sia diventata un continente d'immigrazione netta, dopo avere per quattro secoli popolato varie parti del mondo. È inoltre rilevante che l'immigrazione pesi di più, nella dinamica della popolazione, della crescita naturale, che si è interrotta intorno al 2015. Infine, la migrazione interna europea, dall'Est all'Ovest, ha creato carenza di forza-lavoro proprio all'Est, toccandone anche la demografia.

Queste osservazioni del direttore del Bruegel, *think tank* di Bruxelles, sintetizzano con realismo ciò che è successo in Europa dal punto di vista demografico ed esprimono le preoccupazioni della borghesia europea per tendenze che minacciano la futura disponibilità sul mercato di quella sola merce che è indispensabile per la produzione del plusvalore, la forza-lavoro ("Migration and mobility in the EU", 2018). Un centro europeo di analisi demografica, il BIPD di Berlino, ha scritto che «la quota dell'Europa nella popolazione mondiale sta cadendo con continuità e in maniera apparentemente inarrestabile»; «una forte Europa in un mondo globalizzato deve essere un'Europa aperta e internazionale [...] l'alternativa sarebbe una casa di anziani sempre più piccola con un'identità nazionalista» ("Europe's demographic future", 2017). Eurostat conferma: «Prime stime della popolazione 2019 [...] più morti che nati».

Sono tematiche che ormai con frequenza arrivano sulla stampa quotidiana europea, ma con la quasi completa eccezione di quella italiana; segno che covano da tempo. Per esempio, il *Financial Times* vi ha dedicato il 15 gennaio due articoli: "Il costo del declino demografico", in cui si toccano i problemi economici conseguenti al calo della popolazione, e "Una bomba a tempo demografica sfida la crescita in Europa",

* Giugno 2020.

centrato sull'invecchiamento, con un occhio attento ai tassi di occupazione nelle varie fasce d'età. In sintesi: chiarissime parole che esprimono le "preoccupazioni demografiche" dell'imperialismo europeo.

Una "lettera di missione" demografica

Un effetto significativo di queste preoccupazioni è certamente la decisione della nuova Commissione europea di istituire una vicepresidenza specifica per "Democracy and demography", affidandola alla croata Dubravka Šuica. La Croazia, entrata nella UE nel 2013, ha il saldo demografico naturale (nati meno morti) in passivo da decenni e anche il saldo migratorio costantemente negativo; pur piccolo, è un paese che riflette la condizione comune del Centro-Est Europa. In coincidenza con la presidenza di turno della UE, nel primo semestre 2020, aveva annunciato di voler porre al centro la questione demografica.

Nella "Lettera di missione" di Ursula von der Leyen a Šuica del 1° dicembre 2019 viene chiesto di «analizzare l'impatto del cambiamento demografico» sulle varie regioni e aree e di dare un supporto ai paesi toccati dalla cosiddetta "fuga dei cervelli". Infine, si afferma che «dobbiamo investire di più sul futuro dei nostri bambini». Sei mesi dopo, la Commissione ha già prodotto un documento ("L'impatto del cambiamento demografico") nel quale si sostengono, fra le altre, tre tesi significative. Primo: il calo demografico avrà un impatto sulla posizione dell'Europa nel mondo. Secondo: occorre *embed* ("incastrare") i temi demografici all'interno delle politiche europee. Terzo: pur essendo, queste, competenze degli Stati membri, la Commissione non lascerà indietro nessuno.

Il sistema demografico europeo

Ci troviamo di fronte a un inedito: la legge della popolazione della maturità imperialista ha fatto infine irruzione ai piani alti di Bruxelles.

Consideriamo tutta l'Europa, Federazione russa esclusa perché ciò consente di tener conto dei flussi migratori interni. Contava 580 milioni di persone nel 2000 (9,4% del mondo), ne ha 601 milioni oggi

(7,7%), scenderà a 574 nel 2050 (5,9%) secondo le ultime proiezioni medie dell'ONU. La fecondità, pur oscillante e in recente lieve ripresa, è oggi intorno a 1,6 figli/donna, con un guadagno di 0,2 negli ultimi vent'anni e una possibile crescita di un altro 0,1 nelle proiezioni al 2050: lontanissima quindi dal tasso necessario per il rimpiazzo, valutato a 2,05 per i paesi sviluppati. Un bilancio e una prospettiva che sarebbero stati ben più fallimentari, se non fosse arrivato ad attenuarli il supporto dell'immigrazione: quella dall'esterno, per supportare i numeri assoluti, e quella interna, una redistribuzione di popolazione funzionale alle esigenze del tessuto produttivo europeo.

La struttura demografica europea è tutt'altro che uniforme, anche se opera una tendenza di fondo alla diminuzione delle differenze fra paesi. La situazione attuale, e poi quella che verrà, sono il risultato di numerosi fattori che operano contemporaneamente, ma in maniera differenziata nelle varie regioni.

C'è l'eredità della passata storia demografica: i modi e i tempi dell'uscita in passato dalla transizione demografica, fortemente sfasata temporalmente fra le varie regioni; ciò si riflette ancora nella situazione attuale, in particolare nei profili d'età e nel peso assoluto e relativo delle donne in età fertile. Ci sono le politiche nataliste introdotte da alcuni paesi che, se viste su tempi lunghi, hanno mostrato una pur limitata efficacia, che però non modifica le tendenze di fondo. È ormai parere generale dei demografi che queste politiche, per quanto ben finanziate, mirate e adattate alle culture e tradizioni dei singoli paesi, non riescano nel lungo termine a invertire le tendenze.

Ci sono poi le passate migrazioni, la cui storia affonda fino alle radici coloniali per i più grandi Stati europei, con flussi in ingresso di uomini, donne e fanciulli che si sono ormai profondamente radicati e integrati con la popolazione autoctona. Ci sono quelle più recenti, che hanno avuto nella collisione del 2015 una sorta di "unificazione migratoria europea" imposta dall'esterno, perché hanno investito direttamente o indirettamente tutti i paesi, diventando un'importante questione politica. Ci sono le attuali migrazioni interne europee che, anche se assai meno pubblicizzate di quelle esterne, hanno segnato i primi vent'anni del secolo. E c'è soprattutto il tessuto economico-produttivo di una regione che ha il peso di una potenza mondiale e che in ultima istanza ha messo in moto questi fenomeni, per via della diffusa e articolata richiesta di forza-lavoro, nelle vecchie zone industriali del Centro Europa e in quelle nuove dell'Est Europa.

Le componenti del sistema

Abbiamo ricostruito vent'anni di storia demografica europea sulla base del semplice calcolo basato sul saldo naturale, su quello migratorio netto e sulla popolazione a fine anno, articolandolo in cinque regioni geografico-economiche. Occorre osservare che queste migrazioni riguardano tipicamente fasce d'età basse, e quindi rinforzano doppiamente i paesi d'arrivo: come persone residenti aggiuntive (in gran parte forza-lavoro) e come padri e madri, spesso all'inizio con fecondità assai più alta degli autoctoni. L'ONU stima che lo stock di immigrati dall'esterno, misurato come "nati all'estero dell'Europa", sia oggi pari a 40 milioni.

I numeri parlano da soli. Il "saldo naturale" si è ormai annullato in quasi tutte le regioni. Resta positivo nei paesi del Nord, che pesano però solo per un ventesimo, e anche in Francia e Regno Unito, per tradizione passata e storia recente, risultato di una combinazione fra immigrazione quasi ininterrotta, fecondità più alta (ma ben sotto il rimpiazzo) e numerosità ancora elevata di donne in età riproduttiva. Si prevede già che l'azzereranno entro i prossimi decenni. Gli effetti delle durature politiche nataliste francesi sembra si stiano risolvendo in una dilazione nel tempo degli effetti della tendenza generale al calo.

La Germania, con saldo naturale negativo da almeno trent'anni, è supportata dalla sola immigrazione, che però ormai non basta più. I paesi del Centro e dell'Est Europa, entrati nell'Unione nei primi anni del secolo, hanno il doppio macigno della bassissima fecondità e dell'emigrazione verso l'Ovest europeo, che continua ad assottigliarli nelle fasce d'età più produttive, di figli oltre che di plusvalore. Il Sud Europa ha avuto una Spagna in ritardo nel seguire i trend demografici e il calo della fecondità, che si è combinato col massiccio arrivo di immigrati, in maniera simile all'Italia, seppur con diversa provenienza; ma adesso il ritardo si è riassorbito. Infine l'Italia, che ha trovato nell'immigrazione solo una soluzione temporanea per i suoi drammatici problemi demografici.

Periodo	EUROPA saldo naturale	EUROPA saldo migrat.	EUROPA popolaz. fine per.	UE-27 saldo naturale	UE-27 saldo migrat.	UE-27 popolaz. fine per.	CUORE EUROPA saldo naturale	CUORE EUROPA saldo migrat.	CUORE EUROPA popolaz. fine per.
2001-2005	−119	+1.405	585.125	+143	+1.337	432.860	+283	+1.001	304.304
2006-2010	+150	+1.309	592.421	+231	+814	438.087	+358	+949	310.839
2011-2015	−31	+1.058	597.556	−34	+692	441.380	+231	+1.290	318.449
2016-2020	−491	+1.214	601.171	−384	+893	443.924	−1	+1.194	324.414

Periodo	NORD EUROPA saldo naturale	NORD EUROPA saldo migrat.	NORD EUROPA popolaz. fine per.	SUD EUROPA saldo naturale	SUD EUROPA saldo migrat.	SUD EUROPA popolaz. fine per.
2001-2005	+70	+93	28.788	+85	+627	66.157
2006-2010	+99	+158	30.071	+114	+421	68.829
2011-2015	+98	+111	31.117	+17	−156	68.134
2016-2020	+82	+121	32.132	−90	+27	67.816

Periodo	CENTRO-EST EUROPA saldo naturale	CENTRO-EST EUROPA saldo migrat.	CENTRO-EST EUROPA popolaz. fine per.	EST EUROPA +BALCANI saldo naturale	EST EUROPA +BALCANI saldo migrat.	EST EUROPA +BALCANI popolaz. fine per.
2001-2005	−148	−138	99.589	−407	−178	86.287
2006-2010	−92	−132	98.466	−328	−87	84.213
2011-2015	−120	−117	97.278	−256	−70	82.580
2016-2020	−175	−72	96.046	−308	−56	80.759

Saldo naturale (nati meno morti) e saldo migratorio netto (ingressi meno uscite), medie annue; popolazione alla fine del periodo indicato, dati in migliaia. Non inclusa la Federazione russa. ***Cuore Europa:*** Austria, Benelux, Francia, Germania, Italia, Svizzera, UK; ***Nord Europa:*** Danimarca, Finlandia, Irlanda,Islanda, Norvegia, Svezia; ***Sud Europa:*** Grecia, Malta, Spagna, Portogallo; ***Centro-Est Europa:*** Bulgaria, Croazia, Rep. Ceca, Polonia, Slovacchia, Slovenia, Romania, Ungheria; ***Est Europa:*** Bielorussia Estonia, Lettonia, Lituania, Moldavia, Ucraina; ***Balcani:*** Albania, Bosnia E., N. Macedonia, Montenegro, Serbia.

Fonte: elaborazione su dati ONU Population Division, 2019.

Utilizzando la tecnica degli "scenari demografici" si ottengono sintesi efficaci. Lo scenario "migrazione zero" dall'anno 2000 in avanti avrebbe prodotto questi risultati: oggi 25 milioni di persone in meno in tutta Europa (22 in meno nel Cuore Europa), a metà secolo altri 22 in meno, in totale −47 milioni (in Cuore Europa altri −18, per un totale di −40). Gli "scenari" dovrebbero servire ad attrezzarsi oggi per un domani possibile; ma è difficile dire se la "Fortezza Europa" riuscirà a farlo. La tempesta era scoppiata inattesa ad agosto del 1914. Nel giro di pochi giorni l'Europa della *belle époque*, del progresso democratico, della scienza positivista, dell'arte raffinata e della letteratura introspettiva era stata travolta dalla più spaventosa guerra che l'umanità avesse mai sperimentato.

Spostamenti in Europa *

Un tratto dei recenti andamenti demografici dell'Europa è il consistente spostamento di popolazione all'*interno* del continente, prevalentemente in direzione Est-Ovest, ma anche Sud-Nord. Tratto che si affianca a quello generale della lenta ma regolare tendenza all'uniformità fra i differenti paesi dei parametri fondamentali, dal calo della fecondità (che da decenni è ovunque ben sotto il rimpiazzo) al sempre più marcato invecchiamento. Tutto ciò è culminato con il recente, storico passaggio attraverso lo "zero" del saldo naturale europeo (nascite meno decessi). È un quadro che sarebbe stato ben più drammatico se consistenti movimenti migratori dall'*esterno* non l'avessero attenuato, come la comparazione con gli scenari "migrazione zero" mostra efficacemente. Il motore ultimo è, come sempre, quello economico: le necessità, sempre più articolate e differenziate in quantità e qualità, di forza-lavoro per il *motore europeo*: dall'agricoltura dei campi e dall'agroalimentare all'industria, dalle costruzioni al variegato e amplissimo pianeta dei cosiddetti "servizi". Motore che non necessariamente è dislocato là dove la forza-lavoro potenziale è disponibile.

Per usare la terminologia oggi di moda, dal bilancio ventennale si vede chiaramente che, in ultima istanza, è stato il *pull*, il *traino*, il fattore determinante degli andamenti migratori europei, non il *push*, la *spinta*.

Sono state definite "nuove zone economiche", in affinità con le ZES cinesi, le regioni dell'Est Europa dove il tessuto industriale precedente al crollo del Muro del 1989 è stato ristrutturato e acquisito a quello del cuore industriale europeo, col vantaggio di salari e condizioni di lavoro più favorevoli al capitale; ciò ha riguardato le aree con più storia industriale della ex Cecoslovacchia, della Polonia e in misura minore degli altri paesi.

---

* Settembre 2020.

Preoccupazioni dell'Est Europa

Una parte della forza-lavoro è stata riassorbita da queste attività; ma non poteva essere tutta. Un contributo, ma non rilevante, l'ha dato anche il completamento della disgregazione contadina, quasi conclusa già prima del 1989 salvo in Romania e Bulgaria. In più, anche l'*inverno demografico* ha operato, e a pieno ritmo, col marcato calo delle nascite. L'attrazione verso i grandi paesi europei si è dunque sviluppata in parallelo, e poi in competizione, generando i rilevanti flussi Est-Ovest che hanno segnato questi primi decenni del secolo.

Oggi affiorano con continuità sulla stampa internazionale le preoccupazioni per un fenomeno che è via via apparso sempre più inarrestabile. Alcuni esempi dei più recenti. Scrive Ivan Krastev, *chairman* del *think tank* bulgaro Center for Liberal Strategies, che oggi le priorità per i leader dell'Est Europa sono la crisi demografica e lo spopolamento dei loro paesi (*Financial Times*, 28 gennaio).

Due demografi di Varsavia, sul bollettino dell'INED francese "Population & Sociétés" del giugno 2019, hanno analizzato il fenomeno studiando undici paesi ex Comecon ora nella UE. Osservano che la maggior parte ha avuto dal 1989 un calo di popolazione e un rapido invecchiamento, causa la bassa fecondità e l'importante emigrazione di giovani. Forse potranno riprendersi, con politiche nataliste che aumentino la fecondità e con l'immigrazione; ma «la coincidenza tra una fecondità particolarmente bassa e una forte propensione a emigrare, come si è osservato negli ultimi tre decenni, avrà già avuto conseguenze irreversibili sulla loro struttura demografica». «Conseguenze irreversibili»: parole pesanti se dette da demografi, che esprimono forse quasi un senso di frustrazione. Su *Il Sole-24 Ore* il corrispondente da Bruxelles titola "Spopolamento, il grande dramma dell'Est Europa" e scrive che la somma crisi + divario salariale + libera circolazione ha creato una miscela con gravissime conseguenze sociali e politiche (11 gennaio).

Alla fine la soluzione per questi paesi è una sola, la solita: cercare di invertire i trend calanti della fecondità con politiche nataliste e incentivare l'ingresso di immigrati. La prima strada, intrapresa da qualche anno in particolare da Polonia e Ungheria, è lunga, difficile e dal risultato incerto e comunque apprezzabile solo su base pluridecennale;

le strade seguite dai due paesi sono diverse, ma è presto per valutarne l'efficacia. L'altra soluzione è invece immediata: il confinante serbatoio ucraino è la fonte d'elezione per provenienza, e i relativi flussi sono già attivi da qualche anno, ma non solo quelli. I problemi conseguenti all'interno non saranno certamente inediti.

Un quadro generale

Sono dunque almeno tre i differenti piani sui quali è evoluta la popolazione europea in questi primi vent'anni del secolo. Il primo è quello strettamente demografico, dominato da un *inverno* sempre più generalizzato e che ha via via toccato anche i paesi che ne erano più lontani. Il secondo è quello delle migrazioni dall'esterno del continente: una storia lunga, con fasi cicliche, mai interrotta, ormai in parte già fortemente integrata nelle generazioni di tutti i paesi europei e che è stata determinante nel tracciare la struttura attuale della

STOCK DI IMMIGRATI NEI PAESI EUROPEI

Residenza \ Origine	tutto il mondo			tutta Europa		
	2000	2010	2019	2000	2010	2019
Cuore Europa	27.656	36.881	46.202	12.335	16.548	20.403
Benelux	2.964	3.500	4.557	1.106	1.393	1.833
Germania	8.993	9.812	13.132	4.319	4.941	6.561
Francia	6.279	7.310	8.335	2.790	2.410	2.560
Italia	2.122	5.788	6.274	909	3.046	3.183
UK	4.730	7.120	9.552	1.428	2.444	3.314
Nord Europa	2.170	3.407	4.865	1.055	1.751	2.305
Svezia	1.004	1.385	2.005	461	609	723
Sud Europa	3.442	8.397	8.288	1.598	3.404	3.266
Spagna	1.657	6.280	6.104	738	2.306	2.179
Centro-Est Europa	2.436	2.703	3.272	1.864	1.967	2.446
Est Europa	7.793	6.731	6.682	1.227	1.031	987
Balcani	1.264	1.127	1.107	1.137	1.060	1.051
Totale Europa	44.761	59.246	70.416	19.216	25.761	30.458

Residenza \ Origine	— Centro-Est e Est Europa –			—— fuori Europa ——		
	2000	2010	2019	2000	2010	2019
Cuore Europa	2.700	6.834	8.792	15.321	20.333	25.799
Benelux	48	210	456	1.858	2.107	2.724
Germania	1.707	3.238	4.065	4.674	4.871	6.571
Francia	245	270	335	3.489	4.900	5.775
Italia	245	1.684	1.799	1.213	2.742	3.091
UK	132	1.028	1.535	3.302	4.676	6.238
Nord Europa	220	585	939	1.115	1.656	2.560
Svezia	90	150	224	543	776	1.282
Sud Europa	156	1.372	1.248	1.844	4.993	5.022
Spagna	28	1.098	976	919	3.974	3.925
Centro-Est Europa	1.144	1.162	1.348	572	736	826
Est Europa	1.216	1.012	952	6.566	5.700	5.695
Balcani	392	331	345	127	67	56
Totale Europa	5.828	11.296	13.624	25.545	33.485	39.958

Gli immigrati sono individuati dall'ONU come "nati all'estero" rispetto al paese di residenza; il paese di origine è quindi quello di nascita. Stati e confini del 2019, dati in migliaia; non inclusa la Federazione Russa. ***Cuore Europa:*** Austria, Benelux, Francia, Germania, Italia, Svizzera, UK; ***Nord Europa:*** Danimarca, Finlandia, Irlanda, Islanda, Norvegia, Svezia; ***Sud Europa:*** Grecia, Malta, Spagna, Portogallo; ***Centro-Est Europa:*** Bulgaria, Croazia, Rep. Ceca, Polonia, Slovacchia, Slovenia, Romania, Ungheria; ***Est Europa:*** Bielorussia, Estonia, Lettonia, Lituania, Moldavia, Ucraina; ***Balcani:*** Albania, Bosnia E., N. Macedonia, Montenegro, Serbia.

Fonte: elaborazione su dati ONU, 2019.

popolazione. Il terzo è quello degli spostamenti interni, sia Sud-Nord sia soprattutto Est-Ovest. Quest'ultimo movimento, attivatosi col crollo dell'URSS e col relativo spalancarsi dei confini, ma dipanatosi compiutamente dopo il volgere del secolo, si è sovrapposto all'altro in maniera che si può definire complementare, per le diverse caratteristiche e la diversa formazione e istruzione della forza-lavoro, che dei migranti ha rappresentato il nerbo.

Utilizzando le più recenti statistiche ONU sui migranti per origine e destinazione, ove questi sono intesi come "nati all'estero" rispetto al paese di residenza, quindi indipendentemente dalla cittadinanza acquisita o meno, abbiamo ricostruito un quadro che copre il primo

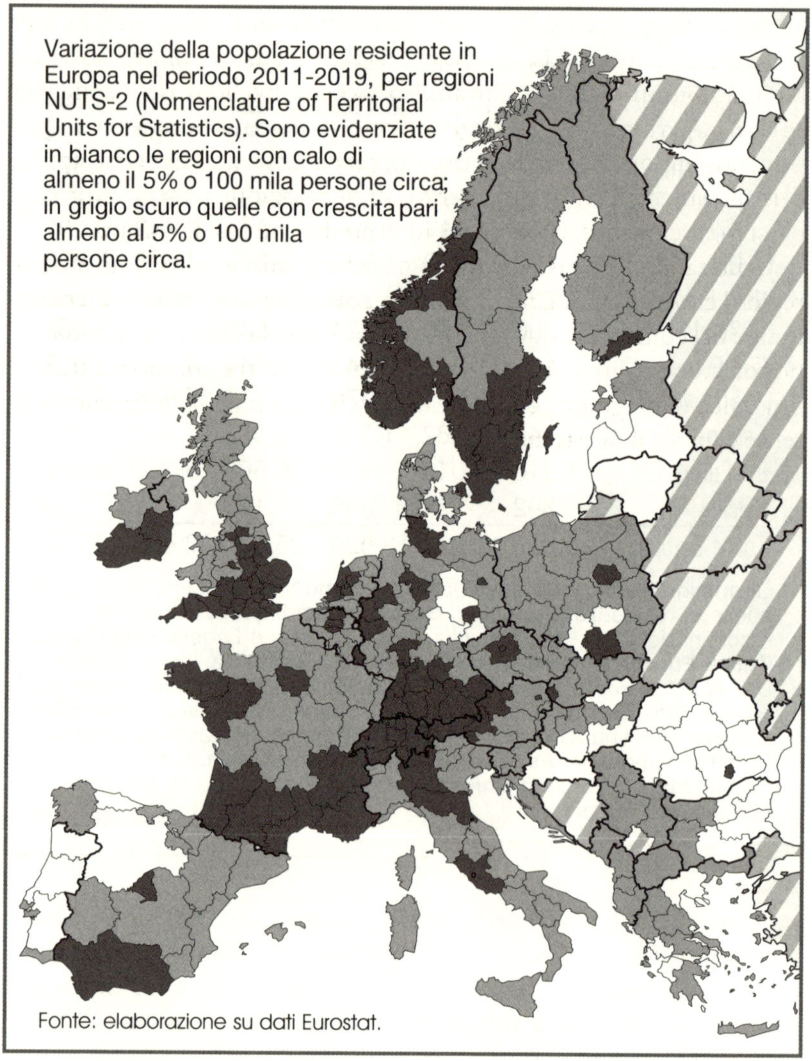

Variazione della popolazione residente in Europa nel periodo 2011-2019, per regioni NUTS-2 (Nomenclature of Territorial Units for Statistics). Sono evidenziate in bianco le regioni con calo di almeno il 5% o 100 mila persone circa; in grigio scuro quelle con crescita pari almeno al 5% o 100 mila persone circa.

Fonte: elaborazione su dati Eurostat.

ventennio del secolo. I numeri in tabella rappresentano lo stock presente nei singoli paesi e regioni, del quale la dinamica dei flussi è stato il motore. I numeri quantificano le tendenze che abbiamo descritto, e in particolare danno l'idea del contributo di popolazione, quindi di forza-lavoro, che i paesi dell'Est e Centro-Est Europa hanno fornito al resto del continente. Il "cuore" economico-industriale dell'Europa ne ha beneficiato in vent'anni con una crescita di sei milioni, 300 mila l'anno, uomini e donne, giovani, spesso con livello d'istruzione pari se non superiore a quello degli autoctoni, diventati ormai una componente importante della classe operaia europea. Dalle cifre appare evidente anche il "rimescolamento" di popolazione e forza-lavoro che c'è stato, e continua a esserci, all'interno dei confini d'Europa.

Utilizzando le statistiche demografiche Eurostat a livello di singole regioni e sotto-regioni, per il periodo 2011-2019 sono state evidenziate le aree del continente dove maggiori sono state la crescita e il calo della popolazione. Qui si apprezzano, sommate, le tre componenti della dinamica demografica europea: la crescita naturale, le migrazioni interne e quelle dall'esterno.

Politiche di popolazione a confronto (1) *

S'è osservato che, insediatasi la nuova Commissione europea, la demografia è entrata nei palazzi di Bruxelles. Non mancano le spinte perché si inauguri un attivismo europeo in questo campo, provenienti in particolare dalla Francia, il paese fra i 27 che ha i "conti demografici" meno in disordine.

«L'Europa deve ripensare la sua demografia. In questi ultimi decenni non abbiamo più parlato di demografia [...] la popolazione europea invecchia e diminuisce relativamente e in assoluto. [...] Nel 2050 l'America del Nord sarà aumentata di 75 milioni di abitanti, l'Europa diminuita di 50 milioni di persone in età di lavoro, secondo alcune proiezioni». «Io credo oggi che un'Europa politica e sovrana debba temere anche la propria demografia». Così si espresse Emmanuel Macron, presidente francese, nel febbraio 2020.

"Torsione della storia"

Sono concetti ribaditi nell'intervista ad ampio spettro a *Le Grand Continent* dello scorso novembre: «si assiste a un'accelerazione della torsione della storia», con «un'Europa la cui demografia cala in maniera preoccupante», mentre in altre parti del mondo, e in Africa in particolare, la popolazione cresce a grande velocità.

Il segretario francese agli Affari europei Clément Beaune riprende gli stessi temi: «il declino demografico condanna la società a un inevitabile arretramento», «l'Europa mostra già questi segnali». Ma aggiunge un concetto importante: anche se le politiche della famiglia sono nazionali, «la UE potrebbe fornire un sostegno finanziario ai progetti demografici degli Stati membri, in sintonia con i suoi valori comuni» («Politique étrangère», IFRI, settembre 2020).

---

* Febbraio 2021.

In effetti, almeno a parole, la UE si starebbe muovendo. Un report firmato Commissione europea del giugno 2020 è stato dedicato all'«impatto del cambiamento demografico»; vi si afferma che «la Commissione è pronta a guidare la strada identificando obiettivi e supportando azioni a livello nazionale, regionale e locale».

Sembra quindi che si sia adesso passati dalla ben nota e più volte ribadita diagnosi (l'Europa che continua a perdere "peso demografico" nel mondo) alla prognosi: si auspica autorevolmente, e forse per la prima volta, una *politica natalista europea* (perché questo è di fatto il contenuto di «progetti demografici» e di «azioni») in sintonia coi «valori comuni», che quindi comprenderebbero il cercare di arrestare il declino demografico dell'"Europa potenza" fra le altre potenze mondiali.

Ricompaiono, ma oggi su scala europea e non più nazionale, i temi delle politiche di popolazione che da un secolo e mezzo hanno tenuto campo, in variegata maniera compresa quella del *laissez faire*, ossia del non intervento, nella storia di numerosi paesi europei.

Politiche nataliste

In Europa queste politiche, che in generale intendono intervenire sulla dinamica della popolazione per modificarla in una voluta direzione, hanno praticamente sempre assunto il carattere natalista, cioè con l'obiettivo di contrastare il calo di popolazione conseguente, nel medio periodo, soprattutto al calo della fecondità. Occorre però interrogarsi sulla possibile efficacia di queste politiche.

È importante il parere di John May, che è stato per quindici anni alla World Bank come *lead demographer*, poi all'UN Population Fund, ed è considerato uno dei *top expert* a livello mondiale in questo campo. May ha scritto che gli specialisti, i demografi, sono divisi sulla possibilità che le politiche nataliste producano aumenti di fecondità ("Population policies in Europe", 2015). Riconosce che si sono avuti, in Europa, anche risultati positivi, ma sono stati di breve durata (notiamo che questo è evidente osservando l'andamento oscillante, all'interno della tendenza al calo, dell'indicatore della fecondità misurato anno per anno dei paesi europei). Ma le politiche «hanno in generale fallito nel cambiare in maniera significativa i livelli di fecondità».

May suggerisce che, per avere un impatto, le politiche fatte in condizioni di fecondità sotto il rimpiazzo (cioè in Europa, ma non solo) «dovrebbero adottare un "menu" con un misto d'interventi sulle famiglie e sociali, che sono costosi e difficili da implementare». Un "menu" costoso, con uno spettro d'interventi diretti (assegni familiari, fiscalità favorevole) e indiretti (asili e scuole materne, congedi allungati, riconciliazione famiglia-lavoro per le madri), che sia percepito dai futuri possibili genitori come continuativo e non temporaneo. Sono proprio le caratteristiche che hanno contribuito a un relativo successo delle politiche nataliste in Francia e nei paesi scandinavi. Il cosiddetto "modello svedese" è quello al quale la Germania, con lungo ritardo, si sta ora allineando.

In generale il giudizio di May conferma la tendenza al calo della fecondità nei paesi più sviluppati e le estreme difficoltà, al limite dell'impossibilità, d'influenzarne in modo significativo l'andamento, e comunque a costi elevati. Il che non vuol dire che non debbano esser fatte: a suo parere, «politiche di popolazione consensuali, valide e praticabili sono richieste con urgenza» in Europa.

"Spopolamento"

"Depopulation" è il titolo, che già parla da sé, di un ampio, recentissimo studio della scuola demografica di Vienna dello IIASA. Sottotitolo: "Una sfida politica nel contesto dei trend demografici globali" (ottobre 2020). In estrema sintesi, si sostiene che non esiste alcuna legge per cui la popolazione mondiale debba un giorno stabilizzarsi e la fecondità raggiungere il valore 2,1 come sostenuto a lungo nel dopoguerra dalla Population Division dell'ONU. Quelle dell'ONU sono tesi che «erano anche politicamente convenienti [...] perché nessun governo voleva essere spaventato da un futuro nel quale la propria popolazione sarebbe o diminuita o cresciuta all'infinito».

Dato per assodato il trend verso il basso, per quanto differenziato, viene posto l'interrogativo sull'effetto delle politiche nataliste per contrastare la tendenza nei paesi, in numero sempre maggiore, che hanno bassa e bassissima fecondità. Secondo gli autori, a partire dal nuovo secolo cresce la differenziazione, «se non [la] confusione», sugli obbiettivi di queste politiche. A loro parere, è l'obiettivo che va cambiato: non inseguire un'irrealizzabile stabilità, bensì «rafforzare la base di risorse umane per lo sviluppo», che vuol dire utilizzare al meglio le risorse esistenti di popolazione. La Germania si è messa su questa strada. Un cambio di tiro forse inevitabile, nell'inevitabile inverno demografico.

SALDI NATURALI A CONTRONTO

Per nove paesi sviluppati, che si distinguono per aver adottato politiche di popolazione anche radicalmente differenti, abbiamo calcolato dal dopoguerra al 2030 il peso percentuale del saldo naturale della popolazione sulla popolazione stessa; in sostanza è il tasso di crescita o diminuzione annuo al netto dell'immigrazione o dell'emigrazione, che però quando è massiccia, come è stato in certi casi e periodi, contribuisce poi alle nascite (con le seconde generazioni) e ovviamente alla popolazione residente. Si può considerarlo un *indicatore sintetico* dell'efficacia delle politiche pro o anti-nataliste, quasi indipendentemente dal fatto che l'immigrazione abbia creato, o colmato, dei vuoti demografici.

Si osserva innanzitutto su questa base quasi secolare, nonostante le differenze fra paesi, come si sia imposta la legge della popolazione nelle metropoli imperialistiche. Il calo sembra essere stato inesorabile, ed è previsto che continui nei prossimi anni. La Cina precipita verso crescita zero dopo il periodo di politica anti-natalista detta "del figlio unico", corretta solo recentemente ma senza che per ora se ne vedano risultati apprezzabili. Il massimo della popolazione sarebbe toccato proprio adesso. L'India ha fatto anch'essa una politica anti-natalista, prima della Cina, crudele (sterilizzazioni di massa e altro) ma meno intensa, i cui limitati effetti visti a distanza si traducono in un parallelismo di andamenti di Elefante e Dragone, ma con sfasamento di una ventina d'anni. Qui non si può tacere quanto la pratica dell'aborto selettivo abbia colpito le bambine, squilibrando drammaticamente il rapporto tra i due sessi.

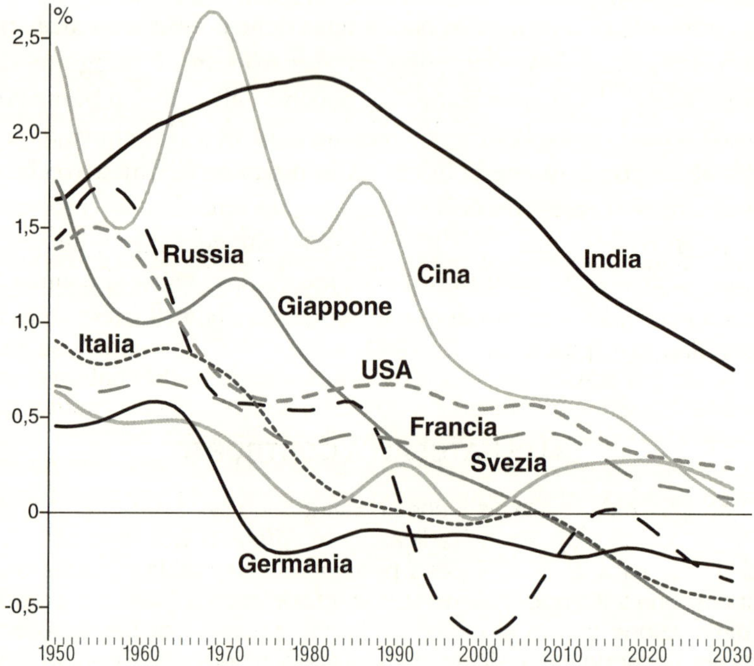

Saldo naturale (differenza tra nati e morti) in percentuale sulla popolazione.

Fonte: elaborazioni su stime e proiezioni (medium variant) ONU, 2019.

La Francia da un secolo ha una politica natalista, che senz'altro ha rallentato il calo della natalità, ma senza riuscire a invertirne la tendenza di lungo periodo. Gli USA, che nel complesso non si segnalano per avere una politica natalista, hanno fruito del contributo di una continua immigrazione, che contribuisce anche alla fecondità, sempre comunque in rallentamento. In pratica la politica natalista l'ha fatta da sé l'economia americana, senza interventi governativi, assorbendo forza-lavoro immigrata e le relative famiglie, aiutata dalla fortunata collocazione geografica, con la porta aperta (adesso semi-chiusa) sul serbatoio del Messico e dell'America Latina. Svezia e Germania, entrambe sotto lo zero a inizio secolo, pur destinazione di quote importanti e simili per peso relativo di giovane immigrazione, hanno attivato politiche nataliste analoghe, da più lungo tempo quelle svedesi, assai più recenti quelle tedesche, influenzate anche dagli effetti della riunificazione nel 1990. Quelle svedesi hanno mostrato una maggiore efficacia (lo si vede anche dalla ripresa della fecondità, che dal minimo di 1,6 nel 1980 è risalita a 2,0 nel 1990, per poi calare e oscillare attualmente intorno a 1,8). Quelle tedesche, iniziate con forte spinta nel nuovo secolo, non sembrano finora aver prodotto risultati apprezzabili: la curva rimane stabilmente sotto lo zero, la fecondità da 1,4 a inizio secolo è risalita a 1,6, assai meno della vicina Svezia, di cui la Germania segue il modello.

Il Giappone ha anch'esso attivato nel nuovo secolo una politica natalista, ma i risultati non appaiono ancora e la fecondità si mantiene bassissima (1,3 a inizio secolo e 1,4 oggi). La Russia, che molti soldi ha investito nella sua politica natalista, evidenzia forti oscillazioni: la fecondità, precipitata da 1,9 (1990) a 1,2 (2000), sarebbe risalita a 1,8 e sembra stabilizzata; ma gli effetti positivi sul saldo naturale – se si deve dar retta alle statistiche ufficiali – sembra si siano comunque esauriti in pochi anni, con la crescita ridiscesa sotto lo zero.

L'Italia, modello di un paese che, almeno fino a oggi, non ha mai messo in opera nel dopoguerra una politica natalista che possa seriamente definirsi tale, adesso contende a Russia, Germania e Giappone il primato in negativo in questa triste classifica.

Politiche di popolazione a confronto (II) *

La Population Division dell'ONU, in uno studio aggiornato ogni due-tre anni (ultima edizione 2018), scrive che nel 2015 la metà dei paesi cosiddetti in via di sviluppo aveva in corso politiche d'intervento per moderare la crescita della popolazione, mentre il 44% dei paesi cosiddetti sviluppati aveva politiche tese a favorire la crescita della popolazione. Puntualizza poi che, su 201 paesi censiti, sono 83 quelli con fecondità inferiore al numero 2,1 che, un po' convenzionalmente, si assume equivalere al rimpiazzo delle generazioni e a un'ipotetica stabilità della popolazione.

Riguardo all'Europa, secondo una più recente valutazione dell'UNFPA ("braccio esecutivo" dell'ONU Population Division) sarebbero 27 i paesi nei quali sono attive politiche tese ad aumentare la fecondità; erano solo 8 nel 1986. È evidente che sta crescendo l'attenzione e l'impegno di molti paesi verso la possibilità d'influenzare i propri trend demografici.

La definizione di "politiche di popolazione" è ampia, e richiede alcune precisazioni. Sono in generale inclusi tutti gli interventi relativi al welfare, dal sostegno al reddito delle famiglie, alle pensioni, agli aiuti alle giovani generazioni, e naturalmente anche gli interventi intesi ad aumentare le nascite. Discorso a parte va fatto per le politiche che hanno l'obiettivo di diminuire le nascite. Orientarsi è impresa complicata, soprattutto nelle comparazioni fra paesi e volendo concentrare l'attenzione sulle politiche nataliste, in particolare in Europa, dove si stanno espandendo con indirizzi apparentemente assai differenziati e per ora senza un coordinamento. Senza dimenticare che, come gli specialisti sottolineano, esistono politiche dirette e politiche indirette, esplicite e non esplicite, nelle quali gli obbiettivi natalisti esistono ma sono nascosti, come ad esempio per quelli più recenti in Germania. Concentriamoci sulle politiche nataliste in Europa.

---

* Aprile 2021.

Il problema di orientarsi e di apprezzare l'efficacia delle politiche di popolazione lo ha anche l'UNFPA, che ha commissionato alla scuola demografica di Vienna dello IIASA un ampio studio aggiornato a inizio 2020 ("Policy responses to low fertility: how effective are they?", UNFPA Population & Development Branch).

Metà del mondo sotto il rimpiazzo

Le premesse sono chiare: oggi la metà della popolazione mondiale vive in paesi con fecondità inferiore a 2,1 figli per donna; ormai la bassa fecondità è diventata un fenomeno globale, il cui trend calante non si ferma al raggiungimento della soglia detta del rimpiazzo, ma prosegue ulteriormente verso il basso. Si parla da diversi anni di *very low fertility* per fecondità inferiore a 1,5 figli per donna e di *ultra-low fertility* sotto 1,3. Tutto ciò viene giudicato un risultato inaspettato della transizione demografica globale, cioè della sempre maggior quota di popolazione mondiale che vive in paesi ove da tempo, anche da molto tempo (Europa ad esempio), la transizione demografica si è conclusa.

Oramai, ciò che influisce sulla dinamica della popolazione sono quasi solo le nascite, perché il trend calante della mortalità è molto rallentato o quasi arrestato in quella parte del mondo dove anche la fecondità è bassa. Ciò, sostiene lo IIASA, genera preoccupazioni politiche per le conseguenze già ben note, che vanno dall'indebolimento della "forza demografica" dei singoli paesi all'invecchiamento, all'onere crescente delle pensioni e ai problemi legati ai flussi d'immigrazione compensativi che si sono generati e che si genereranno: «Molti governi che hanno bassa fecondità si stanno indirizzando a politiche della famiglia per stimolare i tassi di natalità».

E qui si giunge al punto. Lasciamo parlare Tomas Sobotka e i collaboratori dello IIASA: «Misurare gli effetti delle politiche della famiglia è difficile e pieno d'insidie, con idee sbagliate, questioni etiche, scopi mal definiti, difficoltà di misura e limiti nei dati». Anche perché «molte politiche sono trainate più da considerazioni ideologiche che dall'evidenza scientifica. Cambiamenti frequenti e potenzialmente confusionari [delle politiche] rendono difficile valutarne gli effetti». Appunto: il problema è anche politico, non solo tecnico. La diagnosi sulle cause della bassa fecondità è questione dibattuta su cui non ci soffermiamo; per la nostra analisi marxista le potenze industrializzate vedono all'opera una vera e propria *legge della popolazione della maturità imperialista*.

"Consuetudini, valori, tradizioni..."

Concentriamoci sulle politiche e sui loro effetti. Esse si sono evolute e hanno preso gli indirizzi disegnati dalle politiche del welfare dei singoli paesi: «Le consuetudini e i valori, le ideologie prevalenti, le tradizioni religiose, le esperienze storiche [...] le risorse disponibili e gli esempi di altri paesi hanno dato forma a politiche diverse nei vari paesi [...] "pacchetti" frequentemente emendati, espansi o revisionati».

Si osserva che l'obiettivo di "aumentare la natalità" raramente è espresso in maniera esplicita nei pacchetti di interventi che comprendono, in varia e differenziata misura: premi alla nascita, sostegni in denaro *cash* e compensazioni per i costi dei figli, sostegno all'occupazione femminile (asili, ecc.), uguaglianza di genere e altri ancora. Però gli obiettivi quantificati sull'aumento della fecondità sono pochi, e quindi come misurare i risultati? Nella tabella riportata nello studio sono presenti solo otto paesi, e solo tre di questi sono significativi per valore assoluto della popolazione.

Numeri deludenti

Ecco i risultati nei tre paesi. Giappone: nel 2016 è stato posto l'obiettivo di 1,8 figli per donna, senza precisare per quale anno; era 1,44 nel 2015 e nel 2018 è calato a 1,42. Corea del Sud: obiettivo 1,5 nel 2020; era 1,21 nel 2014 e nel 2018 è sceso a 0,98. Russia: obiettivo 1,98 nel 2025; era 1,31 nel 2006 ed è salito a 1,58 nel 2018.

I risultati sembrerebbero molto deludenti, ma ovviamente il problema non è valutabile solo con questi numeri, anche perché il legame fra fecondità e natalità non è meccanico, intervenendo pesantemente il numero assoluto di donne in età fertile. Poi c'è la questione della spesa, cioè dell'investimento mirato agli effetti voluti in campo demografico, che sono in fondo l'incremento della fecondità come premessa per l'aumento della popolazione. Sono stati fatti numerosi studi e simulazioni, con lo scopo di quantificare l'entità ottimale della spesa per ottenere il risultato voluto. Alcuni arrivano perfino a valutare che un incremento di un decimo della quota di bimbi che frequenta asili e scuole materne produrrebbe una crescita di quasi un decimale della fecondità. In generale, la correlazione risulta essere positiva: più elevate quote di PIL dedicate alle politiche nataliste si tradurrebbero, nel tempo, non meccanicamente e con diverse eccezioni, in valori più alti (o, per meglio dire, meno bassi) di fecondità.

In sintesi, questo studio afferma: primo, «molte ricerche empiriche trovano che trasferimenti prolungati nel tempo di soldi [*cash*] hanno un piccolo ma positivo effetto sulla fecondità»; secondo, che «complessivamente, i trasferimenti di soldi [*cash*] possono aiutare i singoli nelle loro decisioni di fare figli, ma l'impatto sulla fecondità è piuttosto basso». Si ritorna quindi al più generale giudizio sull'efficacia delle politiche nataliste, che sarebbero in grado di rallentare le tendenze ma non di invertirne la corsa. Secondo lo IIASA, non ci sarebbe una regola generale: «Le politiche della famiglia possono avere successo solo se sono progettate tenendo in conto le caratteristiche della società nella quale vengono applicate» ("Family policies", 2013). Il caso francese conferma questo netto giudizio.

Differenze fra paesi

Qui le differenze le fanno i singoli paesi, le tradizioni, la storia, le volontà e le capacità politiche di passare da diagnosi ormai scontate a strategie efficaci d'intervento. Uno dei più convinti sostenitori in Europa dell'efficacia della spesa in politiche della famiglia per alzare la fecondità è Gérard-François Dumont, professore alla Sorbona di Parigi, membro della Pontificia Accademia delle Scienze, animatore di *Population & Avenir*, il cui titolo è già un programma. Da questa rivista abbiamo tratto il diagramma posto a p. 78. Il commento è deciso: «Per quattro quinti dei paesi dell'Unione Europea, la correlazione è dunque incontestabile: i paesi che consacrano di più alle prestazioni famigliari hanno più alta fecondità». Emergono due casi: la

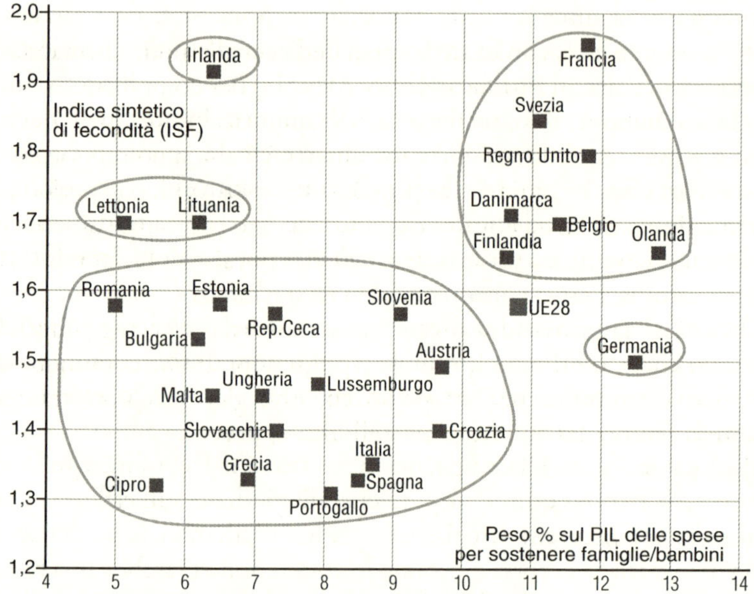

Fecondità (figli per donna) e spesa "family & children" (quota percentuale del PIL) nei paesi della UE, 2016.
Fonte: "Population & Avenir", gennaio-febbraio 2018.

Francia in positivo, e si parla quindi di "eccezione francese", e la Germania in negativo, e si potrebbe parlare di "ritardo tedesco", perché i due paesi hanno pari spesa ma fortissima differenza di fecondità, a netto vantaggio della Francia. Posto che anche la Francia sul lungo periodo mostra di non poter contrastare la legge della popolazione della maturità imperialista, sono casi che richiedono un approfondimento.

Le considerazioni di Dumont vanno collocate in un quadro più generale. Primo: la sua è solo una "fotografia" di un fenomeno che ha una sua dinamica. Secondo, e forse più importante: la difficoltà, chiaramente illustrata dallo IIASA, di misurare questi fenomeni e di disporre di dati attendibili e confrontabili è reale. I dati sulla fecondità in Europa sono certo da considerarsi attendibili. Ma la UE, e quindi i singoli paesi, forniscono in maniera poco disaggregata i dati sulla spesa relativa alle politiche di welfare; la quota indirizzata specificamente alle politiche nataliste è difficilmente valutabile, anche perché gli obiettivi sono spesso "nascosti".

Certamente la dinamica della spesa dedicata alle politiche nataliste punta verso l'alto in Europa nel nuovo secolo. Per completare la fotografia di Dumont, dai dati Eurostat abbiamo ricavato la spesa del capitolo "family & children" dal 2009 al 2017, e l'abbiamo rapportata ai destinatari effettivi, quindi alla popolazione 0-14 anni. Nel periodo la Germania è passata da 6.000 a quasi 9.000 euro pro capite, in crescita continua; la Svezia parte dagli stessi valori, e poi si assesta appena sotto 8.000 euro; la Francia è sui 4.000 quasi stazionari (4.500 nel 2017); l'Italia parte da 2.000 euro con un'accelerazione dal 2015, raggiungendo 3.500 nel 2017. Con tutte le cautele espresse sopra, si ha comunque un raffronto di massima che corrisponde alle strategie, o alle non-strategie, messe in campo dai quattro paesi nell'ultimo decennio.

Il peso della pandemia

La pandemia sta operando sui trend demografici. Decessi aumentati, soprattutto nelle fasce più alte d'età. Nascite diminuite: i primi dati mostrano cali fino al 15-20% in Europa. Aspettativa di vita bruscamente calata. Piramidi delle età più strette, non solo al vertice ma anche alla base. L'inverno demografico sarà ancora più freddo.

L'eccezione francese s'incrina *

«La Francia resta un'"eccezione" in Europa [...] ma appare meno eccezione nel 2017 che dieci anni prima», perché gli indicatori della fecondità stanno diventando omogenei. Così scrive *Population*, la rivista trimestrale dell'INED, facendo il bilancio dell'evoluzione demografica del paese e rispondendo all'interrogativo posto nel titolo: "Una singolarità in Europa?" (4/2019).

L'eccezione francese non data da ieri, ma da almeno un secolo; anzi, per quanto riguarda l'andamento della fecondità, da più di due secoli. Ma vediamone prima i più recenti "numeri" essenziali.

Il "sorpasso" del 1991-93

Nel 1950 in Francia la popolazione toccava 42 milioni, in Italia 47; in settant'anni la differenza si è ribaltata, con l'Italia oggi intorno ai 60 milioni (in calo) e la Francia ben oltre i 65 (in aumento). Il "sorpasso" c'è stato negli anni 1991-93. Una crescita regolare, quella francese, certamente aiutata dall'immigrazione e dalla decolonizzazione, ma sospinta dal saldo naturale positivo, per quanto dimezzato in trent'anni.

L'immigrazione netta ha dato un contributo che si può definire regolare: sempre positivo, dell'ordine di 50-100 mila l'anno dal 1990 in poi, ma senza punte particolarmente alte. La *collisione storica* del 2015 non ha lasciato tracce nelle statistiche ufficiali: dopo i 107 mila del 2013, negli anni successivi il saldo ha oscillato fra 40 e 80 mila, con l'unica eccezione dei 90 mila nel 2016. Nulla a che vedere con le confinanti Germania e Italia. La crescita demografica francese ha camminato sulle solide basi del prolungato attivo fra nascite e decessi, aiutata da una struttura per età favorevole, formatasi e consolidatasi nei decenni precedenti.

* Giugno 2021.

Una svolta, se si può chiamare così, o comunque un marcato adeguamento alle tendenze generali, c'è stata nel secondo decennio del nuovo secolo. La fecondità, che toccava 1,78 nel 1990, scende al minimo di 1,66 nel 1993, in sintonia col calo generale delle altre metropoli; segue una risalita, più marcata di altri paesi, fino al massimo di 2,02 nel 2010; da qui è iniziata la discesa continua fino ai valori di 1,86 nel 2019 e 1,84 nel 2020, che hanno avuto risalto sulla stampa, riflettendo le preoccupazioni della borghesia francese. Anche le nascite sono iniziate a calare dopo quell'anno, che con 833 mila era stato un massimo; nel 2020 sono scese a 740 mila (comunque, osserviamo, sono quasi il doppio dell'Italia). I dati 2020 includono l'aggravamento, effetto della pandemia su decessi e nascite.

L'inevitabile invecchiamento, con la modifica della piramide delle età, si è visto dal lato dei decessi: dopo un quindicennio di numeri pressappoco costanti, dal 2004 la crescita è regolare e, si può dire, inevitabile. Un ultimo dato importante: dopo un lungo periodo di stazionarietà, il numero delle donne in età fertile si è assottigliato di più di mezzo milione in dieci anni, e continua il trend verso il basso. Da tutto ciò consegue un saldo naturale ancora in attivo (+82 mila nel 2020), ma più che dimezzato in meno di un decennio e regolarmente in calo.

Questo il "film" dell'attuale demografia francese; difficile vedere adesso un'inversione di tendenza, anche perché l'immigrazione è ferma da tempo su numeri bassi, intorno ai 60.000 netti annui. Si conferma in pieno il giudizio dato da *Population*: la Francia è sempre meno un'eccezione.

Culture nataliste

Nel 2014-15 il governo del presidente François Hollande alleggerì alcuni aspetti della politica per le famiglie. Interessanti le osservazioni di uno dei più accesi sostenitori della politica natalista e di sostegno alle famiglie, Gérard-François Dumont. In una nota del gennaio 2016 egli ripesca il concetto che «la demografia condiziona la potenza politica», ribadisce che la Francia ha una politica della famiglia esemplare in Europa, e sostiene infine che fare passi indietro su una politica che ha ormai 75 anni rischia di allineare il paese verso il basso nell'inverno demografico europeo, con conseguenze inevitabili per la forza del paese nel mondo.

Più tecnico è il modo con cui su *Population* si spiega il trend calante francese, senza fare alcun riferimento agli eventuali effetti delle modifiche delle politiche. I fattori sarebbero tre: calo della fecondità delle generazioni in età di procreare; ritardo delle nascite nel ciclo di vita della coppia; slittamento della prima maternità, la cui età cresce di anno in anno (la correlazione con l'allungamento del periodo di istruzione delle donne sembra dato per certo, anche se oramai tendenzialmente stabilizzato), col risultato che lo spazio temporale per generare il secondo e il terzo figlio si restringe, fino a farli saltare. Notiamo che si tratta di fattori comuni alle altre metropoli, con l'unica importante differenza di un ritardo dovuto all'effetto di smorzamento nel tempo delle radicate politiche nataliste e delle culture conseguenti, anch'esse ben più radicate in Francia che in altri paesi. Culture che, del resto, così come non si affermano in un anno, non si cancellano neppure tanto rapidamente; ed entrano così anch'esse a buon diritto nel concetto di "inerzia demografica".

Si può osservare che, se le tendenze generali sull'andamento al ribasso della fecondità nelle metropoli si sono riflesse in Francia, in un certo senso, in modo smorzato e anche ritardato, ciò è un risultato certamente da ascrivere alle politiche nataliste di lungo e lunghissimo periodo e di profondo radicamento, che sono state una costante francese.

Aggiungiamo infine che il presidente Emmanuel Macron ha istituito nel maggio 2020 una commissione di 26 economisti sui temi del clima, delle diseguaglianze e della demografia, con lo scopo di fare un'analisi economica e produrre indicazioni per rispondere con politiche più efficaci a quelle che chiama tre «sfide». Una delle quali è proprio «*le défi démographique*»: la sfida demografica, che ritorna con forza all'Eliseo.

DA "FÉCONDITÉ" DI ZOLA AL "DÉFI DÉMOGRAPHIQUE" DI MACRON

Per comprendere la politica della popolazione in Francia occorre partire da lontano. Nell'anno 1800 la Francia primeggiava in Europa con 29 milioni di abitanti, contro 22 della Germania, 17 dell'Italia e solo

11 dell'Inghilterra. A metà secolo la Germania aveva quasi raggiunto la Francia (33 contro 36). Col secolo successivo la Germania primeggia (56), la Francia è raggiunta dall'Inghilterra (40 e 39), l'Italia è a quota 33 milioni. Il sorpasso di popolazione della Germania sulla Francia è avvenuto intorno al 1860-70. Nei primi anni del '900 la Francia è superata dall'Inghilterra; più avanti anche dall'Italia.

È evidente che la Francia, nel secolo del *boom* capitalistico e demografico europeo, e tenuto conto delle emigrazioni transatlantiche che hanno comunque interessato tutti gli Stati, ha avuto un tasso di crescita della popolazione molto più basso dei paesi concorrenti. Né la Francia era il paese più avanti nello sviluppo: il testimone l'ha sempre avuto l'Inghilterra. Eppure la Francia ha anticipato gli altri paesi in quello che diventerà dopo, e per tutti, il «declino irreversibile» della fecondità. Il calo della mortalità durante il XIX secolo è stato comune a tutti i paesi, seppure in maniera diseguale, quindi è sul lato della fecondità che occorre trovare la spiegazione dell'eccezione (allora alla rovescia) francese.

Secondo il demografo Massimo Livi Bacci, che riassume il dibattito su questo fenomeno, due sarebbero le cause. Una «eminentemente culturale»: l'influenza delle ideologie della Rivoluzione (secondo Gilles Pison dell'INED, addirittura dell'Illuminismo, che però è stato un fenomeno europeo e non solo francese), la fine del controllo religioso sulla famiglia, i nuovi comportamenti, la nuova mobilità. E una «economica»: una sorta di "malthusianesimo agrario", meno figli nelle famiglie in campagna, come reazione all'eccessivo frazionamento della proprietà terriera, che sarebbe stato conseguenza del mantenere un elevato numero di figli in un contesto di crescita della produttività agricola e quindi di minor necessità di braccia. In Inghilterra, l'industria in forte espansione assorbiva invece facilmente il surplus di popolazione delle campagne.

La sconfitta del 1870 nella guerra franco-prussiana ha messo in moto meccanismi che avevano questi dati oggettivi come base. Molti movimenti e associazioni sono via via nati, con due indirizzi paralleli e spesso in contrasto fra loro: quello centrato sulla famiglia (sostenere le *familles nombreuses* con aiuti dello Stato, ecc.), prevalentemente di area cattolica; e il natalismo vero e proprio (incentivare le nascite), teso esplicitamente a rilanciare la crescita della popolazione (intorno a fine secolo ci sarebbe stato un calo assoluto della popolazione francese), anche con forti connotati nazionalisti e di "Francia potenza".

La pressione sul legislativo, nel clima generale favorevole alla natalità che si era creato sul volgere del secolo, ha prodotto nel 1913 le prime leggi pro-famiglia. Lo scrittore Émile Zola ha partecipato attivamente alla campagna, dall'esilio nel quale si trovava dopo il

"J'accuse!", con il romanzo *Fécondité* (1899), un lungo racconto che contrappone la felicità della famiglia numerosa all'infelicità di quella senza figli. Una lettura che sarebbe d'attualità anche oggi, e scritta col piglio di *Germinal*. Il massacro della Prima guerra mondiale ha rilanciato il clima e le politiche favorevoli alla crescita di popolazione, però non si vedevano ancora frutti significativi. Nel 1920 viene creato il Conseil supérieur de la natalité.

Dopo vent'anni di ampia presenza del dibattito sulla popolazione sui media si arriva al 1939. Due mesi prima della dichiarazione di guerra alla Germania, il governo Daladier (che affermò: «Un paese deserto non può essere un paese libero») rilancia tutta la politica famigliare e natalista nel "Code de la famille", artefice il giovane demografo ed economista Alfred Sauvy. Un commento dell'epoca: «Uno sforzo eccezionale è stato tentato per lottare contro il declino demografico della Francia» (*Annales de Géographie*, 1941). Nel 1945 viene fondato l'INED, che nello statuto menziona esplicitamente l'obiettivo della crescita della popolazione.

Il *baby boom* europeo del secondo dopoguerra non produce in Francia una politica del *laissez-faire*, come invece in altri paesi; clima e provvedimenti permangono nel tempo, inalterati o migliorati attraverso il cambiare dei governi. I risultati si vedono quando anche la Francia sarà investita dal calo della fecondità che segue alla generalizzata conclusione del *baby boom* negli anni '70 e '80. Gli indicatori calano, la fecondità scende e anche di parecchio sotto il rimpiazzo, ma la favorevole struttura per età, creatasi nel tempo, e la costanza degli interventi ne smorzano gli effetti e li diradano nel tempo. L'imperialismo francese raccoglie così oggi i frutti di più di mezzo secolo di politiche attive, mai interrotte, e del clima favorevole alla natalità che non si è mai spento.

Lo IIASA di Vienna sintetizza così il funzionamento del "sistema francese": «Le famiglie [...] fruiscono di un sistema eccezionalmente ben sviluppato di assistenza ai figli. L'idea che ci sta dietro [...] profondamente radicata è un'ampia fiducia sul fatto che lo Stato è responsabile del benessere dei bambini, inclusa la loro assistenza». Ma oggi anche la Francia deve aggiustare il tiro, perché l'inverno demografico non può più risparmiarla; e così compare anche il «*défi démographique*» di Macron.

Ritardo tedesco *

Nell'ottobre 2020 il *Financial Times*, con l'evidenza della prima pagina, ha titolato: "La popolazione tedesca cala per la prima volta in dieci anni, perché il virus rallenta l'immigrazione". E ha ribadito il concetto nel giugno scorso, ripetendo praticamente uguale lo stesso titolo. Le notizie non sono due, ma tre; alle due esplicite (calo popolazione, calo immigrazione) si aggiunge quella implicita: senza immigrazione la popolazione tedesca diminuirebbe ancora di più.

In effetti, la massiccia immigrazione tedesca degli ultimi decenni, sia dall'Europa sia da fuori, ha un po' nascosto il problema demografico, perché il *motore tedesco* ha potuto usufruire di una popolazione in età di lavoro praticamente costante, poco toccata dal calo complessivo perché rimpiazzata, direttamente nelle fasce d'età necessarie, dalla massa degli immigrati. Ma adesso (e il virus c'entra relativamente) i nodi inevitabili vengono al pettine.

Il "laissez faire" tedesco

La politica demografica tedesca nel dopoguerra, della Germania Ovest fino al 1990 e poi del paese riunificato, è stata sostanzialmente quella del lasciar correre. Politica resa possibile, del resto, dai massicci flussi d'immigrati che hanno risposto alla chiamata che veniva dal cuore pulsante del motore tedesco e che hanno contribuito strutturalmente alla ripresa e all'espansione della Germania. Non così la Germania dell'Est, che negli anni '80 ha intrapreso una politica di forti incentivi *cash* alle nascite per cercare di rivitalizzare un'economia che non poteva fruire della facilità d'accesso dell'Ovest. Ma i risultati sono stati limitati, e la riunificazione ha poi messo fine a tutto, facendo rientrare l'Est nel modello dell'Ovest e in più facendo pagare la riunificazione con un pesantissimo tracollo di fecondità nei Land orientali,

* Ottobre 2021.

causato anche dalle migrazioni interne Est-Ovest innescate dalla caduta del Muro.

Ancora nel 1998 il cancelliere Gerhard Schröder, che era a inizio mandato, si dichiarava contrario a politiche sulla famiglia. Ma erano anche anni di forte ripensamento sul tema, che sfoceranno dopo un decennio in un piano organico di interventi.

I numeri tedeschi

Nel 2012 si è avuto il risveglio. È stato varato un piano organico di interventi, con il motto "Jedes Alter zählt", che si può tradurre "ogni età conta", nel senso che ogni fascia d'età della popolazione è importante, deve sentirsi importante, e può dare il suo contributo. Contributo a cosa, se non a uscire dalla difficile situazione demografica del paese, e scongiurare i conseguenti rischi di carenza di forza-lavoro nelle fasce d'età cruciali, in una delle maggiori concentrazioni mondiali di produzione manifatturiera e dei servizi?

I numeri parlano quasi da soli nel descrivere la situazione prodottasi col prolungarsi dell'inverno demografico tedesco. Prendiamo in esame solo i risultati essenziali degli ultimi trent'anni, perché ciò che ci sta dietro – i motori dello scenario – è comune alle altre metropoli, Giappone e Italia in prima linea: fecondità che si mantiene bassa e sotto la soglia di rimpiazzo da molti decenni, marcato invecchiamento, piramidi delle età a base sempre più stretta, continuo calo delle donne in età fertile e così via.

In Germania il saldo naturale da trent'anni è stato sempre negativo, e in regolare peggioramento: da –80 mila (differenza tra nascite e decessi) nel 1991 a circa –200 mila per molti anni del nuovo secolo, attestandosi a –160 mila nel 2019 e peggiorando ancora nel 2020 (–212 mila), complice anche la pandemia. Non sempre le migrazioni sono venute in soccorso: esauritosi negli anni '90 l'effetto della riunificazione, che ha portato a un saldo positivo di 300-600 mila persone l'anno, il saldo netto, risultato del potenziale attrattivo tedesco, si è attestato su un livello dimezzato di circa +200 mila l'anno. Livello che è però precipitato per la crisi del 2008 con alcuni anni in negativo, cioè più emigrati che immigrati, effetto della forte mobilità anche in

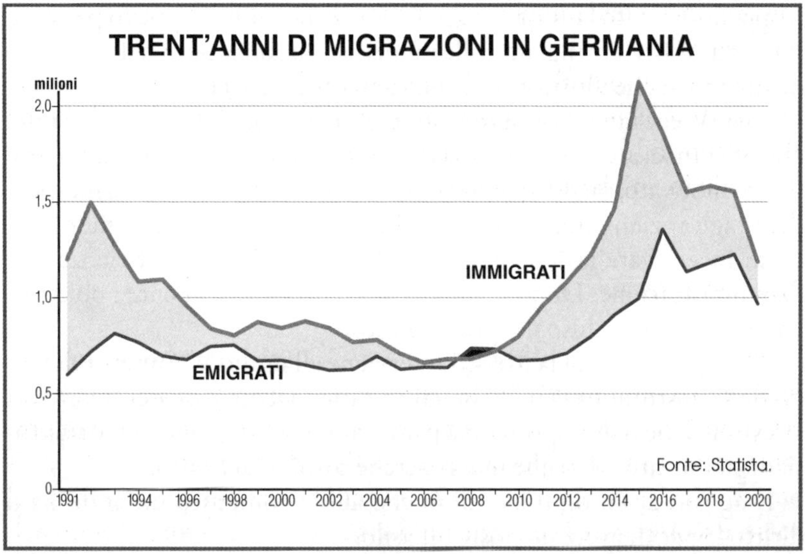

uscita del mercato del lavoro tedesco. Risultato: la popolazione, che aveva toccato un massimo, unicamente dovuto al contributo dell'immigrazione, di 82,5 milioni negli anni 2002-2004, è scesa di un paio di milioni riavvicinandosi nel 2011-12 agli 80 milioni, che era circa il dato del dopo-riunificazione.

È proprio in questi anni che il governo tedesco ha lanciato il programma "Jedes Alter zählt". La ripresa economica prima e l'inattesa *collisione storica* del 2015, che nel triennio 2015-17 ha portato 2 milioni di immigrati netti sul suolo tedesco, hanno raddrizzato le curve sui diagrammi, ma solo temporaneamente. Già negli ultimi anni il saldo netto migratorio è sceso a poco più di 200 mila immigrati; mentre, dopo una breve inversione di tendenza, ma restando sempre negativo, anche il saldo naturale ricominciava a peggiorare. Adesso la Germania è tornata di nuovo al calo assoluto.

"Jedes Alter zählt"

Il carattere più generale di questo programma tedesco è l'essere quasi onnicomprensivo, riunendo obiettivi differenti sotto un unico "cappello"; è stato lanciato quasi dieci anni fa, quindi è presto per valutarne gli effetti. Attingiamo alle numerose pubblicazioni del ministero degli Interni che illustrano periodicamente il progetto.

2012. Viene lanciata la nuova strategia con motto "Jedes Alter zählt", che agirà in sei aree: rafforzare la famiglia come comunità; incentivare il lavoro motivato, qualificato e in sicurezza; permettere una vita indipendente agli anziani; migliorare la qualità della vita nelle campagne e nelle città; incentivare la "crescita sostenibile"; migliorare l'efficienza dell'amministrazione. Dunque non viene citato esplicitamente l'obiettivo natalista, che è incluso nel primo punto.

2013, giugno. Angela Merkel interviene all'annuale "Summit demografico" e sottolinea la necessità di apertura del mercato del lavoro, ma riceve critiche dall'opposizione per i primi risultati, giudicati disastrosi, degli incentivi dati alle madri perché tornino al lavoro.

1° agosto 2013: ogni bambino che abbia compiuto un anno ha il diritto legale di avere un posto all'asilo.

2014. Si esplicita l'aspetto demografico: «Nei prossimi decenni il cambiamento demografico avrà un profondo impatto in Germania: la popolazione si sta riducendo [...] la questione non è se, ma come le cose cambieranno, e cosa faremo noi». Si spinge per aumentare l'età della pensione a 67 anni: «Promuovere una cultura di vita lavorativa più lunga e di aumentata cooperazione». Si quantificano i risultati che si avrebbero, in termini di *maggiore forza-lavoro disponibile*, dalla diminuzione delle cosiddette "perdite scolastiche" all'università e come effetto degli altri interventi. Numeri che sono impressionanti (la firma del documento è del ministero dell'Interno):

- minori perdite di studenti all'università: 0,25-1,2 milioni
- aumento lavoratori sopra i 55 anni: 0,5-1,2 milioni
- aumento donne al lavoro: 0,7-1,2 milioni
- migliore gestione dell'immigrazione qualificata: 0,4-0,8 milioni
- aumento orario di lavoro, pari a 0,4-0,7 milioni di occupati.

Se sommiamo arriviamo a una cifra fra 2,3 e 4,9 milioni di lavoratori *full-time* che sarebbero disponibili per l'economia tedesca, senza aspettare un'improbabile inversione dei trend demografici, pari al 5-12% della popolazione attiva.

2015. Il governo federale considera il cambiamento demografico come uno dei compiti più grossi per il futuro. Si precisano le cause della bassa natalità, dovuta «in parte alla grande quota di donne che non fanno figli, specie fra quelle con più alto livello d'istruzione; al fare figli a età più elevata; e al cambiare del concetto di famiglia». Si prevede un calo di 6,3 milioni della popolazione in età di lavoro in vent'anni, pur con un flusso netto di 200 mila immigrati l'anno.

L'immigrato e il bambino non nato 20 anni prima

Concludiamo riportando le considerazioni del direttore dell'Istituto per la demografia Max Planck di Rostock, James Vaupel, del marzo 2017. In Europa la paura del collasso demografico non riguarda solo la Germania. Il numero di figli che una famiglia tedesca vorrebbe avere è maggiore di due, ma ne ha molti meno, e la strada è aumentare l'assistenza ai bambini, asili, ecc. (osserviamo oggi che il problema della disponibilità di posti sembra oramai risolto, cioè ogni bimbo troverebbe effettivamente il posto in un nido o asilo).

Secondo Vaupel, i risultati sono (nel 2017) ancora modesti e occorre migliorare, fare come Svezia e Danimarca che danno lunghi congedi a entrambi i genitori e maggiore flessibilità d'orario. Sottolinea poi uno dei problemi dell'immigrazione: «Un immigrato di vent'anni può rimpiazzare un bambino non nato venti anni fa. La difficoltà con gli immigrati è che è molto difficile assimilarli. È un grosso problema in molti paesi europei».

Il programma tedesco è ambizioso e lungimirante, è partito con forte ritardo ed è esplicitamente finalizzato alle crescenti future necessità, qualitative oltre che quantitative, di forza-lavoro della macchina produttiva tedesca. A quasi dieci anni dai primi interventi, qualche risultato appare. La fecondità, che nel 2010-2012 oscillava intorno a 1,40 figli per donna, è risalita a 1,61 nel 2020, sempre largamente al di sotto del valore (2,1) di rimpiazzo della popolazione. I primi mesi del 2021 confermano la tendenza, nonostante gli effetti contrari della pandemia, che però in Germania ad oggi si sono fatti sentire quasi per niente, al contrario di molti altri paesi europei. Sono numeri che vanno inquadrati nella tendenza generale alla bassa fecondità nelle metropoli.

ESTREMO ORIENTE

Dinamica vietnamita *

L'ASEAN (Associazione dei paesi dell'Asia sudorientale) raggruppa dieci paesi: l'intera Indocina, più gli Stati che circondano il Mar Cinese Meridionale. Paesi che contano quasi 600 milioni di abitanti, un dodicesimo della popolazione mondiale (l'Indonesia, da sola, ne ha 240), e che sono collocati in una zona diventata strategica del mondo, per i mercati e per i traffici. Sono paesi che hanno avuto un fortissimo tasso di sviluppo, in particolare negli ultimi vent'anni.

Dal punto di vista della crescita del proletariato mondiale sono, di conseguenza, una delle zone più importanti, e interessanti per gli sviluppi futuri. Vi sono in corso, e non da oggi, una forte urbanizzazione, un'intensa migrazione dalle campagne alle città, una profonda disgregazione contadina e quindi la formazione accelerata delle classi sociali tipiche del moderno capitalismo industriale.

Il Vietnam nell'ASEAN

Secondo una recente analisi dell'ILO (International Labour Organization), questo sostenuto sviluppo si è tradotto nel primo decennio del secolo in una crescita della forza-lavoro nell'ASEAN di 5,1 milioni in media l'anno; che diventano più di 50 milioni aggiuntivi nel decennio, al forte tasso del +1,9% l'anno. Nel quinquennio seguente (2011-2015) la crescita dovrebbe essere solo lievemente più lenta: +4,6 milioni, cioè +1,5% l'anno.

In sintesi, fra tre anni quel comparto di lavoratori sarà cresciuto di 75 milioni; il che porterà la forza-lavoro dell'area, nel 2015, a circa 350-370 milioni. Una parte importante di questa crescita sarà industriale, perché è stata ed è l'industria il motore di questo sviluppo.

* Luglio-agosto 2012.

In quindici anni si è quindi formata in quella zona del mondo quasi una nuova, ipotetica Germania: ma non popolata da persone in gran parte coi capelli grigi, bensì da giovani e giovanissimi, e tutti attivi in un qualche settore dell'economia.

Quelli che potremmo definire gli anni del "miracolo vietnamita", dal 2000 al 2010, parlano da soli sull'irresistibile ascesa della giovane potenza capitalistica indocinese. La popolazione sale da 79 a 88 milioni di abitanti, con la prospettiva di virare prima del 2030, pur tenendo conto del forte rallentamento della natalità, attorno alla boa dei cento milioni, iscrivendosi così sempre più saldamente nel "club" delle medie potenze demografiche. Perderebbe solo una posizione nel *ranking*, scendendo dall'attuale 13° al 14° posto, per via del sorpasso da parte dell'Etiopia, ancora indietro nella strada dello sviluppo e quindi nei riflessi demografici dello stesso.

La via vietnamita al calo delle nascite

È noto che in numerosi paesi asiatici (Cina, India, ma anche Corea del Sud) si registra uno squilibrio marcato del genere nella popolazione, ossia vi sono più maschi di quanti ne prevedono le leggi della natura. All'origine stanno molti fattori – dalla preferenza per i maschi perché più produttivi in agricoltura alle tradizioni della famiglia patriarcale, alle regole ereditarie – inculcati da secoli. I metodi per ottenere questi risultati vanno dalla "moderna" interruzione della gravidanza (aborto) quando gli esami a ultrasuoni accertano il sesso femminile del nascituro, all'infanticidio dopo la nascita, alla trascuratezza per le neonate, che così saranno soggette a una molto più elevata mortalità infantile. Si calcola che mancassero nel mondo, sulla soglia del nuovo secolo, quasi cento milioni di donne; di queste, l'80% sarebbero in Cina e India. Un «massacro silenzioso» che denunciammo sette anni fa (vedi "Le incognite della crescita cinese", *Lotta Comunista*, ottobre 2005).

Anche in Vietnam questa tendenza è presente, seppure in misura più ridotta che in Cina e in India. Vi è inoltre una forte differenza regionale fra il Nord (più soggetto, per motivi storici, all'influenza cinese) e il Sud, più legato alle tradizioni francesi importate col dominio coloniale. Nel Nord lo squilibrio dei sessi alla nascita sarebbe attorno a 110 maschi ogni 100 femmine, contro il fisiologico 105-106, mentre al Sud si attesterebbe intorno a 106. Va da sé che le statistiche sono alquanto carenti, e i dati vengono da indagini su campioni limitati.

Ma qualche preoccupazione sta emergendo, ora che la fecondità è scesa ai livelli della sostituzione delle generazioni. L'esempio cinese è lì vicino a mostrare i problemi di invecchiamento della popolazione, e di squilibrio dei generi, che si stanno già ponendo per effetto di un così drastico calo della natalità. Tanto più che in Vietnam il fenomeno non è stato influenzato da una politica di riduzione della natalità: solo indicazioni, negli ultimi due decenni, sono state date per limitare a due figli la dimensione famigliare.

Il Vietnam riunificato dopo la guerra con gli USA denunciava un tasso di fecondità (TFR, figli per donna) pari a 5,9 nel 1975-80; ne è seguito un drastico calo fino a 1,9 nel 2005-10, previsto in ulteriore diminuzione

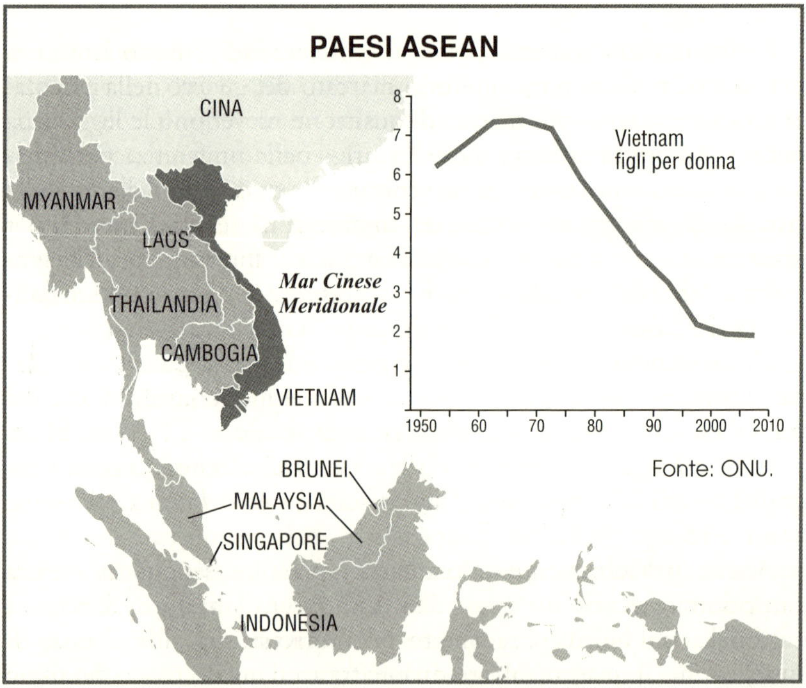

fino a 1,7 nel decennio in corso. In Cina (utilizziamo per entrambi i paesi i dati ONU) nel 1965-70 il TFR era pari a 5,9 figli/donna, cioè uguale al Vietnam di dieci anni dopo, mentre il tasso di 1,8 sarebbe stato raggiunto nel 1995-2000. Dunque il calo di 4 figli/donna si è realizzato sia in Vietnam sia in Cina in circa 30-35 anni.

Tenuto conto dell'incertezza delle cifre, la differenza fra i due paesi può essere considerata piccola. Si può quindi ritenere che il Vietnam abbia seguito la "via cinese" anche dal punto di vista demografico, pur senza aver avuto bisogno delle relative forzature. Ne emerge sicuramente una conferma della grande importanza dei fattori strutturali (crescita economica, migrazioni interne, urbanizzazione, aumento del PIL pro capite) nel determinare gli andamenti demografici delle potenze emergenti in via d'industrializzazione, sulla scia delle metropoli che le hanno precedute.

Demografia delle campagne e delle città

Ricorrendo alle statistiche ufficiali vietnamite si possono fare altre, più specifiche, considerazioni sulla via vietnamita al calo della natalità. Si vede ad esempio che, all'inizio dei dieci anni del "miracolo vietnamita", la fecondità urbana era già di 0,5 figli per donna inferiore a quella classificata come rurale; quindi già a inizio secolo la differenziazione città-campagna era molto marcata. In dieci anni questa differenza si è mantenuta, ma si è un po' ridotta: nel 2010 le campagne erano ancora sopra al "tasso di sostituzione" di 2,05, mentre le città erano sensibilmente al di sotto.

Se poi scendiamo a livello delle regioni e delle province, la fotografia è ancora più chiara. Le regioni del Delta del Mekong e del Sud-Est sono da 0,2 a 0,3 figli/donna sotto la media nazionale. Ho Chi Minh City, la ex Saigon, ha un livello pari a 1,45, un valore analogo alle ingrigite metropoli imperialiste. Invece la regione del delta del Fiume rosso, e la capitale Hanoi, hanno tassi superiori, intorno alla media nazionale; probabilmente rinforzati anche dall'inerzia dovuta alle più consistenti migrazioni interne dalle campagne. Tutte le altre regioni hanno, ancora nel 2010, fecondità sensibilmente superiori al tasso di sostituzione. Il quadro che ne emerge è quindi quello tipico del paese in via di rapida industrializzazione, e che ha già percorso, e molto in fretta, la strada dell'adattamento alle tendenze demografiche in atto da tempo nei paesi che l'hanno preceduto. Non molto diversi saranno, fatta salva la scala dei tempi, i fenomeni sociali conseguenti.

La dinamica demografica si traduce immediatamente in dinamica della forza-lavoro. Se il calo della fecondità di un paese è particolarmente rapido, come in Vietnam, anche il tempo del *dividendo demografico* sarà diverso. Occorre dunque approfittarne nel modo migliore possibile, ed attrezzarsi fin da ora per il dopo. È la preoccupazione che esprime Thi Nguyen Minh, della National Economics University di Hanoi. Scrive infatti che «è molto importante [...] trarre vantaggio da questo periodo di dividendo per aumentare il capitale umano e tecnologico e preparare il periodo di debito demografico che arriverà» (*Journal of Asia Pacific Economy*, novembre 2009).

Un dividendo da staccare in fretta

La sua valutazione è che un settimo dell'eccezionale crescita economica vietnamita degli ultimi anni sia dovuto alla favorevole dinamica demografica. Tradotto in altra forma, ciò vuol dire che la disponibilità di forza-lavoro del paese (migrazioni campagna-città incluse) è stato uno dei fattori della valorizzazione del capitale nelle aziende vietnamite: nuove zone industriali, nuove fabbriche, nuove unità locali, investimenti stranieri, ecc.

L'analisi che Minh fa delle fasce di popolazione è eloquente. Si prevede infatti che un anno, collocato fra il 2018 e il 2020, sarà un anno-cerniera: fino ad allora crescerà la quota di popolazione della fascia 15-65 anni, cioè quella che fornisce il cuore della forza-lavoro; dopo quell'anno inizierà il calo, che si trasformerà presto anche in calo assoluto, per via del rallentamento della dinamica demografica del paese. Nello stesso anno comincerà ad aumentare la quota degli *over 65*, oggi bassissima, e quindi si porranno i problemi ben noti, oltre che nelle vecchie metropoli, nella vicina Cina. Conclude Minh: «Fra circa dieci anni, non ci sarà più in Vietnam il dividendo demografico; quindi la crescita economica si baserà sul capitale umano e sul progresso tecnologico».

Opportunità e competizione per la forza-lavoro

Analoga è la valutazione dell'ufficio di Hanoi dell'ILO che, commentando il «drammatico» calo della fecondità, osserva che «l'andamento demografico presenta un'opportunità d'oro» per la crescita e lo sviluppo del paese. Sempre che, osserviamo, l'anarchia del mercato capitalistico consenta alla giovane potenza indocinese di approfittarne appieno. Tanto più che i tempi sembrano incalzare.

Osserva l'IOM (International Organization for Migration) in una recentissima analisi sul tema "Cicli economici, cambiamenti demografici e migrazioni", che «le migrazioni sono diventate un fattore strutturale nei mercati del lavoro e nelle economie in tutto il mondo». Dato, questo, ormai da molto tempo assodato; ma la conseguenza che ne trae oggi, 2012, l'IOM è relativamente inedita: «La sua importanza [delle migrazioni] è stata acuita dagli squilibri demografici che porteranno a una maggiore competizione fra le nazioni per la forza-lavoro». Una «competizione» alla quale il Vietnam, vicino ai cento milioni di abitanti e inserito in una zona strategica dei mercati asiatici, non potrà certamente sottrarsi.

Veloce invecchiamento sudcoreano *

In una recente intervista, il nuovo direttore della Population Division dell'ONU, John Wilmoth, sostiene che, così come la generazione di demografi precedente alla sua fu sorpresa dal *baby boom* dopo la Seconda guerra mondiale, così la generazione alla quale egli appartiene è stata sorpresa dalla «fenomenale velocità e profondità del declino della fecondità», oltre che dal «persistente incremento della longevità umana».

Sorprese a parte, le tendenze che individua a livello mondiale sono tre e riguardano la crescita della popolazione, l'invecchiamento e le migrazioni. Queste ultime, osserva, sono anche un'opportunità, perché «riallocano le risorse di lavoro dalle aree di surplus alle aree dove sono necessarie».

Il caso sudcoreano

Non c'è dubbio che la Corea del Sud sia un esempio quasi da manuale della dinamica attuale dei paesi demograficamente maturi, dove si mescolano quindi invecchiamento, calo di fecondità, carenze in alcune leve del mercato della forza-lavoro e inizio delle migrazioni compensative. Una dinamica complessa, in Corea, di dimensioni quasi inedite non per i risultati ma per i tempi brevissimi nei quali le tendenze hanno operato.

Lo osserva a chiare lettere anche l'OCDE nel periodico *Survey* destinato a questo paese. «Per mitigare il calo degli ingressi nella forza-lavoro che conseguono alla diminuzione della popolazione in età di lavoro che ci sarà a partire dal 2017», leggiamo nel "Report" del 2012, occorrerebbe operare su numerosi piani. Piani che non sono poi diversi da quelli che altri paesi dai capelli sempre più bianchi devono affrontare: aumentare la durata della vita di lavoro prima della pensione, rendere l'età del pensionamento flessibile e non fissa, aumentare il tasso di attività femminile e, infine, intervenire nel welfare famigliare

* Maggio 2013.

per cercare di far risalire una fecondità che è scesa ai livelli più bassi fra i paesi sviluppati. Vi sono poi altri problemi legati al mercato vero e proprio della forza-lavoro, fra i quali lo squilibrio crescente fra la formazione richiesta per i nuovi lavoratori e le scelte in materia di studi fatte dalle relative generazioni.

"Tsunami demografico"

La virata del tasso di fecondità attorno alla boa del non rimpiazzo delle generazioni (che è intorno a 2,1 figli per donna per i paesi sviluppati) risale al 1983, secondo un'analisi del Korea Economic Institute dell'aprile 2012. Per la prima volta nella sua storia, si legge, la Corea del Sud sta sperimentando la «sfida» di una fecondità estremamente bassa e di un numero di anziani che cresce rapidamente. Ma «l'impatto complessivo di questo tsunami demografico» non sarebbe conosciuto e tanto meno compreso nel paese.

Anche in Corea, dopo la fine della guerra (1953) e la divisione in due del paese, c'è stato un *baby boom* con fecondità che ha superato i 6 figli per donna. Una politica di contenimento delle nascite è stata lanciata negli anni '60, con slogan del tipo: "Una famiglia non programmata porta alla povertà" e "Maschio o femmina, fermati a due e falli crescere bene". Niente di formalmente cogente; ma la politica di contenimento si collocava nel quadro della rapida urbanizzazione e dell'altrettanto rapida e accelerata formazione della forza-lavoro industriale, che è stata la spina dorsale dell'emergere a passi da gigante della metropoli asiatica. Non sorprende quindi che il raggiungimento nel 1983 della soglia del rimpiazzo sia stata salutata, riferisce il KEI, come un successo. Così infatti ne spiega il risultato: «I messaggi diffusi che promuovevano le famiglie piccole sono venuti a coincidere con la rapida urbanizzazione e industrializzazione».

Versione sudcoreana del "massacro silenzioso"

Anche in Corea del Sud si è perpetuato, e a quanto risulta si perpetua ancora, quello che abbiamo denunciato sul nostro giornale come il *massacro silenzioso* delle fanciulle e che le statistiche registrano come *gender gap*. Cina, Taiwan, India, Vietnam, Singapore, Pakistan, Azerbaigian, Armenia, Georgia, Albania, Montenegro, Corea del Sud: questi sono i paesi che figurano nell'apposito, aggiornato, elenco che pochi mesi fa (agosto 2012) ha steso l'UNFPA (United Nations Population Fund). Questi paesi mostrano oggi un marcato squilibrio nel sesso alla nascita, che in quasi tutti supera i 110 maschi per 100 femmine contro il fisiologico 104/106. La Corea si piazzerebbe a 106,7 oggi, ma il dato negli anni passati era assai più alto, fino a toccare 115 a fine anni '80, gli anni della forte industrializzazione.

Il *gender gap* – le bambine mancanti per via degli aborti selettivi (da quando si è diffusa la valutazione prenatale del sesso), dell'uccisione e del disdegno dopo la nascita – ammonta in Corea del Sud, secondo l'UNFPA, a 533 mila, il 2,2% della popolazione femminile totale; per metà, in valore assoluto, riguarda la popolazione giovane, fino ai 19 anni, dove pesa molto di più, il 4,8%. Come si vede, in una metropoli avanzata come la Corea del Sud, settima potenza manifatturiera al mondo, il fenomeno è tutt'altro che arrestato. Anzi sembra che abbia avuto una certa accentuazione da quando il costo delle ecografie è diventato alla portata di molti.

Le conseguenze si vedono: sono centinaia di migliaia di braccia e di cervelli che mancano all'appello in un paese che nel frattempo sta invecchiando. Ne conseguono fenomeni come l'immigrazione femminile (*marriage immigration*), destinata alla formazione di famiglie, specialmente nelle campagne; una sorta di moderno ratto delle sabine, che supererebbe le centomila persone.

Aggiorniamo al 2010 con l'UNFPA anche il dato globale del *gender gap*. Cina: mancano 66 milioni di donne (10% del totale), delle quali 24 milioni fino a 19 anni (14% delle donne di questa fascia di età). India: 43 milioni e 13 milioni (7 e 6% rispettivamente). Altri paesi: 8 e 2 milioni. Mondo: 117 milioni e 39 milioni (circa l'8% della popolazione femminile, sia totale sia fino a 19 anni).

Preoccupazioni per il futuro

Lo studio del KEI conclude osservando che «senza un incremento di fecondità la redistribuzione della popolazione creerà seri squilibri che avranno conseguenze di lungo periodo». Gli interventi per aumentare la fecondità nelle metropoli sono assai più difficili di quelli per incentivarne il calo, e i risultati richiedono decenni per manifestarsi. Così, solo trent'anni dopo aver installato i cartelloni che invitavano al contenimento delle dimensioni della famiglia, nel 2010 il governo sudcoreano ha varato un piano per affrontare i problemi degli anziani e per favorire l'aumento delle nascite.

Comunque sia, oggi la strada del ricorso all'immigrazione internazionale è segnata, come lo è stato per molti altri paesi industriali nel passato più o meno recente.

FORTE CALO DELLA FECONDITÀ E INTENSA URBANIZZAZIONE

Il periodo 1970-1990 è stato, dal punto di vista demografico, eccezionale per la giovane ed emergente potenza industriale sudcoreana. Nel volgere di quarant'anni il paese si è, in un certo senso, completamente trasformato; cruciali sono stati questi due decenni.

La popolazione è cresciuta da 31,4 a 43,0 milioni, con un balzo all'insù di 12; veniva intravisto come non lontano il traguardo dei 50 milioni. L'urbanizzazione ha fatto un salto da gigante, passando dal 40,7 al 73,8%; gli abitanti delle città sono così aumentati da 13 a 32 milioni, moltiplicandosi per due volte e mezzo. I flussi migratori interni dalla campagna alla città sono stati imponenti: dai 440 mila l'anno intorno al 1970 al massimo di quasi 800 mila raggiunti nel 1985, per poi calare rapidamente dopo il 2000, una volta arrivati alla pressoché completa urbanizzazione (80% al volgere del secolo; oggi 83%).

Riguardo alla fecondità, utilizziamo i recentissimi dati dell'"OCDE Factbook 2013" per poter operare un confronto più omogeneo fra paesi; anche in questo campo vi sono differenze, non del tutto marginali, ad esempio fra OCDE e ONU, che comunque non inficiano il dato di fondo. Misurata in numero di figli per donna, era pari a 4,53 nel 1970 ed è precipitata a 1,57 nel 1990. La Cina nello stesso periodo è passata da 5,51 a 2,34. Nel 2010 i due paesi hanno toccato 1,23 e 1,60 rispettivamente. In sostanza la Corea del Sud ha avuto un ritmo del calo della fecondità di tipo cinese (e non lontano da quello vietnamita), certamente aiutato dalla politica di contenimento delle nascite che il governo ha svolto, ma non forzato come in larghe zone della Cina dove è stata applicata la politica del figlio unico. I coreani sono così scesi molto al di sotto della "famiglia ideale" di due figli e, trascorsa poco più di una generazione, i problemi opposti iniziano a porsi.

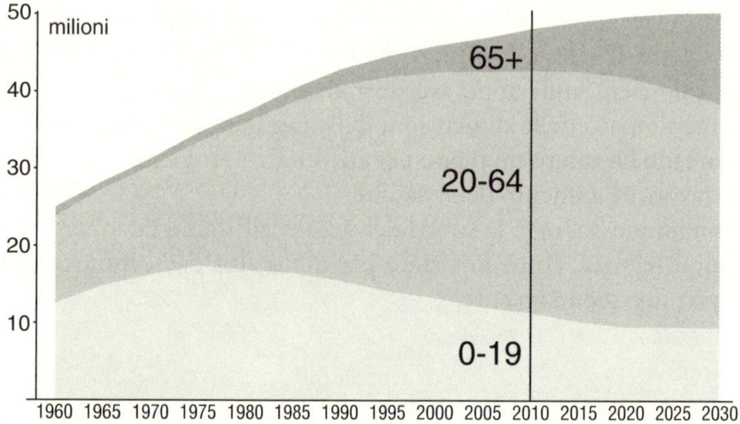

Popolazione della Corea del Sud per fasce d'età, 1960-2010 e proiezione al 2030 (nostre elaborazioni su dati ONU).

Dai "World Population Prospects" dell'ONU traiamo altri dati interessanti per comporre il quadro della straordinaria dinamica demografica sudcoreana. La mortalità infantile (sotto i 5 anni), che era di 125 su mille ancora nel 1960 (uno su otto non raggiungeva i 5 anni), è scesa a 32 nel 1980 per arrivare a 7 nel 2000 e al 4 o 3 per mille attuale, che è più o meno il valore dei paesi industrializzati.

La mortalità complessiva del paese si è anch'essa dimezzata. Ma sta già iniziando a risalire, per via dell'invecchiamento della popolazione che nel frattempo è maturato: dal minimo di 5,1 morti per mille nel 2005, sta già marciando oltre il 6. Del resto, il diffuso indicatore dell'aspettativa di vita alla nascita, che era 67,4 anni nel 1980, è oggi (2010) di 80,7 (77,3 per i maschi, 84,0 per le donne).

Il diagramma descrive chiaramente, in maniera sintetica, questa svolta demografica. Si individuano infatti numerosi fenomeni allo stesso tempo: il probabile inizio del calo della popolazione totale che – salvo balzi nell'immigrazione – potrebbe manifestarsi già fra 10-15 anni; il peso crescente degli over 64, cioè il risultato dell'invecchiamento; il calo dei giovani under 20, altra faccia della stessa medaglia; e infine il restringersi della fascia 20-64 anni, quella che fornisce la gran parte della forza-lavoro e che quindi interessa maggiormente la futura dinamica di questo paese marcatamente industriale.

Oggi la Corea del Sud non è lontana dal traguardo dei 50 milioni di popolazione. O forse li ha già raggiunti, stando all'annuncio, quasi trionfale, dell'Ufficio statistico nazionale, che ne precisa anche il giorno (23 giugno 2012). La fecondità sarebbe in lieve aumento: da 1,25 del 2007 a 1,15 nel 2009 e a 1,30 nel 2012. La risalita viene attribuita alle misure di welfare famigliare lanciate a inizio secolo. Forse però giocano anche altri fattori, che hanno già operato nelle altre invecchiate metropoli, quali il ritardo dell'età della prima nascita. Un fattore, però, il cui effetto si esaurisce in pochi anni.

Così come è stata rapida la crescita che ha dato braccia e teste allo sviluppo del paese per farne oggi una potenza asiatica a marcata caratterizzazione industriale, veloce è anche l'invecchiamento, che inizia già oggi a toccare le fasce d'età che sono cruciali per il funzionamento dell'apparato produttivo.

Il Giappone alla ricerca dei lavoratori perduti (1) *

Prima fra le grandi metropoli, il Giappone si è trovato ad affrontare le drammatiche conseguenze del prolungato inverno demografico. Altri paesi seguono: Italia e Germania sono nel gruppo di testa. Ma nel paese asiatico, per una complessa serie di motivi, è assai ridotto, almeno per ora, l'aiuto che invece le metropoli europee ricevono dall'immigrazione. La situazione è quindi difficile, come ha confermato il premier Shinzo Abe nel discorso di inizio anno, rivolto alla popolazione giapponese: «situazione critica», «crisi nazionale».

I numeri del disastro demografico

Il problema è maturato nei decenni; ne richiamiamo solo i dati essenziali, limitandoci al nuovo secolo. La popolazione, che era 126,9 milioni nel 2000, è ancora la stessa nel 2016 ma dopo aver toccato il massimo di 128,1 nel 2008 e sta quindi calando. I nati erano 1,2 milioni e sono oggi 1,0; i morti da 0,97 milioni sono passati a 1,3; così il saldo naturale è diventato negativo per 300.000, e lo è regolarmente dall'anno 2007. La fecondità è bassa: i figli per donna erano 1,36 nel 2000, poi scesi a 1,26 nel 2005, oggi assestati a 1,44, tutti valori lontanissimi da quanto (poco più di due) servirebbe per garantire il ricambio della popolazione.

Giovani: la fascia fino a 19 anni, che ne contava 26,0 milioni nel 2000, oggi è scesa a 21,8, quattro in meno. I giornali hanno sottolineato, in occasione della tradizionale festa del passaggio alla maggiore età (20 anni) che ha riguardato 1,2 milioni di ragazzi, il dimezzamento secco dei festeggiati rispetto al 1970. Fortissimo l'aumento degli anziani: gli over 65 erano 22,0 milioni (17% della popolazione), oggi sono una volta e mezza: 34,6 milioni (27%). Infine gli stranieri residenti,

* Marzo 2018.

che riflettono l'immigrazione: 1,7 milioni nel 2000, saliti a soli 2,4 milioni nel 2016 (1,9% della popolazione). Gli aggiornamenti al 2017 confermano le tendenze.

Intendiamoci bene: il fatto che la vita media sia aumentata quasi regolarmente anno dopo anno, come risultato della diffusione e dell'efficacia delle cure mediche e di diversi stili di vita, contribuendo a popolare sempre più i piani alti delle piramidi delle età, non dovrebbe certo essere un problema per le ricche metropoli del XXI secolo. L'invecchiamento, se così vogliamo chiamarlo, diventa però una «situazione critica», una «crisi nazionale», solo in quanto si affianca all'operare della legge della popolazione della maturità imperialista nelle metropoli stesse, che produce nascite largamente inferiori a quante servirebbero per mantenere almeno costanti le fasce di età della popolazione; cosa che svuota i piani bassi della piramide. Non sarà un caso che il premier Abe, nei suoi interventi sul tema, abbia separato i due fattori, invecchiamento e bassa natalità.

Da cento milioni a cento milioni?

Le proiezioni al 2030 e oltre, pubblicate dai giornali giapponesi e da istituzioni internazionali, sono catastrofiche: l'obiettivo dichiarato e accettato, ormai anche dal governo Abe, sembra essere di non scendere sotto i 100 milioni, che è previsto siano toccati, in discesa, intorno al 2050-60. Cento milioni di abitanti: la potenza asiatica, allora in piena ascesa economica e demografica, li aveva raggiunti in crescendo mezzo secolo fa, ripartendo con 80 milioni dalle distruzioni della Seconda guerra mondiale!

In sintesi la situazione: bassa natalità perdurante da decenni, contemporaneo e prevedibile invecchiamento, immigrazione che non decolla. I riflessi sulla disponibilità di forza-lavoro per far marciare fabbriche, uffici, agricoltura, amministrazione statale, servizi e anche forze armate, sono evidenti. Si può affermare che ormai anche ufficialmente il Giappone si trova in una situazione di carenza di forza-lavoro, nonostante un tasso di disoccupazione bassissimo, sotto il 3% e ai minimi storici. Un indicatore di uso comune in quel paese lo conferma: ci sono più di 1,5 offerte di lavoro per ogni domanda; nei momenti di crisi economica l'indicatore segnava 0,8.

I ritardi nell'affrontare un problema inedito

La questione non è certo nuova, anche se il problema è inedito in questa fase imperialista; ed è stata più volte affrontata sulla stampa internazionale e interna.

Nel 2012 Nicholas Eberstadt, dell'American Enterprise Institute, affermò che il Giappone è il precursore di ciò che succederà nelle altre metropoli che invecchiano. *The Economist* nel marzo 2014 scrisse di questo paese che «incredibilmente si restringe» come di una bomba a orologeria sotto la terza potenza mondiale. Jacob Schlesinger sul *Wall Street Journal* nel novembre 2015 lo chiamò un «esperimento economico», per provare se una forte politica può contrastare una demografia debole, dopo che per molto tempo il Giappone ha prima negato, poi passivamente accettato la situazione. Jonathan Webb dell'International Institute for Strategic Studies nell'agosto 2017 usa il termine «disastro demografico», che richiede un riaggiustamento delle priorità nazionali.

Sul piano interno è rilevante l'intervento nel 2012 del governatore della Bank of Japan, Masaaki Shirakawa, interamente dedicato ai cambiamenti demografici e alle conseguenze sulla crescita. L'inizio è fortemente critico, e documentato, sulla sovrastima che i governi hanno sempre fatto dagli anni '70 del valore della fecondità, dovendo poi correggere regolarmente al ribasso i valori ma rilanciando ogni volta in maniera troppo ottimistica le proiezioni: il tasso previsto per l'anno 2018 era di 2,0 figli per donna nel 1986, poi corretto a 1,8 nel 1992, a 1,6 nel 1997 e finalmente a 1,4 nel 2002. Quindi la gravità del problema non sarebbe stata colta se non con ritardo, e di conseguenza non vi è stata risposta adeguata, perdendo tempo prezioso. Occorre dunque, secondo Shirakawa, intervenire anche per aumentare la natalità e il tasso di partecipazione femminile alla forza-lavoro, interventi che l'Abenomics ha poi in una certa misura introdotto. Lapidaria la critica nella conclusione, dopo richiami a William Petty e a Thomas Malthus sui legami fra economia e popolazione: «La mia sensazione è che una piena comprensione del rapido invecchiamento, accoppiato con la bassa natalità, non si sia ancora vista, nonostante l'importanza della questione». Non una parola sul ricorso all'immigrazione come soluzione: il tema è stato esplicitamente demandato alla politica.

La Keidanren, la Confindustria giapponese, già nel 2003 proponeva interventi per contrastare il *demographic shift*, fra i quali aiuti alle madri lavoratrici. È del 2008 una serie articolata di proposte, fra le quali: contrastare la natalità in calo, aumentare gli asili nido per permettere alle donne con figli piccoli di lavorare, promuoverne il reimpiego quando i figli sono cresciuti, utilizzare al massimo la forza-lavoro autoctona, e infine un'apertura a una maggiore immigrazione. I successivi interventi contengono tutti indicazioni favorevoli all'aumento degli immigrati: «La posizione della Keidanren sull'immigrazione è che richiede studi continui come sbocco di lungo periodo. Siamo consapevoli di varie questioni che circondano l'immigrazione, ma è essenziale per il Giappone dare il benvenuto a un più grande numero di lavoratori stranieri».

Il ricorso a una maggiore immigrazione sembra inevitabile, almeno secondo gli industriali nipponici.

«CON UNA POPOLAZIONE IN CALO, IL GIAPPONE NON È PIÙ IN GRADO DI CRESCERE» (Shinzo Abe, premier)

Già nel discorso di due anni fa, inizio 2016, il premier Abe aveva toccato il tema demografico: «Noi ci impegneremo con coraggio sulla questione strutturale di una società che invecchia con una natalità calante»; «aumentare la fecondità a 1,8 figli per donna» è una delle tre "frecce" che «lancerò». È poi tornato sul tema anche il 1° gennaio 2017, ribadendo che il governo ha fatto il massimo per fronteggiare questo e altri problemi, e affermando: «Sono i bambini il vero futuro del Giappone. Noi faremo un Giappone nel quale ogni bambino possa inseguire i suoi sogni pieno di speranza per il futuro». Per inciso osserviamo che proprio nel corso del 2017 sarà toccato il minimo delle nascite dal 1899, anno nel quale vennero contate per la prima volta.

Ma ancora più netto e preciso, perché contiene una specifica indicazione di lavoro, è stato il messaggio del 1° gennaio 2018. Inizia ricordando il 150° anniversario della Restaurazione Meiji per evidenziare lo sforzo di modernizzazione che il paese seppe fare, riuscendo a diventare una potenza moderna. Adesso siamo in una situazione simile: «Il Giappone di nuovo affronta una situazione critica che potrebbe essere davvero chiamata una crisi nazionale: la natalità calante parallela alla nostra società che invecchia». Sei anni fa regnava il pessimismo sulla possibilità di crescere con la popolazione in calo, sostiene Abe.

La strada da seguire è questa: «Se riusciamo a creare una società nella quale tutti i cittadini siano dinamicamente impegnati [...] maschi o femmine, giovani o vecchi [...] capaci di dimostrare le loro capacità nel modo più grande possibile, allora il Giappone sarà in grado di assaporare una crescita robusta».

L'Abenomics, com'è chiamata la politica economica di Shinzo Abe, aggiornata nel luglio 2017 prevede che il «rapido cambiamento demografico» sia una sfida da vedersi come un'«opportunità per diventare pionieri nello stabilire un modello sociale anche per altri paesi che inevitabilmente avranno simili esperienze nei prossimi anni». Gli interventi su questo tema, annunciati e aggiornati rispetto a due anni prima, riguardano: mezzo milione di posti aggiuntivi negli asili nido, aumento dei bonus per i bambini, incentivi per l'assunzione di donne con figli, conseguente aumento della partecipazione femminile al lavoro, in sostanza quella che è stata chiamata "Womenomics". Cui si aggiunge l'introduzione di un nuovo ministero dedicato a «rovesciare il futuro demografico del Giappone».

È rivelatore che una politica sull'immigrazione non sia citata esplicitamente; in una tradizione insulare di omogeneità etnica, la questione resta un tema delicatissimo e controverso nell'opinione pubblica, ed è lasciata implicita nella constatazione di una «crisi nazionale». È semmai sul piano pratico, attraverso accordi come quello stipulato con l'India per la formazione di 300.000 tecnici, che il ricorso alla forza-lavoro immigrata entra a far parte dell'equazione. Riuscirà il Giappone a crescere in queste condizioni? Al momento, moltissimi sono i dubbi espressi sulla stampa interna e internazionale. Il *Financial Times*, ad esempio, trancia a inizio 2018 un giudizio netto: «Una sfida [...] che molti ritengono abbia poche possibilità di successo». Nel frattempo, come scrive contemporaneamente *The Economist*, chiudono 400 scuole ogni anno, in parte convertite in ospizi per anziani.

Il Giappone nella morsa dell'inverno demografico (II) *

La struttura della forza-lavoro del Giappone rispecchia quella delle grandi metropoli imperialistiche del XXI secolo. I circa 64 milioni di occupati sono in larghissima parte (88%) salariati; questi sono distinti, secondo le classificazioni in uso, in *regular* (cioè permanenti, a tempo indeterminato o a vita, seppure questi ultimi siano in forte calo) e *non-regular*, che sono quelli a part-time, temporanei, a contratto, ecc., e che contano la metà dei salariati. L'industria in senso lato ne occupa 16,3 milioni, risaliti e stabili dopo l'uscita dalla crisi, l'agricoltura 2,3 milioni, i trasporti 3,7, il commercio 10,8 e così via il variegato mondo classificato col termine "servizi".

Per valutare gli effetti della crisi demografica giapponese su questa forza-lavoro, prescindendo da un'analisi per settori, occorre entrare nella dinamica delle fasce d'età nel periodo che va da inizio secolo a oggi (2002-2016). Stante il basso peso dell'immigrazione e dell'emigrazione, le modifiche sono quasi per intero attribuibili alle dinamiche demografiche interne.

Due "baby boom", ricordo del passato

Il Giappone ha avuto, oltre al *baby boom* del secondo dopoguerra, un secondo breve *baby boom* intorno ai primi anni '70, quando la fecondità è risalita oltre i due figli per donna e le nascite di conseguenza sono risalite oltre i due milioni l'anno; da allora è iniziata la discesa molto rapida, che prosegue ancora oggi. Di conseguenza la piramide delle età presenta due gobbe: quella del primo *baby boom* (persone che oggi hanno intorno ai 70 anni), seguita dall'altra, gli attuali 40-50enni.

La fascia d'età cruciale della popolazione, quella ampia che ha oggi da 15 a 64 anni, ha sofferto dell'inverno demografico assottigliandosi di più di 9 milioni in quindici anni, e ne conta oggi 76 nonostante il

---

* Aprile 2018.

secondo *baby boom*. Il contributo al calo della fascia giovanile 15-24 anni è forte (–3 milioni), ma è concentrato nei primi dieci anni del secolo: ormai la popolazione giovane giapponese cala sì, ma meno rapidamente, essendosi stabilizzata da più decenni la bassissima fecondità, per cui ciò che conta di più è la diminuzione del numero di donne in età fertile. Fortissimo l'aumento degli over 65, che passano da 23 a 35 milioni.

Forte crescita dell'occupazione femminile...

Come tutto ciò si è riflesso sulla forza-lavoro, che è definita come la somma di occupati (salariati e autonomi) e disoccupati (la differenza con la popolazione la fanno gli inattivi)? La forza-lavoro giapponese si è mantenuta, nei 15 anni, praticamente costante, se si escludono gli anni di picco della crisi: circa 67 milioni nel 2002, quasi altrettanti oggi, ma con calo della componente maschile di 1,9 milioni e aumento di quella femminile di 1,5.

L'analisi per età e per genere mostra che il calo della fascia 15-64, tre milioni, è esclusivamente maschile, ed è compensato da una sostanziale crescita femminile, sia nella fascia 25-49 che 55-59. Dai 60 anni in su, la forza-lavoro femminile aumenta di ben 1,8 milioni, quella maschile di due. Quindi è grazie alla maggiore attivizzazione femminile al lavoro, e al passaggio da inattivi ad attivi di molti over 60 di entrambi i sessi, che il Giappone ha mantenuto, per ora, una forza-lavoro grosso modo costante. Ma profondamente cambiata: più equilibrata fra maschi e femmine (ora al 43%), ma più vecchia (ormai uno su cinque è over 60, era uno su sette nel 2002).

...e degli anziani

Gli occupati sono in lieve aumento, dal 2002 a oggi un milione in più, a fronte di un pari calo dei disoccupati. Ma anche qui, i numeri complessivi nascondono sensibili modifiche per genere e per età. L'occupazione femminile è cresciuta di due milioni, quella maschile è calata di uno. La fascia centrale 15-64 ha perso 2,6 milioni di occupazione maschile, ne ha guadagnati 0,8 femminili. Nella fascia 25-49, dove la popolazione è in netto calo, l'occupazione maschile ha perso un milione di persone, ma quella femminile è cresciuta di 1,1, segno evidente della maggiore attivizzazione, essendo ai minimi la disoccupazione. Al di sopra dei 60 anni vi sono ben 13 milioni di occupati, quattro in più del 2002, aumento equilibrato fra maschi e femmine; e pesano ormai per un quinto sul totale. Si vede qui il risultato del sistema di pensionamento a due tempi introdotto dalle aziende: in pensione a 60 anni con riassunzione per altri dieci anni a salario più basso. Molte cifre, per arrivare a una conclusione: se la macchina produttiva giapponese è riuscita a contenere le conseguenze della crisi demografica che l'attanaglia da decenni è perché, specialmente in questi ultimi anni di ripresa economica, è riuscita a portare al lavoro una quota di popolazione femminile inattiva, e nel contempo ha mantenuto al lavoro in modo massiccio gli over 60, uomini e donne: ad esempio gli over 70 sono più di tre milioni, triplicati rispetto al 2002.

Il fondo del barile

È stato raschiato il fondo del barile? Un'indicazione può arrivare dall'analisi dei tassi che quantificano la quota parte di popolazione che è attiva, oppure che è occupata. Essendo basso e stabile il tasso di disoccupazione, l'indicatore più significativo è il tasso di attività della forza-lavoro. Poco indicativo è quello complessivo, rimasto praticamente invariato sul 60% da inizio secolo. Ma quello della fascia d'età 15-64, il più comunemente utilizzato anche nei confronti internazionali, è cresciuto di 4,5 punti arrivando al 76,8%; il contributo è tutto della componente femminile, passata dal 60 al 68%, mentre quello maschile è rimasto inalterato all'85%. Ciò mostra che quasi un decimo di quella popolazione femminile è stata portata dall'inattività all'attività, e poi all'occupazione. Nelle età fino ai 24 anni i tassi invece sono costanti o in lieve calo, riflettendo l'elevata scolarizzazione, ormai stabile e consolidata. Nella fascia 25-49 il tasso femminile cresce di ben dieci punti: è la fascia critica per la natalità e la formazione delle famiglie, dove le politiche nataliste possono incidere attraverso il potenziamento del welfare. Su venti milioni di donne giapponesi di quelle età, un milione in più è così entrato nella forza-lavoro. Sensibile poi l'aumento di attività oltre i 60 anni, in particolare nella fascia 60-64 che cresce di 10-11 punti sia per gli uomini che per le donne.

Non è facile dire quanto questo trend in forte aumento possa continuare, quanti milioni di forza-lavoro femminile e/o anziana potranno ancora essere tirati fuori dall'inattività e portati all'attività, raschiando ancora il barile. In ogni caso, incombe il calo assoluto della popolazione: anno dopo anno, le fasce d'età fondamentali per il funzionamento della macchina produttiva continuano inesorabili ad assottigliarsi, mentre altrettanto inesorabilmente crescono quelle degli anziani. Occorrerebbe, affermano molti analisti giapponesi e non, poter ricorrere all'iniezione fresca di qualche milione d'immigrati giovani.

Nel 2013 Jun Saito del Japan Center for Economic Research è stato molto esplicito: abbiamo la scelta fra diventare una ex potenza economica, con molta popolazione anziana, e una potenza economica attiva nella quale giapponesi e stranieri vivono e lavorano assieme; è una decisione difficile, ma che disegnerà il futuro del paese. Il *Japan Times* (20 agosto 2017) pubblica un'opinione secondo la quale in Giappone, per effetto della crisi demografica, starebbe succedendo qualcosa che la statistica non è in grado di cogliere, ossia che la situazione è più grave di quanto non appaia; occorre quindi puntare sull'automazione, ma anche sull'immigrazione. Ma il Giappone, seppure con forti contraddizioni, sembra ancora poco disposto ad accoglierli nella quantità che sarebbe indispensabile.

I LIMITI DI UNA FORZA-LAVORO CHE INESORABILMENTE INVECCHIA

Il Japan Institute for Labor Policy and Training, organismo governativo, ha svolto una simulazione per prevedere quale sarebbe stato nel prossimo futuro il quadro della forza-lavoro disponibile per la macchina produttiva e dei servizi giapponese. L'orizzonte è a breve, l'anno 2030, il che toglie di mezzo ogni effetto di politiche demografiche nataliste, attuali e future. Due gli scenari: il primo, proseguire alle condizioni attuali dei principali parametri economici e derivati (crescita bassa, partecipazione al lavoro invariata, ecc.); il secondo, applicare a fondo le indicazioni e i provvedimenti della Abenomics, in particolare la terza "freccia", quella dedicata alle riforme strutturali, che comprendono interventi sul mercato del lavoro; provvedimenti che peraltro sono in corso di attuazione. Significativo, ma per nulla sorprendente, il fatto che non compaiano, nel voluminoso e dettagliato "Report", i termini immigrazione o forza-lavoro immigrata, che pure sono una realtà significativa come presenza, seppur piccola, e nonostante tutto in crescita. Evidentemente è stato scelto di non far rientrare la variabile immigrati fra le ipotesi di lavoro.

Veniamo ai risultati. Il primo scenario (zero crescita) darebbe per il 2030 un calo di 800 mila unità della forza-lavoro, col grosso concentrato nella fascia centrale di età 30-59 (mezzo milione). Invece lo scenario Abenomics limiterebbe il calo a 230 mila, risultato di un meno 400 mila da 15 a 59 anni e di un aumento di 170 mila degli over 60. Fra i due scenari viene evidenziata la differenza di 570 mila a favore dell'Abenomics.

Da dove dovrebbe venire questo miglioramento, che sarebbe in realtà un minore peggioramento? La "Japan Revitalization Strategy", così viene definita, prevede rispetto a oggi dieci punti in più del tasso d'occupazione femminile e 6-10 maschile. Nella fascia cruciale di età, 20-64, il tasso generale è oggi intorno al 74% e si prevede di portarlo all'84%. Ci sarà un recupero? Non è difficile calcolarlo. Oggi in quella fascia sono 72 milioni, che caleranno (previsioni ONU) a 64 nel 2030; si passerebbe così da 53,2 a 53,7 milioni di occupati, praticamente invariati. Forse il fondo del barile, anche nelle previsioni, è già stato toccato.

Il Giappone alla ricerca dei lavoratori perduti (III) *

La presenza di stranieri in Giappone è limitata, ma non trascurabile, è in crescita ed è distribuita in modo assai poco uniforme. Dagli 1,7 milioni dell'anno 2000 è salita a 2,1 nel 2014 e a 2,4 nel 2016, pari all'1,9% della popolazione totale. La provenienza è largamente asiatica. È calata anche la storica quota sudcoreana, prevalente a inizio secolo ma non più oggi, a favore della presenza cinese (ormai uno straniero su tre), e di quella filippina e vietnamita.

In sintesi, nel 2016: 700 mila cinesi, 450 mila coreani, 250 mila filippini e 200 mila vietnamiti (raddoppiati in due anni). La presenza indiana, in lieve crescita, non arriva a 30 mila. Sono concentrati nelle cinque maggiori aree urbane, e per metà risiedono a Tokyo; in certi quartieri di questa città raggiungono la quota "europea" di uno su dieci.

Crescita insufficiente dei lavoratori stranieri

I lavoratori stranieri aumentano dal 2012, e sono arrivati a fine 2017 a 1,3 milioni. Occorre poi aggiungere gli illegali, stimati a 210 mila: si arriverebbe così a 1,5 milioni effettivi, il 2,3% dei 64,4 milioni di occupati. La recente crescita della popolazione straniera è dunque dovuta ai lavoratori, che in gran parte sono stati attirati dai settori a bassa professionalità; ma è significativa la crescita anche nel settore manifatturiero.

"Numero record di stranieri che lavorano in Giappone" titola la *Nikkei Asian Review* del 27 gennaio, riportando i dati e sottolineando il forte aumento, valutato +18% anno su anno. E commenta: «Il governo giapponese non fornisce visti per lavori non qualificati, benché molti di questi posti di lavoro restino scoperti nell'ambito della carenza di forza-lavoro. L'aumento del numero di stranieri in internato e studenti che lavorano in Giappone indica che queste persone coprono il vuoto».

---

* Giugno 2018.

Pareri a senso unico

Il FMI ("L'aiuto dall'estero è richiesto", 2015) osserva che una delle soluzioni è aumentare l'immigrazione, ma non quella *skilled* bensì quella *low skilled*, di cui c'è più bisogno, ad esempio nelle costruzioni.

The Asahi Shimbun (27 luglio 2017) sostiene che il milione di stranieri è diventato un'«invisibile presenza», ma si fa finta che non esistano. Il *Japan Times* del 12 aprile 2017 riporta ampiamente le tesi di Hidenori Sakanaka, già direttore del Tokyo Immigration Bureau e sostenitore della porta aperta: nel 2005 aveva proposto l'immigrazione di 10 milioni entro il 2050, ma nessuno era d'accordo con lui; adesso però l'atmosfera starebbe cambiando.

Il CSIS di Washington ("Aumentare la forza-lavoro giapponese con l'immigrazione", 15 dicembre 2016) riconosce l'effetto positivo del maggior numero di donne al lavoro, ma non basta: occorre l'immigrazione, perché la scelta non è fra queste due opzioni, ma vanno esercitate entrambe, e Abe dovrebbe avere una strategia dell'immigrazione, che non ha. "East Asia Forum" (7 giugno 2016) rilancia la vecchia stima dell'ONU, Population Division, secondo la quale per mantenere costante la popolazione totale del Giappone a 127 milioni nel 2050 occorrerebbe un'immigrazione di 17 milioni e, per mantenere costante quella in età di lavoro 15-64, di ben 32 milioni; ma «il paese semplicemente non è pronto ad accettare l'immigrazione come una soluzione al problema della popolazione».

L'agenzia cinese "Xinhua" (26 febbraio 2016), dando la notizia che il governo ha l'obiettivo di cento milioni di *popolazione attiva* e di riportare la fecondità a 1,8 figli per donna, osserva che ciò, «sulla base dei più recenti censimenti e simulazioni dei prossimi decenni, è di fatto numericamente impossibile». I cinesi di queste cose se ne intendono, e dovranno intendersene presto ancora di più.

"Una cultura, una civilizzazione, una razza"

Per quale motivo il Giappone, rispetto alle altre metropoli imperialiste, ha cumulato un così evidente ritardo nel ricorrere alla manodopera immigrata, nonostante la demografia, l'economia e anche le associazioni industriali la richiedessero?

Certo le isole giapponesi non hanno avuto esigenza d'immigrazione di massa sino agli anni '80 del secolo scorso, anche grazie al secondo *baby boom*, che però si è esaurito con grandissima rapidità.

C'è però qualcosa di più profondo, radicato nella storia e nel "fattore morale" nipponico, nella sua tradizione nazionale, che secondo l'ex premier e attuale ministro delle Finanze Taro Aso si sintetizza nel motto «una cultura, una civilizzazione, una razza». Secondo David Green, docente alla Nagoya University, per capire occorre rifarsi alla particolarità del contesto giapponese, la cui società ha una forte percezione dell'omogeneità etnica e culturale, da cui una clamorosa impopolarità dell'immigrazione.

La cosa ha lasciato la sua impronta anche nella storia più recente. Ad esempio, a differenza dell'esperienza post-coloniale in Francia e in Gran Bretagna, gli *zainichi*, popolazione delle ex colonie, in Giappone non hanno la cittadinanza, vigendo lo *ius sanguinis* e non lo *ius soli*. La legislazione sull'immigrazione del secondo dopoguerra è tendenzialmente restrittiva; la concessione di nazionalità è irrisoria (mille all'anno). Una porta è stata aperta per il ritorno dei *nikkeijin*, i giapponesi emigrati di ritorno, ma si tratta di cifre piccole.

Come si capirà la questione di una percezione popolare centrata su «razza» e «cultura» come un tutto armonico è questione scivolosa e controversa; tolti i giochi d'ombre e le raffinate sfumature giapponesi, si pensi al *nativismo* oggi cavalcato da Donald Trump negli USA, alle insorgenze elettorali cavalcate in Europa dalle correnti sovraniste contro i migranti, per non parlare dei trascorsi *sangue e suolo* e *völkisch* delle ideologie tedesche.

Facciamo una constatazione: dietro ai paraventi dell'ideologia nazionale dell'«armonia», anche il Giappone si sta incamminando sulla via delle altre metropoli dell'imperialismo; poiché la malattia senile dell'inverno demografico qui è più avanzata che altrove, è facile prevedere un'accelerazione.

La via stretta degli accordi di formazione

Una delle strade che sono state seguite per importare lavoratori è stata quella di costruire dei più o meno veritieri programmi di formazione per studenti stranieri. Essi in parallelo allo studio possono lavorare, ma di fatto sono lavoratori immigrati in tutto e per tutto. Vengono chiamati «immigrati che entrano dalla porta di servizio».

Ha avuto risonanza l'accordo fatto con l'India nell'ottobre scorso, che rappresenta un salto di qualità. Innanzitutto numerico: 100 mila giovani indiani in tre anni verranno in Giappone, dove saranno impegnati in formazione tecnica pagata da Tokyo. Di questi, la metà potrà poi fermarsi a lavorare alla fine del periodo. La cifra è limitata rispetto alle esigenze, ma accordi di questo tipo possono succedersi e sovrapporsi nel tempo, con vantaggio di entrambi: l'India, che si trova al ritorno una forza-lavoro con livello di formazione avanzato, e il Giappone, che in cambio ne trattiene una parte per colmare i propri vuoti di forza-lavoro giovanile. Il problema, per la metropoli nipponica, è che ne servirebbero molti di più, e non necessariamente tutti *skilled* come l'India vorrebbe esportare.

Va in questa direzione la riforma dei permessi di lavoro annunciata a inizio giugno dal governo Abe, che intende facilitare l'ingresso di 500 mila immigrati in cinque settori con gravi carenze di forza-lavoro, tra cui agricoltura, costruzioni e sanità. Si può stare certi: anche il particolare *filisteismo insulare* nipponico sarà sfidato dalla collisione storica dell'immigrazione. La *legge della popolazione della maturità imperialista* è inesorabile.

L'INDIA, POTENZIALE SERBATOIO ASIATICO DI FORZA-LAVORO QUALIFICATA

Il continente africano ha oggi una popolazione di 1,26 miliardi, che si prevede salirà nel 2030 a 1,7. L'India tocca oggi 1,34 miliardi, che saliranno a 1,5 fra dodici anni. In entrambi i casi, sono popolazioni molto giovani: nel continente africano oggi 640 milioni hanno meno di vent'anni, saranno 800 milioni nel 2030; nel subcontinente indiano, un poco invecchiato e all'inizio del restringimento nella zona bassa della piramide delle età, i giovani corrispondenti sono 497 milioni oggi e diventeranno 475. Due potenziali enormi serbatoi di forza-lavoro a disposizione per la crescita interna, ma anche per quella di paesi non africani e non indiani.

Il serbatoio africano è diventato di fatto per l'invecchiata e vicina Europa una riserva di popolazione per cercare di lenire le sempre più profonde ferite dell'inverno demografico, perché lo sviluppo interno africano non utilizza che in parte la grande disponibilità di giovani, messi in moto dallo sviluppo e dalla disgregazione contadina; il resto circola all'interno e in parte tracima, arrivando in Europa. L'India, pur con le profondissime differenze che derivano dal fatto che si tratta di uno Stato unitario in forte sviluppo che sta scalando rapidamente le gerarchie nel rango delle potenze mondiali, con la sua crescita prolungata e vicina alla doppia cifra ha ben maggiore possibilità di utilizzare all'interno parte della forza-lavoro che si rende disponibile, che peraltro ha caratteristiche molto diverse da quella africana.

Potrà l'India svolgere una funzione in qualche misura analoga in Asia? Sì, e in maniera massiccia: lo affermò tre anni fa il primo ministro Narendra Modi. Come riporta *The Hindu* del 16 luglio 2015, «l'India ha il potenziale per fornire una forza-lavoro di 40-50 milioni al mondo, se le abilità dei contadini saranno perfezionate», ossia – interpretiamo – se aumenterà la produttività agricola e conseguentemente la disgregazione contadina. E ancora: «Se la Cina è riconosciuta come la fabbrica manifatturiera del mondo, l'India può diventare la capitale delle risorse umane del mondo». L'indirizzo è verso le nazioni sviluppate che hanno ricchezza ma non risorse umane, e l'India può essere «il solo paese» che può provvedere.

L'orizzonte è decennale, quindi 4-5 milioni sarebbero disponibili ogni anno. Una cifra molto grande, però ribadita più volte dal premier indiano. Nel contempo è stato varato "Skilling India", un piano di formazione della giovane forza-lavoro a vari livelli. Il messaggio di Modi ai giovani che lo intraprendono è chiarissimo: «Milioni e milioni di giovani indiani [...] dovrebbero acquisire le professionalità che possono contribuire a fare dell'India un paese moderno. In qualsiasi paese del mondo vadano, le loro professionalità devono essere apprezzate». Un anno dopo, un piano di esportazione del surplus di forza-lavoro è stato varato. Il ministro preposto alla formazione ha affermato che «l'India sta cercando di mettere in atto un sistema formalizzato di mobilità della propria forza-lavoro qualificata verso paesi dove ce n'è la necessità», indirizzandola in base alle necessità dei paesi di destinazione, in Asia ma anche in Europa. Il Giappone, ricco ma con carenza di risorse umane, è certamente il primo della lista.

Cina: un risultato atteso *

"Non bisogna farsi prendere dal panico": così il *Global Times* titola l'editoriale di commento ai primi dati del censimento 2020, resi noti dal National Bureau of Statistics l'11 maggio, con alcuni mesi di ritardo. Notiamo subito una coincidenza: anche i risultati del census statunitense, attesi per il 31 dicembre 2020, sono stati resi noti in ritardo, a fine aprile. La seconda e la prima potenza mondiale si sono contate quasi in perfetta contemporaneità, ed entrambe hanno ritardato la comunicazione ufficiale dei risultati.

Un decennio di espansione

Da cosa deriverebbe il possibile panico evocato dal *Global Times*? Dai primi dati non emerge in effetti nessuna particolare sorpresa, perché il rallentamento della crescita della popolazione era un dato atteso, che proseguiva una tendenza in corso da decenni nell'ambito della vigorosa crescita economica dell'imperialismo cinese. Ma un conto sono le stime, le proiezioni, le valutazioni, i dati di una città o di una regione; altro conto un numero preciso, destinato a essere stampato sulle prime pagine dei giornali cinesi e stranieri, risultato di un atteso censimento decennale che, realizzato mobilitando sette milioni di "contatori", ha coinvolto l'intero paese sotto lo slogan "Censimento: ognuno è importante".

Del resto la Banca centrale cinese, in un report di marzo da molte parti ripreso, era stata esplicita: la struttura della popolazione è cambiata da piramide a rettangolo, la transizione è sempre più veloce, i problemi dell'invecchiamento e di una fecondità sotto il rimpiazzo sono sempre più gravi. «La Cina deve prendere atto che la situazione demografica è cambiata [...] per raggiungere gli obiettivi di lungo

* Maggio 2021.

termine del 2035, deve liberalizzare e incoraggiare le nascite, ed eliminare con ogni mezzo le difficoltà che le donne incontrano durante la gravidanza, la crescita del bambino, l'asilo e la scuola». Parole autorevoli e chiare, ma non certo inedite: viene in mente ad esempio un analogo, pesante intervento "demografico" del governatore della Banca centrale del Giappone, nove anni fa. Adesso quel genere di problemi tocca ai banchieri cinesi denunciarli.

Inoltre erano stati resi noti già in febbraio dati ufficiali, ma parziali e provvisori, che mostravano un vero e proprio crollo delle nascite nel paese dal 2019 al 2020: –15%, solo in parte attribuibili al Covid. E in molte grandi città già nel 2020 la crescita naturale era girata in negativo: Yangzhou, Wuxi, Fushun, Shenyang, anche per l'effetto di migrazioni interne, mentre a Beijing le nascite in tre anni (dal 2017 al 2020) sono crollate da 170 a 100 mila, col rischio di calo della popolazione già dal 2022.

I numeri essenziali

La popolazione nel 2020 è dunque, secondo il censimento, pari a 1,41 miliardi. Il rischio paventato di una discesa sotto 1,4 miliardi sarebbe stato sventato. Il confronto col 2010 (1,34 miliardi) è poco indicativo, anche se la crescita di 70 milioni in dieci anni è stata molto messa in evidenza: servirebbe infatti una precisazione sull'andamento negli ultimissimi anni per poter apprezzare il trend, logica conseguenza del crollo delle nascite e del presumibile aumento dei morti; però questi numeri non fanno parte dei risultati del censimento. L'ultimo dato della statistica ufficiale riguarda il 2018 (1,395 miliardi), ma i due numeri non sono confrontabili, anche per motivazioni tecniche oltre che politiche. Certamente il valore assoluto della popolazione totale ha un forte significato simbolico, ma non bisogna basarsi solo su questo per le valutazioni.

Sono rilevanti le modifiche nelle fasce d'età: mentre da zero a 14 anni la popolazione è lievemente cresciuta in assoluto e in peso percentuale (di questo si attribuirebbe il merito all'abbandono della politica del "figlio unico" nel 2015), forte è il calo della fascia 15-59, cruciale per la forza-lavoro, che perde ben sette punti percentuali e quasi

50 milioni in assoluto nel decennio. I sessantenni e oltre crescono di quasi 90 milioni. Queste sono le cifre che più preoccupano per la futura disponibilità di forza-lavoro, anche se andrebbero almeno precisate per regioni, e divise fra città e campagna, per quantificarne la dirompenza. Le campagne si sono ancora svuotate nel decennio, perdendo 164 milioni, mentre le città ne hanno acquisiti 236; ormai quasi i due terzi della popolazione sono *urbani*. Altri dati riguardano la fecondità (ferma a 1,3 figli/donna), il rapporto fra i generi (che mantiene invariato lo squilibrio, più maschi che femmine, derivante dalla pratica dell'aborto selettivo) e il livello dell'istruzione, fortemente cresciuto, con il raddoppio della quota dei laureati sulla popolazione.

Torniamo all'editoriale del *Global Times*. Vengono respinte le critiche alla politica del figlio unico come causa di tutto: occorre guardare al futuro e non al passato. Non deve esserci panico perché la forza-lavoro per adesso è sufficiente; ma si deve aprire la «cassetta degli attrezzi» delle politiche nataliste che hanno già utilizzato i paesi sviluppati. «La Cina è capace di farlo». «Dobbiamo avere fiducia». «La Cina è una potenza giovane e in ascesa, e questo non cambierà per lungo tempo a venire». Tutto ciò ha la veste di un commento ufficiale.

Conferme e un futuro già scritto

Il censimento conferma in pieno l'ingresso del sempre più forte imperialismo cinese nei trend demografici, e nei conseguenti problemi presenti e futuri, che caratterizzano in questa epoca storica tutti i paesi industrializzati. Non si scappa: sono certamente problemi da calare nelle realtà dei differenti paesi, ma che mantengono per tutti le medesime tendenze di fondo.

I dati dettagliati del censimento 2020 del Dragone forniranno gli elementi per un'analisi articolata e aggiornata della realtà demografica cinese. Constatiamo comunque che la Cina è passata in quarant'anni da una politica di forte limitazione delle nascite al suo opposto, alla politica natalista che sembra stia per essere introdotta. Un *unicum* nella storia delle popolazioni nel capitalismo della fase imperialistica.

UNA QUESTIONE DI RILIEVO POLITICO MONDIALE

Abbiamo raccolto alcuni commenti apparsi sulla stampa di vari paesi ai risultati del censimento cinese. Essi mettono in rilievo, in varie forme, accanto alle analisi demografiche, le questioni politiche e dei rapporti di forza internazionali fra le potenze che sono influenzati dal peso della popolazione.

In *Giappone*, l'*Asahi Shimbun* osserva che «i numeri significano che la Cina non ha raggiunto di poco l'obiettivo che si era posto nel 2016 di arrivare a 1,42 miliardi nel 2020». Il *Japan Times* sostiene che deve operare una svolta nel modello di crescita, che se avrà successo la farà diventare la più grande economia mondiale, altrimenti «la Cina non eclisserà mai gli USA»; inoltre la possibilità di un calo della popolazione «potrebbe avere forti implicazioni sulla crescita economica e le finanze del governo».

In *India*, il *Times of India* titola: "La Cina affronta una crisi che potrebbe arrestare la crescita della seconda economia mondiale"; inoltre potrebbe essere superata dall'India nei prossimi anni come paese più popoloso. *The Hindu* osserva che i dati non sono solo negativi: è aumentato il livello d'istruzione, calato l'analfabetismo, aumentata l'urbanizzazione.

In *Germania*, *Handelsblatt* titola: "La demografia cinese vicina al fallimento"; dà spazio ai dubbi sulla correttezza dei dati, riportando le tesi da più parti circolanti su una popolazione oggi pari a solo 1,28 miliardi, quindi già inferiore all'India.

In *Francia*, *Le Figaro* ha dedicato due pagine, qualche giorno prima della pubblicazione dei dati ufficiali, sotto il titolo "La potenza cinese resa fragile dal declino demografico"; nel testo si sostiene che la crisi sia ancora più profonda di quella anticipata, con pesanti implicazioni anche geopolitiche. *Le Monde* titola "Colpo di freno demografico in Cina" e pesantemente ironizza: «L'onore è salvo. Il Partito comunista cinese, che celebra il centenario, non ha dovuto annunciare un calo della popolazione».

Nel *Regno Unito* si è distinto, per la polemica, il *Financial Times*. Un paio di settimane prima della pubblicazione dei dati ufficiali, un articolo in prima pagina, illustrato con diagrammi e foto, annunciava che «il censimento mostra il primo calo in 60 anni», dando un valore inferiore a 1,4 miliardi, il dato del 2019; il ritardo dell'Ufficio statistico era attribuito al fatto che il governo deve dare il consenso e al forte impatto che ne può derivare. Su *Global Times* arriva subito una sdegnata replica («Il titolo del *Financial Times* era sbagliato»); peraltro i dati ufficiali hanno poi smentito il quotidiano della City. Che controreplica, correggendosi («la popolazione cinese cresce al ritmo più basso degli ultimi decenni»), ma sostenendo che il dato è stato rivisto. Una settimana dopo, ribadisce che il dato viene reso pubblico solo quando c'è il consenso del governo e sostiene che i dati sulla popolazione della fascia 0-14 anni (fornita in lieve crescita) sarebbero incoerenti con altri dati ufficiali, evidenziando una differenza di 16 milioni. Infine fa eco alla preoccupazione («*concern*») che le scelte politiche del governo si basino su dati non accurati. *The Economist*, anch'esso in anticipo, si domanda: «La popolazione della Cina sta diminuendo?»; scrive che, comunque sia, è un problema per il partito. Interessante l'osservazione che «i cinesi si sono abituati all'idea di una famiglia piccola». Poi, a posteriori, evidenzia gli aspetti che stanno facendo della Cina un'economia più forte: raddoppio dei laureati, «sensazionale» aumento della professionalità della forza-lavoro, continuazione delle migrazioni interne verso le zone in crescita, ulteriore aumento dell'urbanizzazione. Fuori dalla Cina si fa attenzione al calo o non calo della popolazione. All'interno invece si discute del crescente margine fra gli aspetti positivi e quelli negativi.

In *Italia*, il *Corriere della Sera* segue a ruota il *Financial Times* titolando "Retromarcia cinese: cala la popolazione". *Il Sole-24 Ore* è sulla stessa strada: "In calo per la prima volta dal 1949 la popolazione cinese", dimenticando però il disastro demografico dei primi anni '60. Entrambi gli interventi sono antecedenti al rilascio dei dati ufficiali; non risultano successive rettifiche.

Negli *USA*, il *Wall Street Journal* titola "Il tallone d'Achille di Xi Jinping" e pubblica vari articoli. Rileva che non sono chiari gli effetti della pandemia. Sul rapporto con gli USA: «Ci si attende ancora che la Cina superi gli USA come più grande economia al mondo, ma alcuni economisti avvertono che può non essere in grado di tenere la posizione se il numero di lavoratori diminuirà. A differenza degli USA, la Cina non può contare sugli immigrati per rimpolpare la forza-lavoro». «Cosa succederà se l'Impero di Mezzo non avrà giovani a sufficienza?». «Xi [...] può ritenere che gli USA siano in declino. Ma può imparare che il più grande ostacolo alla sua ambizione di sostituire gli USA come leader globale non viene da fuori». E ancora sull'immigrazione: «Dare il benvenuto a giovani immigrati stranieri potrebbe creare un "pool" di forza-lavoro e una fresca spinta alla crescita. Ma la Cina resiste all'immigrazione. [...] Senza modifiche importanti, potrebbe essere troppo tardi per fare qualcosa di più che lenire il dolore».

STATI UNITI

Il censimento USA del 2020 *

Il 26 aprile scorso lo US Census Bureau ha comunicato, con quasi quattro mesi di ritardo rispetto alla data canonica del 31 dicembre, i primi risultati del 24° censimento. Il ministro del Commercio Gina Raimondo (dal quale il Bureau dipende) ha dichiarato che «gli americani meritano un grande ringraziamento per la schiacciante risposta che hanno dato al census 2020». E ancora: «Nonostante molte difficoltà, la nostra nazione ha completato il census per la 24ª volta».

Anche in USA la crescita rallenta

Il dato meno atteso del censimento 2020 è stato certamente il totale della popolazione residente, risultata pari a 331,5 milioni, contro i 308,8 del 2010: +22,7 milioni, +7,4% (+0,7% annuo). Una crescita fra le più basse nella storia americana, ma data ampiamente per scontata perché gli USA partecipano pienamente, pur con specifiche particolarità, all'inverno demografico. Come ha sottolineato subito il *Washington Post*, la differenza fra il dato del Census e le previsioni del Bureau è stata solo di +0,6%, un paio di milioni; nel 2010 era stata ancora più bassa, +0,1%. Osserviamo peraltro che è dall'analisi dei trend annuali, specie quelli più recenti, e non dai confronti decennali, che emerge la declinazione americana dell'inverno demografico.

Ben più atteso, come sempre, era invece il dato della distribuzione della popolazione fra gli Stati; e qui qualche sorpresa c'è stata. Alcuni (New York, New Jersey, Alabama) hanno avuto circa il 4% in più di quanto si prevedeva; altri (Arizona, District of Columbia, sede della capitale Washington) il 3-4% in meno. In sintesi, solo 30 Stati su 50

* Gennaio 2022.

hanno avuto una differenza con le previsioni sotto l'1%, nei restanti 20 ci sono state sorprese più o meno forti, in più o in meno.

Queste sorprese intervengono sulla più attesa conseguenza di ogni census: la ripartizione fra gli Stati dei seggi alla Camera e dei 1.500 miliardi di dollari di fondi federali di ogni tipo, che dipendono entrambi direttamente dalla popolazione degli Stati, quella "certificata" dai decennali census federali, condotti cioè dal governo centrale, non quella vantata dagli Stati stessi. Il complesso meccanismo dell'*apportionment* decide, ogni dieci anni, come vanno ripartiti fra i 50 Stati i 385 seggi (435 meno 50, perché ogni Stato ha diritto a 1 seggio indipendentemente dalla popolazione). Il concetto di base della Costituzione approvata nel 1788 – le imposte centrali e la ripartizione fra gli Stati dei seggi alla Camera dipendono dalla popolazione residente e non da altri parametri, come la ricchezza prodotta o l'estensione del territorio dello Stato – si traduce nel fatto che è il governo federale a farsi carico della conta. E quindi è il governo federale che, allo scopo, manda i suoi funzionari (i *marshal*) a bussare alla porta di tutte le abitazioni. Questo concetto, nella sua essenza, è rimasto invariato in quasi due secoli e mezzo di storia americana.

L'"apportionment" del 2020

La ripartizione del 2020 ha riservato sorprese, ma ha confermato tendenze. Il Texas ha guadagnato due seggi; Colorado, Florida, Montana, North Carolina e Oregon ne hanno guadagnato uno. Invece ne hanno perso uno California, Illinois, Michigan, New York, Ohio, Pennsylvania e West Virginia. Per i restanti 37 Stati, nessuna variazione del numero di seggi alla Camera.

Ha fatto specie la perdita di un seggio della California, che a causa del continuo incremento di popolazione aveva avuto una rappresentanza costantemente in aumento nel secolo scorso: dagli 11 seggi del 1920 era salita ai 53 del 2000, rimasti invariati nel 2010, ma ora scesi a 52, perché la crescita è molto rallentata. Il Texas, anch'esso in crescita continua dai 18 del 1920 ai 38 del 2020, se ne aspettava tre, e non due, in più.

La tendenza generale, schematizzando, riflette il trend di lungo periodo della crescita orientata verso l'Ovest e il Sud, confermata anche dai primi dati del census 2020. Ma la "partita a somma zero", come è stato definito il meccanismo dell'*apportionment*, ha mostrato alcuni aspetti particolari e specifici, che si sono poi riflessi anche nelle dichiarazioni del ministro e del dirigente del Census. Occorre, per apprezzarle, ripercorrere alcuni eventi degli ultimi due-tre anni che hanno preceduto questo census.

Il mancato conteggio della cittadinanza

Gli eventi preparatori, che hanno interessato gli anni 2018-19, sono stati dominati dalla richiesta dell'amministrazione repubblicana (Trump) di inserire nel questionario la domanda sulla cittadinanza; domanda che c'era nel lontano passato, fu rimossa nel 1950 e mai più reintrodotta. Il procedimento che porta a definire le domande nel questionario è complesso, passa attraverso il vaglio di appositi organismi e richiede l'approvazione delle Camere.

L'opposizione a questa richiesta, che avrebbe portato a una fotografia e a una quantificazione ufficiale, col timbro federale, delle nazionalità residenti nel paese, e che l'amministrazione avrebbe voluto utilizzare per affinare le strategie politiche ed elettorali per le presidenziali 2020, è stata forte. In alcuni Stati, dove gli immigrati pesano molto sulla popolazione, è sorta una forte preoccupazione per il fatto che non solo quote di minoranze illegali, ma anche di quelle legali con cittadinanza non USA avrebbero cercato di non farsi contare, facendo così diminuire il numero della popolazione censita dello Stato. Per gli immigrati illegali è sempre stata forte la paura che l'esser contati possa avere conseguenze sulla permanenza nel paese. Si aggiunga la storica tendenza delle minoranze a sottrarsi ai controlli federali, e quindi anche al conteggio.

La questione, dopo un forte scontro politico in sede parlamentare, a forza di ricorsi è finita davanti alla Corte suprema, che ha sentenziato ad aprile 2019 rigettando l'introduzione della domanda, ma per un vizio di forma e non per questioni di merito. Secondo valutazioni di Andrew Whitby (*The sum of the people*, 2020), se la domanda fosse stata introdotta, il tasso di non censiti sarebbe potuto salire fino all'8% fra i *non citizen* (e al 2,2% in media).

Alcuni numeri essenziali danno la dimensione alla questione. Su 330 milioni di residenti, 308 sono i *citizen*, 12 milioni (quasi il 4%) i *non citizen* che risiedono legalmente, e 10 (3%) i *non citizen* irregolari, cioè non in regola con le leggi sull'immigrazione. Sono poi 45 milioni i *foreign born*, i nati all'estero, che in USA è in pratica sinonimo di immigrato, anche se nel frattempo hanno acquisito la cittadinanza. La distribuzione, com'è noto, è quanto mai ineguale: in California, Texas e in generale negli Stati del Sud-Ovest la concentrazione di queste categorie è nettamente più alta della media.

C'è stato poi il tentativo, anch'esso non andato a buon fine, di escludere il numero degli immigrati non regolari dal computo per i calcoli dell'*apportionment*, ossia della ripartizione dei seggi alla Camera.

"Undercount"

È riemersa così l'eterna questione dell'*undercount*, del fatto cioè che una parte della popolazione residente non viene contata, un *vulnus* permanente dei censimenti americani, e non solo. Negli USA si stima che ancora oggi possa pesare per diversi punti percentuali. Ciò ha almeno due cause. La prima: non tutti i residenti vengono raggiunti dai questionari, nei vari modi (colloquio diretto, per mail, per posta, ecc.), ed è una questione tecnica, ma anche politica, perché risulta che non tutti vengano "cercati" con lo stesso impegno. La seconda: ci sono residenti che esplicitamente non vogliono farsi contare, ed è una questione eminentemente politico-sociale.

Il peso dell'*undercount* è stato variamente stimato, e dipende da molti fattori, in particolare dalla "razza", dall'etnia, dallo status d'immigrato, dall'essere o meno cittadino statunitense. È difficilmente quantificabile il peso degli immigrati non regolari che tendono a "nascondersi", facendo però in questo modo perdere peso, cioè seggi e fondi federali, allo Stato nel quale risiedono. C'è quindi, in occasione dei censimenti, un'azione da parte dei governi dei singoli Stati a favore della partecipazione, cioè farsi contare. Forti somme, dell'ordine dei milioni di dollari, vengono spese in alcuni Stati per promuoverla.

Quando vengono resi noti i risultati dell'*apportionment*, i giornali pubblicano i conti precisi. Alcuni esempi. È emerso che lo Stato di

New York il seggio alla Camera lo ha perso per sole 89 persone; che il Texas, se ne fossero state contate 190.000 in più, avrebbe guadagnato non due ma tre seggi; che la California ha perso un seggio nonostante l'investimento pubblicitario di quasi 200 milioni per sollecitare i residenti a farsi contare; e molti altri ancora. Nel 2010 furono fatti anche spot al *Super Bowl*, la partecipatissima finale di football che si svolge un paio di mesi prima del census.

Un commento, indicativo del clima, è quello del *Dallas Morning News* (27 aprile): «Il Texas ha guadagnato solo due seggi [...] è stato il grande vincitore nazionale, ma sono cadute le attese che la forte crescita [di popolazione] nel decennio avrebbe portato ad almeno tre seggi. [...] Il Pew Research Center aveva previsto in luglio [2020] che il Texas avrebbe avuto tre seggi [in più] se gli immigrati illegali fossero stati inclusi nel conteggio, due altrimenti. [...] In Texas [gli illegali] sono 1,7 milioni, uno ogni 20 residenti».

Pandemia e dimissioni

La complessa macchina del censimento per il 2020 avrà un costo stimato di 16 miliardi di dollari, cioè 48 dollari per persona contata, raddoppiato in vent'anni: «Il census americano è eccezionalmente costoso perché la posta politica in gioco è così alta» (A. Whitby, op. cit.). Nel 2020 questa macchina ha dovuto scontrarsi con la pandemia. È stato quindi deciso che la data canonica del 31 dicembre per comunicare i primi numeri e i risultati del nuovo *apportionment* sarebbe slittata di qualche mese. Successivamente la data canonica è stata ripristinata, però non è stata rispettata. Il *Financial Times*, commentando a caldo la notizia il 9 gennaio 2021, ha osservato che lo slittamento non è di per sé un fatto drammatico, però segnala problemi più grossi; e aggiunge che sotto l'amministrazione Trump il censimento è stato molto politicizzato.

Il quotidiano della City aggiunge il sospetto che le minoranze (cioè gli ispanici, gli asiatici, ma probabilmente anche i neri) abbiano poco partecipato, cioè si siano fatti poco contare, e quindi che alla fine le loro cifre potessero essere sottostimate; che vi siano state irregolarità nei conteggi nelle prigioni, nei dormitori, ecc.; che molte correzioni ai dati dovessero essere introdotte; e che sia mancata la fiducia nei lavori del Bureau a causa della eccessiva politicizzazione. Una settimana dopo, quasi a conferma, arrivano le dimissioni del direttore del Bureau, effetto delle accuse di aver fornito all'amministrazione Trump, in maniera non autorizzata, anticipazioni sui dati raccolti. Del resto, le nomine a questa carica sono sempre state decise dai governi.

Il 2 febbraio il direttore pro tempore del Bureau giustifica il ritardo con nuovi problemi emersi nell'analisi dei dati e nel controllo della loro qualità, aggiornando la data alla fine di aprile. Alla luce di questi fatti, si comprendono meglio le dichiarazioni che hanno accompagnato i primi risultati, il 26 aprile.

Commenta Whitby: «I census hanno conseguenze nella distribuzione dei poteri, e quindi attirano l'attenzione della politica». E infatti lo scontro politico sul census percorre tutta la storia americana.

Il census USA dal 1790 a oggi *

I moderni censimenti hanno scandito regolarmente, da più di due secoli, la vita degli Stati, man mano che vi si sono affermati i rapporti capitalistici di produzione. Gli USA, che non hanno conosciuto il feudalesimo, presentano una particolarità: il censimento a frequenza fissa è prescritto dalla Costituzione, non in posizione secondaria, ma al secondo paragrafo del primo articolo. E sono certamente il più grande paese in cui il censimento, cioè il conteggio periodico della popolazione, la "fotografia" di chi vi risiede in un dato momento, è tutto meno che un fatto puramente tecnico.

Ciò è vero anche altrove, ma nello Stato federale del Nord America questo fatto è particolarmente evidente. «Il census è una cruciale pietra miliare per la storia americana», afferma Margo Anderson (*The american census: a social history*, 2015).

Il compromesso dei tre quinti

Nella bilancia fra poteri federali e degli Stati espressa nella Costituzione degli USA, il conteggio della popolazione ha avuto un ruolo determinante. È stato deciso che in base a essa, e non ad altri parametri, sarebbero stati ripartiti le imposte federali e il numero di seggi di rappresentanza alla Camera. Quindi: più popolazione, più seggi, ma anche più imposte federali (in seguito, anche più fondi federali). Il computo della popolazione è stato demandato al governo federale, con un apposito ufficio che rispondeva direttamente al presidente.

Il famoso *compromesso dei tre quinti*, in base al quale gli schiavi pesavano per il 60% ai fini della ripartizione dei seggi fra gli Stati, fu il risultato del confronto fra gli Stati del Nord e del Sud: i primi, con pochissimi schiavi e per lo più abolizionisti, volevano che costoro non venissero contati, perché ciò avrebbe favorito il più popolato Sud; gli

* Marzo 2022.

altri, schiavisti e con maggioranza di popolazione composta da schiavi, tipicamente impiegati nell'agricoltura e nelle piantagioni di cotone, volevano invece che pesassero per intero.

La Costituzione entrò in vigore nel 1789 e il primo census decennale fu fatto nel 1790. Ci volle più di un anno di lavoro: il report ufficiale di 56 pagine certificava 3,9 milioni di residenti (dei quali 700 mila schiavi). Partiva intanto la battaglia sulle regole per dividere i seggi, l'*apportionment*: un confronto che sarà una costante da allora in avanti, anche quando il numero dei seggi alla Camera, che aumentava ogni decennio con la crescita della popolazione per mantenere abbastanza uniforme il rapporto seggi/popolazione, fu fissato nel 1902 a 435.

Le tappe fondamentali

Una prima tappa è quella del 1840: in mezzo secolo la popolazione censita era cresciuta da 3,9 a 17,1 milioni, in larga parte grazie alla forte immigrazione dall'Europa e alla tratta degli schiavi dall'Africa nera. Si era affinata la battaglia fra i partiti per la definizione dei confini dei collegi elettorali, demandata ai singoli Stati, che li utilizzano per le elezioni statali. Nel Massachusetts il governatore Elbridge Gerry s'era accorto che ritagliandoli opportunamente si potevano avere vantaggi sul numero degli eletti per il suo partito; nacque così il *gerrymandering*, la battaglia per la definizione dei collegi, che due secoli dopo è ancora attuale.

A metà '800 le dimensioni assunte dal lavoro di censimento richiesero un approccio sempre più scientifico. Inizia a svilupparsi la statistica demografica, e anche elettorale. Si potenziano gli uffici centrali, mentre la scienza statistica si diffonde, anche in Europa; il Primo congresso internazionale di statistica è del 1853, a Bruxelles, con 26 paesi presenti. Inizia la compilazione di mappe demografiche; si estende l'analisi anche ad aspetti diversi dal solo conteggio della popolazione. I volumi coi risultati dei censimenti circolano sempre più; li utilizza sicuramente Marx per gli articoli sull'America scritti per *Die Presse* nel 1861.

La guerra di secessione (1861-65) richiede un uso militare delle statistiche, e anche in questa direzione viene orientato il lavoro. Con le necessità della ricostruzione si forma una nuova generazione di statistici e di politici in grado di padroneggiare e utilizzare le statistiche. La decadenza della clausola dei tre quinti porta a un aumento del peso (15 seggi alla Camera in più) degli Stati del Sud.

Gli ultimi anni del secolo, sullo sfondo dell'industrializzazione, dell'urbanizzazione e della fine della *frontiera*, vedono un cambiamento nell'approccio ai fenomeni demografici; inizia l'era delle *social statistics*, che vengono coltivate nelle università. Scrive Anderson che «in questi anni gli scopi del census cambiarono: pur restando ancora un meccanismo per l'*apportionment*, divenne anche un inedito strumento per monitorare lo stato generale della società americana». Aumenta il peso politico del Bureau of Census, ma ci vorranno anni perché l'ufficio diventi una struttura permanente.

Il 1880 rappresenta un'altra svolta, perché con il conteggio di quell'anno (50,2 milioni, report ufficiale in 23 volumi) si raggiunge un limite nel metodo di elaborazione dei dati, tutto ancora manuale. Si rendono indispensabili progressi tecnici per la lavorazione della gigantesca massa di dati raccolti, e così Herman Hollerith introduce la sua macchina che funziona con le schede perforate e riduce drasticamente i tempi di elaborazione. Sarà un successo internazionale e verrà utilizzata anche per applicazioni industriali di vario tipo. Da lì nascerà l'IBM.

Pure i contenuti del censimento evolvono. In particolare, viene rilevata la "razza", con metodi oggetto di forte scontro, anche perché a deciderla (inizialmente solo *black, coloured, white*) è lo stesso *enumerator*, il funzionario federale che compila la scheda. I contenuti delle domande variano ogni decennio, risultato di tendenze e richieste contrastanti; ciò rende complessi i raccordi di alcune serie storiche.

Altra tappa il 1920: la forte immigrazione aveva portato nel decennio a polarizzazioni nel Far West, nel Northeast e nel Midwest; ma, soprattutto, la maggioranza della popolazione risultava vivere nelle aree urbane. Il rischio che l'*apportionment* conseguente sconvolgesse gli equilibri politici era forte; e infatti, unica volta finora nella storia, non verrà fatto e sarà rimandato al 1930.

Gli eventi successivi – crisi del 1929, Seconda guerra mondiale – vedono il Bureau of Census sempre più al servizio delle esigenze economiche (welfare) e belliche. C'è scontro sulla quantificazione dei disoccupati, dal cui numero dipendono gli interventi di welfare del governo, e sulla valutazione degli effetti ottenuti. Scoppiata la guerra, nonostante l'impegno solenne alla segretezza dei dati, gli archivi del Census vengono utilizzati per individuare i cittadini americani di origine asiatica e segnatamente giapponese, che furono internati.

Il Bureau nel dopoguerra

Il secondo dopoguerra vede il Bureau of Census in posizione preminente fra i molti altri uffici governativi dedicati all'elaborazione statistica, per rispondere alle crescenti esigenze del mercato oltre che della politica. Nel 1951 viene consegnato al Bureau il computer UNIVAC, che per la prima volta verrà utilizzato per scopi non militari.

Nel 1947 inizia a uscire il mensile *Current population survey*, edito dal Bureau. Il 1960 segna l'inizio della possibilità di *self-enumeration*, ossia della compilazione del modulo da parte del soggetto censito, poi spedita per posta o consegnata a mano. Non sarà più solo l'*enumerator* (molto spesso un *white*) ad assegnare la "razza" o l'etnia al soggetto censito, e ciò lascerà spazio a una molteplicità di problemi nella valutazione quantitativa delle razze e delle etnie, proprio quando alla minoranza dei neri e dei *coloured* iniziava ad affiancarsi quella che diventerà preponderante, i *latinos* dell'America Centro-Sud, e a seguire gli asiatici.

A fine secolo si esaspera l'annoso problema dell'*undercount*, spinto anche dalla difficoltà di conteggio, ad esempio dei sempre più numerosi immigrati, in parte illegali, che non vogliono farsi contare. Si pone il problema di adottare le indagini a campione e le stime, che potrebbero compensare questi vuoti; ma il terreno evidentemente è minato: i democratici sono favorevoli, perché ricevono voti da quei settori di popolazione, i repubblicani sono contrari. Il ministro competente decide di non usarle. In realtà il concetto base, storico, del census è proprio fondato sul funzionario federale che si presenta a casa di ogni cittadino e fa la conta, garantendo l'anonimato; non quello di elaborare le stime.

Nel XXI secolo viene introdotto uno strumento parallelo ma distinto dal Bureau, l'ACS (American Community Survey), incaricato proprio di operare quella misurazione continua dei dati demografici che è la tendenza alla quale, prima o poi, tutti i paesi arriveranno, o sono già arrivati, eliminando i censimenti. Al momento questa soluzione non è di attualità: la Costituzione prevede i censimenti; e poi il census, l'*apportionment*, il *gerrymandering* e tutte le relative battaglie sono profondamente radicati nella storia degli USA federali.

La "demographic industry"

Che il modo di produzione capitalistico, e le imprese che ne sono il motore abbiano la necessità di disporre di numeri precisi sui fattori dell'economia è nella logica delle cose. Non può sorprendere quindi che già dagli anni '30 del secolo scorso sia nata in USA una vera e propria *demographic industry*, un'industria demografica con lo scopo di svolgere un servizio alle imprese, realizzando proiezioni e previsioni demografiche, studi, analisi e così via. La *demographic industry* produce, in fondo, anche i numeri che servono per le indagini di mercato, per il lavoro dei *persuasori occulti* che Arrigo Cervetto analizza nel 1954 proprio in riferimento agli USA ("Psicologia come scienza degli affari", *Opere*, vol. 2).

Il problema si era posto esplicitamente fin dalla metà del secolo XIX, in particolare con la guerra di secessione: conoscere i numeri e le età della popolazione maschile è la premessa per poter decidere dove e quanti soldati si possono reclutare. Nel 1902, proprio per l'importanza crescente che aveva via via assunto la produzione di statistiche, il Bureau of Census diventò un'Agenzia federale permanente, e passò sotto l'egida del dipartimento del Commercio, cioè con un più diretto legame col mondo del *business*. Cresceva dal mondo degli affari l'esigenza di avere a disposizione elaborazioni statistiche sull'economia, non solo quelle demografiche. Nel 1909 a capo del Bureau venne messo un professore universitario di statistica, non più un generico funzionario come era sempre stato. La forza del Bureau rimaneva però soprattutto quella di produrre una grande massa di dati, con l'etichetta e il timbro federale, più che trarne analisi specifiche.

Oggi sono numerosi i *think tank* che in USA fanno un lavoro di elaborazione sui dati prodotti dal Census: ricordiamone solo tre fra i principali, tutti con sede nella capitale. La Brookings Institution si occupa ad ampio spettro di economia, politica internazionale, migrazioni, demografia e altro ancora, con un budget annuale sui 500 milioni di dollari. Il PRB (Population Reference Bureau), centrato sulla popolazione, con orizzonte di studio rivolto a tutto il mondo e non solo agli USA, ha un bilancio annuo di 14 milioni. Il Pew Research Center, dal cognome del magnate della Sun Oil Company che lo fondò nel secondo dopoguerra, fa parte della ONG Pew Charitable Trusts, con bilancio annuo, complessivo di tutte le attività, intorno ai 340 milioni.

Come afferma Anderson, «il censimento americano della popolazione è allo stesso tempo un elemento fondamentale del sistema politico e la più importante base statistica di misura per le scienze sociali americane».

L'inverno negli USA *

L'editoriale del *Washington Post* dell'8 febbraio, "Wanted: more immigrants and babies", invoca nell'ordine più immigrati e più bambini per gli USA, e afferma: «L'esuberanza di lungo periodo dell'America svanirà senza un aumento di entrambi». L'editoriale esterna le crescenti apprensioni della borghesia statunitense per la situazione demografica.

"Demography matters"

Da sempre in America le questioni di popolazione sono considerate una cosa importante, per riprendere il titolo di un recente volume (*Why demography matters* di Danny Dorling e Stuart Gietel-Basten, 2017), dove ci si interroga sul futuro della popolazione del pianeta e si spiega perché oggi la *demografia* sia *importante*.

Entrambi i corni della questione (saldo naturale e migrazioni nette) non da oggi fanno suonare per gli USA il campanello d'allarme. Sono i risultati dell'*inverno demografico* in versione americana (qualcuno lo chiama *autunno*, forse perché ancora la popolazione cresce), che adesso, finita l'«esuberanza», inizia a preoccupare seriamente la prima potenza economica mondiale, e quarta demografica. Quarta non per molto: si prevede il sorpasso della Nigeria fra poco più di vent'anni.

Il *Washington Post* non è nuovo a questi allarmi: un anno fa, all'uscita dei primi dati del census 2020, aveva scritto che la stagnazione della popolazione «sul lungo periodo potrebbe impedire al paese di mantenere il proprio status di superpotenza [...] e di competere con la Cina». Parole pesanti, ma pesanti sono diventati i numeri, inediti per gli USA.

Da sempre più parti si denuncia la fine dell'*american exceptionalism*: un paese abituato a crescere di popolazione ininterrottamente fin dalla fondazione quasi due secoli e mezzo fa, e che ha avuto diffusa nella sua cultura l'idea di questo continuo aumento, si trova adesso di fronte

* Giugno 2022.

all'evidenza di un brusco cambiamento di rotta. I risultati del census 2020 hanno solo aggiunto il timbro dell'ufficialità e fatto sapere ai quattro venti ciò che da tempo stava maturando.

I fattori determinanti

Il secolo XXI era iniziato proseguendo l'eccezione americana: fino al 2008 la crescita annua è stata appena sotto l'uno per cento, da considerarsi alta oggi per un paese industrializzato: 2,5-3 milioni l'anno di popolazione in più. Risultato di nascite stabili, decessi ugualmente stabili e immigrazione netta in lieve calo, ma sempre intorno al milione l'anno. Nel 2008-2009 inizia il rallentamento, innescato anche dagli effetti della crisi delle relazioni globali, che porterà in pochi anni al +0,35% (2019-2020) e addirittura al +0,12% (2020-2021).

Hanno contemporaneamente iniziato a calare le nascite (effetto della sensibile riduzione della fecondità per tutte le etnie), ad aumentare i decessi (effetto dell'invecchiamento della popolazione) e, negli ultimi anni, a calare l'immigrazione netta, con un andamento in picchiata. La pandemia ha certamente influenzato tutti e tre i fattori, ma solo nell'ultimo anno e mezzo; adesso è previsto un rimbalzo, ma in un trend negativo in corso. La fecondità è scesa da 2,08 figli/donna (2006) a 1,76 (2019), mantenendosi più o meno invariata negli anni successivi e nelle stime per il 2022. Si sono livellate in basso le differenze per etnia: anche la popolazione classificata *hispanic* e *black*, che aveva fecondità al di sopra del rimpiazzo, è scesa adesso ben al di sotto; i bianchi lo erano già da tempo. In parallelo è calata la quota delle donne in età fertile: era il 50% a inizio secolo, adesso è il 45%. I due fattori combinati hanno innescato il veloce calo delle nascite, scese sotto i 4 milioni, con 450 mila bambini in meno l'anno, in parte forse recuperabili per la quota dovuta all'effetto pandemico.

Intanto l'immigrazione netta è crollata, dimezzata già prima della pandemia e poi ulteriormente dimezzata. Un calo a cui hanno contribuito l'andamento del ciclo economico e poi la pandemia, ma anche il freno all'immigrazione illegale operato dall'amministrazione Trump, col rafforzamento e l'estensione della muraglia metallica al confine col Messico e con il rinnovato, vergognoso vorticare dei manganelli delle *Border patrols* a cavallo.

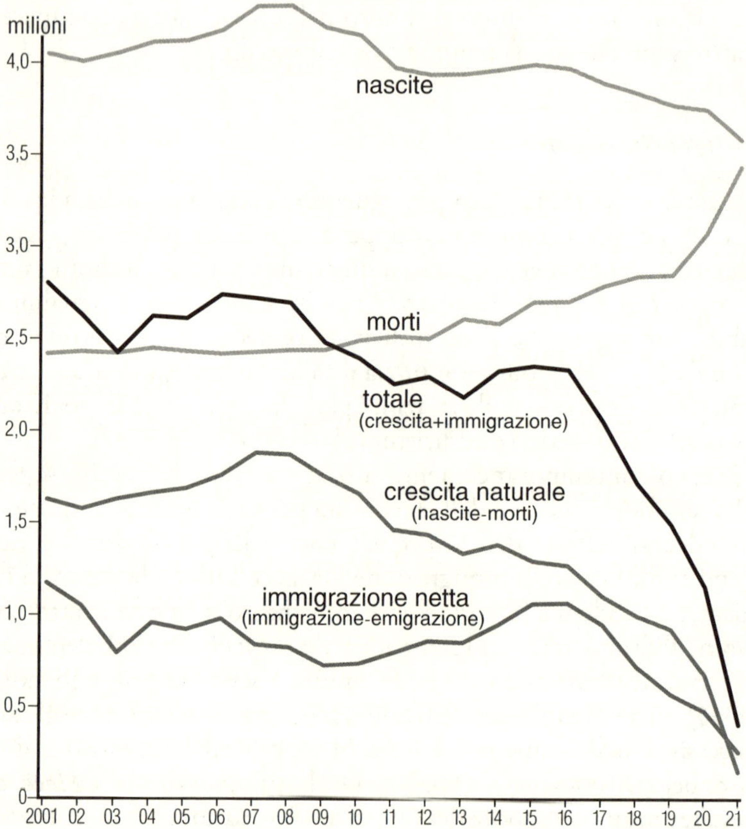

Andamento dei dati fondamentali della popolazione USA nel XXI secolo. I periodi vanno dal 1º luglio al 30 giugno successivo (es. 2021: 1º luglio 2020 - 30 giugno 2021).

Fonte: Bureau of Census, Brookings.

Commenti e preoccupazioni

Dunque, dopo la Francia anche gli USA sono stati investiti in ritardo dall'inverno demografico, la legge generale che caratterizza la società imperialistica matura del XXI secolo. Ma l'*exceptionalism* americano ha avuto caratteri un po' diversi dall'*exception* francese. Quest'ultima, pur avvantaggiandosi anche dell'immigrazione, è stata il risultato di una politica natalista di lungo periodo, radicata nelle culture della popolazione e che ha contribuito a ritardare gli effetti della legge generale. Negli USA, in assenza di esplicite politiche nataliste, l'immigrazione ha avuto un ruolo determinante. Ha fatto affluire uomini e donne dell'età giusta al momento giusto nel numero giusto, e ha rallentato il calo della fecondità complessiva, perché nel calcolo della media quella calante degli autoctoni veniva continuamente corretta al rialzo da quella assai più alta delle ondate di immigrati, segnatamente le crescenti masse dei *latinos* e *hispanics*. Ma adesso per entrambi i paesi la storia sembra proprio cambiata.

Le analisi e i commenti a queste cifre, rese note a valle del censimento 2020, hanno messo in evidenza diversi aspetti, inediti per gli Stati Uniti.

Nicholas Eberstadt dell'American Enterprise Institute (AEI), che nel 2019 su *Foreign Affairs* aveva messo in risalto proprio l'*american exceptionalism* e tutti i vantaggi derivanti nel confronto coi rivali Cina e Russia, ritorna adesso sul tema e nota che le cose stanno cambiando: effettivamente gli USA stanno diventando meno un'eccezione. Non ci sarebbe però ancora motivo di allarme. «I risultati del census 2020 non devono causare un panico depopolazionista»: gli USA conserveranno un margine su Cina, Giappone, Russia ed Europa, che hanno fecondità minore di 2,1 da molti più anni e popolazioni oggi più vecchie. In Cina la popolazione in età di lavoro è già in calo e l'invecchiamento sarà estremamente rapido. Lo *US demographic exceptionalism* sarà sì superato nel tempo, ma gli USA rimarranno «una società piuttosto giovane e vitale almeno a confronto [...] con competitori come Cina e Russia» (*Foreign Affairs*, 24 maggio 2021).

Gli fa eco un altro commento di James Pethokoukis, sempre dell'AEI, comparativo con la Cina: «Il crollo delle nascite in Cina è una grande opportunità per l'America [...] gli USA hanno un grande vantaggio sulla Cina se scelgono di usare appieno l'immigrazione», di cui evidentemente la potenza asiatica non può disporre nella stessa misura (18 gennaio).

Non tutti però sembrano condividere l'ottimismo del *think tank* di Washington.

Il calo assoluto dei giovani

William Frey, della Brookings Institution, nelle analisi pubblicate nel 2021 osserva preoccupato quella che individua come una «stagnazione demografica» che il paese non ha mai sperimentato finora. Sostiene che la crescita dipenderà essenzialmente dal ritorno a livelli d'immigrazione che forniscano la gioventù necessaria: «l'immigrazione è essenziale per contrastare la stagnazione». In effetti, nel decennio 2010-2020 la popolazione minore di 18 anni è calata in assoluto di ben un milione, nonostante l'immigrazione, mentre quella fra i 65 e 74 è cresciuta del 50%. «È vitale che si facciano politiche pubbliche» che aiutino la natalità «e, probabilmente più importante, che stimolino l'immigrazione». È sottintesa la poca fiducia sui risultati a breve della politica natalista che solo adesso viene proposta.

Il *Wall Street Journal* mette in evidenza il fatto che dietro al calo della fecondità ci sono «salti economici e sociali di fondo», anche se non sono stati ancora raggiunti i livelli di Giappone, Europa, Italia. Sottolinea il ruolo dell'immigrazione, che avrebbe finora contribuito a metà dell'aumento della popolazione in età di lavoro: «Anni di forte immigrazione potrebbero aiutare a compensare le minori nascite» (25 luglio 2021).

Il *Washington Post* all'analisi dei dati del censimento aggiunge un'ammissione significativa: «È scontato, non c'è un mandato celeste che impone che gli USA crescano [di popolazione] a un passo più veloce degli altri paesi sviluppati, come è stato per gran parte della sua storia» (26 giugno 2021).

Dalla Francia il *Figaro* titola sulla natalità USA ai minimi da 40 anni e usa il termine, anche per la coincidenza con gli effetti della pandemia, di «choc demografico» (6 maggio 2021); è anche il titolo del recente libro di Bruno Tertrais, della FRS francese, che lo riferisce all'andamento mondiale.

Il *Financial Times*, oltre a varie analisi, pubblica in prima pagina un diagramma sulle nascite calanti negli USA, col titolo "Bye bye baby" (7 luglio 2021).

Da Pechino, sul *Global Times*, un commento dell'Accademia delle scienze sottolinea che l'aspettativa di vita cinese è salita ancora, mentre quella USA è in calo, e adesso sarebbe seppur di poco superiore a quella americana. C'è di mezzo la pandemia, ma non solo (31 dicembre 2021).

Infine l'*Economist*: dopo aver notato che gli USA stanno diventando più europei, afferma che «se – un grande se – il paese potesse liberalizzare di nuovo le sue politiche d'immigrazione ed espandere l'accesso al *child care*, potrebbe in qualche modo rallentare il suo declino demografico» (5 febbraio).

L'arrivo dell'inverno demografico nella prima potenza è, inevitabilmente, anche una questione d'importanza mondiale.

Intreccio etnico negli USA *

Il Bureau of Census ha reso noti anche i dati sulla composizione etnica degli States, risultato del census 2020: numeri attesi, ma meno scontati di quelli sulla popolazione.

Nel decennio 2010-2020 i residenti bianchi (*white*) sono calati in assoluto di 5,1 milioni, mentre i *latino-hispanic* sono cresciuti di 11,6 milioni, gli *asian* di 5,2 milioni e i neri (*black*) di 2,3 milioni. Così i bianchi, che erano più dei due terzi della popolazione a inizio secolo e il 64% nel 2010, sono scesi al 58%. In corrispondenza i *latino-hispanic*, 13% a inizio secolo, sono saliti oggi al 19%, quasi uno su cinque; e gli *asian* al 6%.

Il calo dei *white* c'è stato in 33 dei 50 Stati, in 61 delle 100 più grandi aree metropolitane, in 196 delle 319 città con più di 100 mila abitanti e in 2.458 delle 3.100 contee in cui si dividono gli USA: un calo generalizzato, anche se non uniforme. È anche la prima volta che, da un censimento decennale al successivo, i *white* diminuiscono: nel 2000-2010 erano aumentati di 2,3 milioni. Particolarmente forte è stato il calo fra i minori di 18 anni, che per di più sono diminuiti in valore assoluto: in questa fascia d'età i *white* sono scesi al 47% (erano il 54% nel 2010: è stata infranta verso il basso la barriera del 50%), mentre i *latino-hispanic* sono passati dal 23 al 26% e gli *asian* dal 4 al 5%.

(milioni)		*Texas*	*California*	*New York*	*Pennsylvania*	*Illinois*	*USA*
Popolazione 2020		29,2	39,5	20,2	13,0	12,8	**331,4**
Variazione 2010-20		+4,0	+2,3	+0,8	+0,3	–0,02	**+22,7**
di cui:	white	+0,2	–1,2	–0,7	–0,5	–0,7	**–5,1**
	latino-hispanic	+2,0	+1,6	+0,5	+0,3	+0,3	**+11,6**
	asian	+0,6	+1,2	+0,5	+0,2	+0,2	**+5,2**
	black	+0,6	–0,04	–0,02	+0,04	–0,06	**+2,3**

* Luglio-agosto 2022.

Crescita diffusa di "hispanic" e "asian"

Il balzo all'insù dei *latino-hispanic* è stato forte, ma non certo inatteso, essendo il risultato cumulato dell'ininterrotto flusso migratorio dal Centro-Sud America e del radicarsi delle generazioni successive. L'aspetto nuovo è stato semmai il fatto che la crescita è stata assai più dispersa che in passato, cioè estesa a un numero crescente di Stati, e non concentrata prevalentemente in Texas, California e New Mexico, dove i *latino-hispanic* sono almeno quattro su dieci, uguagliando (Texas) o superando i *white*. È il segno evidente che quest'immigrazione, con le generazioni concatenate, ha ormai assunto un ruolo sempre più organico e strutturale nell'economia dell'intero paese, visto che in più della metà degli States ha raggiunto una presenza superiore a un decimo della popolazione.

Simile il ragionamento sugli *asian*, risultato dell'immigrazione asiatica (India, Cina, Filippine), raddoppiati in vent'anni, una presenza che si caratterizza per la qualificazione più elevata e che tende fin da subito a disperdersi in gran parte degli States. In California hanno raggiunto il 15%, in New Jersey e New York (Stato) il 10%, in molti degli altri la quota è intorno al 3-5%.

Questo risulta dai numeri che, per quanto in parte anticipati dalle previsioni, hanno suscitato, com'è logico, numerosissimi commenti. In particolare il dato che certifica il passaggio a minoranza dei *white* fra gli under 18, cioè fra i giovani; logica conseguenza, peraltro, della più bassa fecondità delle donne bianche, del calo del numero delle possibili madri, che è in atto da molti anni, e della bassissima immigrazione di bianchi. William Frey della Brookings commenta: «L'aumento dei giovani di colore [intende soprattutto *latino* e *asian*] è un elemento chiave del cambiamento demografico della popolazione sotto i 18 anni [...] questi gruppi, col passare degli anni, guideranno gran parte della crescita della forza-lavoro del paese». I *black* sono risultati stazionari, cioè sulla media generale del paese, pur con spostamenti interni non trascurabili. Nella tabella i dati per cinque grandi Stati, i più significativi per queste dinamiche.

L'"esplosione della diversità"

Anche questi numeri, che hanno il timbro ufficiale, faranno testo per indirizzare i flussi di spesa pubblica, welfare, ecc. in uscita dallo

Stato federale. Oscurano però, per il modo stesso in cui sono raccolti, una parte della complessa dinamica etnico-razziale della popolazione statunitense. Oscurano quella che viene da più parti chiamata la *diversity explosion*, che è anche il titolo di un recente libro di Frey: l'esplosione delle diversità, cioè il sempre maggiore intreccio di razze ed etnie che la netta classificazione in categorie monorazziali nasconde. Impieghiamo al riguardo la terminologia in uso nelle statistiche americane ("razze" ed "etnie").

Manca da questi numeri "manichei" la quantificazione degli incroci derivante dai matrimoni e dalle famiglie miste, che sono in forte crescita. È significativo un solo dato: la scelta di dichiararsi appartenenti a due o più razze (limitatamente ai *non hispanic*) è stata fatta da 6,0 milioni nel 2010 (1,9% della popolazione totale) e da ben 13,5 milioni nel 2020 (4,1%). È evidente che nel tempo è cambiato il modo di rapportarsi con queste auto-dichiarazioni d'identità. Ma da questo solo numero non si può apprezzare appieno la crescente estensione dell'intreccio che si è creato col tempo negli States.

Un forte sostenitore di questa tesi, cioè di un molto maggiore intreccio nella società reale americana di quanto non appaia dai numeri del census, e quindi dell'errore di pensare che gli USA siano ancora oggi definibili come una società di maggioranze e minoranze, è Richard Alba, autore del libro *The great demographic illusion* (*La grande illusione demografica*, sottotitolo: *Maggioranza, minoranza e il modo di pensare tradizionale americano che si espande*, 2020). Fortemente critico sui metodi di rilevamento utilizzati dal Census («superati e illogici»), sosteneva che «stiamo diventando una società più diversa, ma non post-razziale [...] la nostra società, trasformata dall'immigrazione e da nuove forme di assimilazione, non ha ancora sviluppato il vocabolario capace di cogliere le sfumate realtà di questa evoluzione» ("Il mito della minoranza bianca", 2015). Cita una stima del Pew che dava al 9% del totale gli americani che hanno *background* famigliari con una combinazione fra le cinque razze più diffuse (ma che si sono spesso fatti contare come appartenenti a una sola razza). Oggi, i numeri del census 2020 stanno confermando questa tendenza.

La tesi di Alba però non piace ad alcuni sostenitori delle minoranze, che vedono così sfumare il concetto stesso di minoranza, di gruppo razziale distinto dagli altri, dotato di identità, rappresentazione e forza politica indipendente; in particolare fra i *latinos*, che sono quella più forte. Anche questo aspetto, del resto, fa parte della dialettica insita nella dinamica multirazziale americana.

LA QUESTIONE DELLE "RAZZE" E DELLE "ETNIE"

Ogni dieci anni il census, oltre a contare la popolazione, fotografa, con criteri spesso diversi dalla volta precedente, la composizione etnica e razziale della popolazione residente. La definizione ufficiale del Bureau of Census appare sibillina: «Razza ed etnia sono due concetti separati, così come sono stati definiti dal governo federale. Le persone di una specifica razza possono avere una qualsiasi origine etnica, e le persone di una specifica origine etnica possono appartenere a qualsiasi razza». La popolazione detta *latino or hispanic* è l'unica classificata come etnia; le altre sono razze, proposte sulla scheda del censimento con crescente dettaglio; la scelta iniziale è fra appartenere all'etnia *latino or hispanic*, oppure no; se la risposta è no, la scelta è fra le razze indicate (*white, black, asian, american indian* e altre), e anche *due o più razze*. Chi si dichiara di etnia *latino or hispanic* può aggiungere una classificazione razziale, se ritiene di avere antenati misti. Occorre precisare che dal 1960 la determinazione di razza/etnia è decisa dalla persona censita (prima era fatta dal funzionario del censimento). Tutto questo non è avvenuto per caso: è il risultato delle multiformi pressioni dei gruppi etnici/razziali, con forza differente, a vedersi quantificati e quindi rappresentati.

La questione è profondamente radicata nei due secoli e mezzo di storia americana; qui ci limitiamo a quanto concerne le dinamiche della popolazione. Lo standard che ha dato la base alla classificazione ancora in uso oggi, seppure con modifiche, è del 1977: quattro gruppi razziali (*asian/pacific islander*, *american indian/alaskan native*, *black*, *white*) e un gruppo etnico (*hispanic*, poi diventerà *latino or hispanic*), con possibilità di dichiarare di appartenere anche a uno dei gruppi razziali. Su questa base ci sono state le modifiche degli ultimi decenni, con un aumento delle razze proposte: ma, osserva un esperto come Kenneth Prewitt, ex direttore del Bureau of Census, tutto avviene sulla base non di classificazioni scientifiche o antropologiche, bensì politiche, decise dall'esecutivo e ratificate dal Congresso. Importante l'opzione detta *mark one or more*, cioè scrivi una o più razze, introdotta nel 2000: proponendo la classificazione detta "etno-razziale", ha invalidato l'idea radicata che la razza di ogni singolo individuo sia un dato fisso nel tempo. Adesso è diventata *2+ races*. Occorre aggiungere che vi sono stime su numeri consistenti di persone che, dal censimento 2000 a quello 2010, hanno modificato la propria dichiarazione di appartenenza razziale/etnica. Riguardo ai *latinos*, sono circa il 15% quelli che si autodichiarano anche *white*.

La scelta degli immigrati latinoamericani, e soprattutto dei loro figli e nipoti, di classificarsi fra i bianchi non è niente di meno che un'importante scelta politica, quasi un certificato di multirazzialità e allo stesso tempo di identità *white* senza rinunciare a quella *latino*. Ciò vale anche per tutti gli altri intrecci.

CAPITOLO SECONDO

Profondo inverno demografico dell'Italia

Il nodo italiano *

Il 16 gennaio 2018 l'INSEE, l'Istituto statistico francese, pubblicò l'aggiornamento al 2017 dei dati demografici. Il giorno successivo *Le Figaro* titolò in prima pagina su quattro colonne "L'inquietante declino della natalità francese", affiancandovi la foto di un neonato e il diagramma delle nascite, in diminuzione dal 2007. *Le Monde*, ancora in prima: "Natalità: la fine dell'eccezione francese?". *Les Echos*, quotidiano economico, sempre in prima: "Il calo della natalità si accentua pericolosamente in Francia".

Cos'era successo? Nel 2017 l'*inverno demografico* era stato freddo, in Francia. Il numero dei nati era diminuito del 2,1% sull'anno prima, un calo in realtà quasi ininterrotto da una decina d'anni: così intaccava sensibilmente il saldo naturale (differenza tra nati e morti), quasi dimezzato in un decennio ma pur sempre ancora positivo per circa 150 mila unità. La fecondità, scesa a 1,88 figli/donna, confermava il calo ininterrotto dal 2010 (quando toccava 2,03), mentre in parallelo diminuiva anche il numero di donne in età di procreare. Insomma, un quadro che, per la contemporaneità di più indicatori tutti al ribasso, pur sullo sfondo di una popolazione ancora in crescita, preoccupò fortemente la borghesia francese. Una preoccupazione subito trasmessa dagli organi di stampa. Di fatto, osserviamo, si trattò di una fotografia dell'operare, inevitabile anche in Francia, della legge della popolazione nelle metropoli della maturità imperialista.

Un confronto con analoghe notizie per l'Italia è facile a farsi, perché lo spazio dedicato sui giornali italiani a questi temi è sempre stato molto limitato, pur a fronte di un calo assoluto della popolazione

* Novembre 2020.

(immigrazione inclusa) che continua dal 2015 e che dovrebbe causare seria preoccupazione alla borghesia italiana, ben più che a quella francese.

Lo spartiacque alpino dell'inverno demografico

I numeri definitivi del 2019, pubblicati dall'ISTAT a metà luglio, sono risultati ancor più in rosso: popolazione calata di 190 mila unità a 60,2 milioni (massimo nel 2015 con 60,8), nascite ai minimi storici (420 mila, diminuite di 19 mila), saldo naturale negativo di 214 mila, con una forbice fra morti e nati crescente ormai da quasi vent'anni. Da notare che, fino a poche settimane prima, venivano stimate a 435 mila le nascite del 2019, comunque inferiori all'anno precedente. Il bollettino ISTAT del 13 luglio impiega termini come «drammatico», «persistente declino», «minimo storico» in quella che dovrebbe essere una semplice comunicazione tecnica.

I commenti invece non hanno mostrato una particolare enfasi. Si va dall'ironia (di pessimo gusto in verità) su una «Italia spermicida» (*Il Foglio*) ai commenti de *Il Sole-24 Ore* e del *Corriere della Sera* centrati quasi più sull'aumentata «fuga dei talenti» italiani all'estero che sul nodo demografico. Unica eccezione, come sempre, il quotidiano della CEI *Avvenire*, che ha ospitato anche un breve commento del presidente ISTAT: le previsioni avevano «peccato di ottimismo», i dati sono «impietosi», occorre «rialzare la testa», ha affermato Gian Carlo Blangiardo. Alla fine, il commento con maggior contenuto di prospettiva sembra averlo fatto il transalpino *Figaro*: «Uno sforzo demografico [per l'Italia] potrebbe essere una delle condizioni necessarie per una ripresa economica [dell'Italia]».

Tendenze italiane

I drammatici aggettivi utilizzati oggi non aiutano però a indagare le cause più profonde dell'andamento demografico in Italia, che vanno cercate nel passato. Occorre prendere in considerazione almeno due fattori: una visione di lungo periodo della fecondità e i trend demografici europei e mondiali nei quali l'Italia è fortemente inserita, almeno dal secondo dopoguerra.

Una visione di lungo periodo deve partire proprio dal 1945, quando il *baby boom* (europeo, americano e non solo) iniziò con le donne nate dai primi anni del secolo agli anni '30. L'indicatore più adatto a valutazioni di lungo periodo non è però il tasso di fecondità valutato anno per anno, che indica quanti figli farebbero le donne in un dato anno se si comportassero, per tutta la loro vita feconda, come si sono comportate le donne in quello specifico anno. È piuttosto il *tasso di fecondità per coorte* (o per generazione), che indica quanti figli in media hanno avuto in tutta la loro vita riproduttiva (15-49 anni) le donne che sono nate in un dato anno. Mentre il primo indicatore è molto sensibile a tutti i fattori contingenti (crisi economiche, malattie, guerre, ecc.), il secondo lo è molto meno. Per esempio, lo slittamento in avanti dell'età della madre alla nascita dei figli, che in linea di principio potrebbe anche non influire sul numero totale di nascite, è colto dal primo indicatore, ma non dal secondo. Che è molto più legato, quindi, ai fattori strutturali e meno a quelli congiunturali.

Il diagramma mostra che a partire dal 1982 il numero di figli generati da ogni donna in tutta la sua vita è in diminuzione continua, non influenzata dalla fecondità misurata anno per anno la quale, nell'ambito della tendenza generale al calo, in quasi mezzo secolo ha oscillato in maniera sensibile. L'anno cardine è il 1994, quando sono uscite dalla vita fertile le donne che hanno avuto, in media, almeno 2,1 figli; da allora in poi hanno generato meno figli del numero di riferimento per il mantenimento della popolazione. Questo dato si combina (vedi ancora il diagramma) col calo assoluto, prima lento poi dopo il 2015 più rapido, del numero di donne in età di procreare: un milione e mezzo in meno da inizio secolo a oggi. Il nodo demografico italiano nasce da lì, non da oggi né da ieri, ma da quel versante di metà anni Novanta, a sua volta risultato di tendenze operanti da decenni. Questi sono i numeri italiani della legge della popolazione nelle metropoli imperialiste.

Tendenze generali

Questa legge opera, in maniera differenziata, ovunque. Un'analisi dello IIASA di Vienna, uno dei più attrezzati centri di studio europei

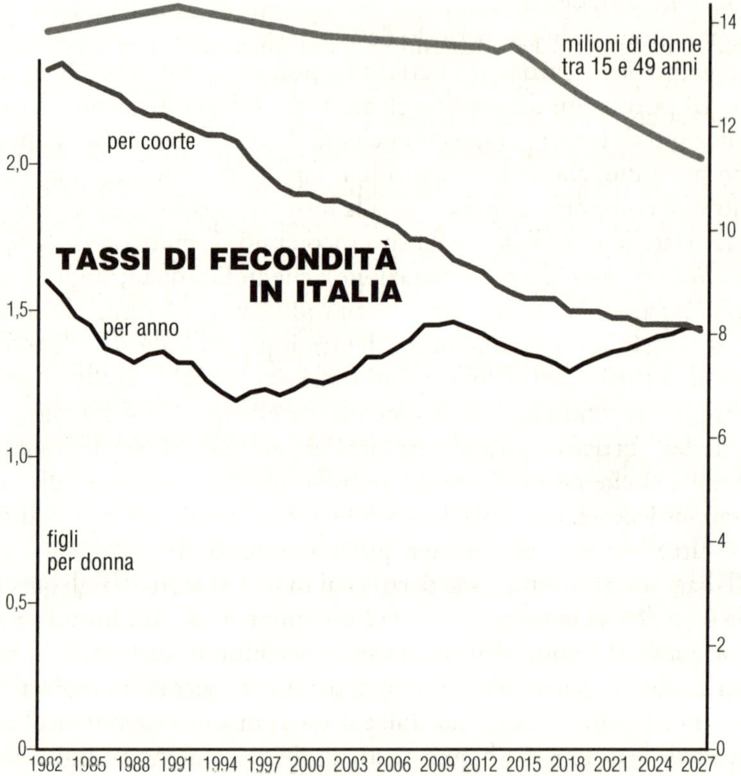

La fecondità "per coorte" è il numero di figli che una donna ha messo al mondo in tutta la sua vita riproduttiva (15-49 anni), e viene qui riportata in corrispondenza di quest'ultima età. Il TFT (linea nera) è il tasso di fecondità misurato anno per anno. Riferita alla scala di destra, la linea in alto indica il numero di donne in età riproduttiva.

Fonte: dati, stime e previsioni ISTAT.

della popolazione, ha analizzato i trend demografici del dopoguerra nei 29 paesi definiti *low-fertility country*, dei quali fanno parte quasi tutti i paesi europei, alcuni dell'Asia dell'Est (Giappone, Sud Corea, Singapore), gli USA, l'Australia e la Nuova Zelanda. L'indicatore utilizzato è prevalentemente quello della fecondità per coorte, che ha però lo svantaggio di poter essere misurato in ritardo, perché occorrerebbe aspettare il compimento dei 49 anni d'età della coorte per ottenere il numero. Però, essendo ancora piccolo seppur crescente il contributo alle nascite delle quarantenni, può essere ragionevolmente stimato anche con 5-8 anni di anticipo.

Innanzitutto va osservato che la tendenza generale al calo della fecondità, comunque la si misuri, appare in maniera incontrovertibile; ma non è certo questo l'aspetto principale dell'analisi. Lo IIASA ha diviso in otto gruppi, simili per comportamento, i 29 paesi: Est Europa, Europa centrale, Europa occidentale, Europa del Nord, paesi di lingua tedesca (Germania, Austria, Svizzera), Europa del Sud, paesi non europei di lingua inglese, Asia dell'Est. Un criterio misto, geografico-culturale, col quale si colgono affinità e differenze di comportamento demografico che dimostrano quanti siano i fattori che, nell'ambito della tendenza generale, differenziano i singoli paesi.

L'Italia fa parte, con Spagna e Grecia, dell'Europa del Sud, il gruppo di paesi che, assieme ai tre asiatici, ha visto il più rapido precipitare della fecondità nel dopoguerra. Scrive lo IIASA: «Nell'Europa del Sud i rapidi cambiamenti economici e sociali degli anni '60 e '70 assieme al rapido diffondersi dei metodi contraccettivi hanno contribuito alla forte riduzione», in particolare del terzo figlio e dei successivi. I valori attuali dell'Europa del Sud sono altrettanto bassi dei paesi di lingua tedesca, per i quali il calo è iniziato prima ed è stato più lento e regolare, ma con caratteristiche diverse: «Il forte conflitto tra famiglia e lavoro e il connesso calo delle nascite dei primi figli hanno contribuito al calo della fecondità [...]. In Germania il fattore chiave è stato il calo dei primi figli, in Austria e Svizzera dei secondi e dei terzi».

Dei 29 paesi analizzati, quelli che a oggi hanno una fecondità di coorte superiore al 2,1 di riferimento sono, in pratica, solo l'Irlanda, la Norvegia, gli USA. La Francia ha ragione di preoccuparsi: nonostante le politiche nataliste operanti da più di mezzo secolo e il rinforzo dell'immigrazione, l'ultima generazione di donne con più di 2,1 figli in media è nata intorno al 1958 e ha terminato la vita riproduttiva più di dieci anni fa ("Cohort fertility decline in low fertility countries", in *Demographic research*, 22 febbraio 2018).

«Un problema strategico»

La particolarità italiana, nell'ambito della più che confermata tendenza generale al calo della fecondità, risiede soprattutto nella rapidità del calo. Gli anni del *boom* economico del secondo dopoguerra, gli accelerati spostamenti interni di popolazione, la fase finale della disgregazione contadina e dell'urbanizzazione, le conseguenti trasformazioni nelle classi sociali, la crescita dell'occupazione femminile e della famiglia plurireddito ne sono stati lo sfondo. A questi fatti, già all'inizio degli anni '80, Arrigo Cervetto collegava gli andamenti demografici calanti, in Italia e non solo. Nel maggio 1981 affermava che in Italia «la tendenza demografica» andava verso la crescita zero e sotto zero, e che ciò era «un problema strategico».

Il «rialzare la testa» del presidente dell'ISTAT andava gridato diversi decenni fa, perché già allora i dati, se correttamente analizzati, si sarebbero mostrati «impietosi».

Italia in declino nonostante le migrazioni *

La popolazione residente in Italia è cresciuta, fino a toccare il massimo storico di 60,8 milioni nel 2015, anche nel corso del profondo *inverno demografico* che attanaglia il paese da decenni. Dal 2016 è iniziato il calo, che per ora sembra essere irreversibile. La spiegazione di questo apparente ossimoro è una sola: il contributo dell'immigrazione. Contributo che vale doppio: a quello dell'ingresso degli immigrati nel computo della popolazione residente si aggiunge quello dei loro figli nati in Italia.

Fra l'altro le donne immigrate, data la loro provenienza da paesi a natalità assai più alta, portano con sé una fecondità ben superiore a quella delle italiane, seppure con la tendenza a un rapido adeguamento verso il basso col procedere dell'integrazione. Ancora nel 2019 la fecondità delle donne italiane era pari a 1,18 figli, quella delle straniere a 1,98. I nati da almeno un genitore straniero pesavano per più di un quinto sul totale: 92 mila su 420 mila, dei quali ben 63 mila sono nati da genitori entrambi stranieri.

L'Italia nella "fase avanzata dei processi migratori"

Scrive l'ISTAT nel "Rapporto annuale 2018" che «la presenza straniera in Italia ha ormai assunto le caratteristiche tipiche delle fasi avanzate dei processi migratori». Questa tesi in verità è del demografo Corrado Bonifazi, che la formulò nel 2013; il fatto che l'Istituto statistico dello Stato italiano la faccia propria in un certo senso ufficializza ciò che la realtà ha dimostrato da tempo. Sembrerebbe quasi che, prima, ufficialmente nessuno se ne fosse accorto. Nel successivo "Rapporto 2019" l'ISTAT ribadisce e precisa che «la crescita della popolazione

---

* Gennaio 2021.

negli ultimi vent'anni è avvenuta unicamente grazie all'aumento della componente di origine straniera, con l'ingresso del nostro paese in una fase matura del processo d'integrazione di questo patrimonio demografico aggiuntivo, testimoniato dall'incremento dei nuovi cittadini italiani per acquisizione delle seconde generazioni». È significativo l'utilizzo dei termini «patrimonio demografico aggiuntivo».

Due numeri, fra tanti, per fissare questo raggiunto approdo italiano. Primo: l'Italia è ormai stabilmente e da anni al *livello europeo* di almeno il *10% di presenza d'immigrati* nella popolazione, quota che è ancora più alta nel mercato del lavoro. Secondo: le acquisizioni di cittadinanza procedono al ritmo attuale di 120-130 mila l'anno (1,4 milioni dal 1998 al 2019), nonostante la mancanza di uno *ius soli* e le complicazioni amministrative; segno di un processo d'integrazione assai più profondo di quanto possa apparire in superficie. Un attento osservatore come Salvatore Rossi, ex direttore della Banca d'Italia, rileva che l'immigrazione ha rimediato alla mancanza di manodopera nazionale «in posizioni vitali dell'industria e dei servizi» (*Che cosa sa fare l'Italia*, 2017).

In definitiva, pur nelle infinite contraddizioni del lungo squilibrio italiano, è stata finora soddisfatta l'esigenza del tessuto economico (agricolo, industriale e dei servizi) di disporre della forza-lavoro necessaria, con la qualità, la quantità e la flessibilità adeguate. È un processo che abbiamo analizzato e documentato per decenni su questo giornale, a partire dall'articolo "Proletari di pelle B" di Roberto Casella, del gennaio 1978. Oggi Gianpiero Dalla Zuanna scrive di «*immigration italian style*, 1977-2018» (*Population and development review*, settembre 2019) e di un'Italia che «ha vissuto una sorta d'integrazione "a sua insaputa", non determinata cioè da specifiche scelte politiche o amministrative, ma dalla strutturazione profonda della società italiana» (Banca d'Italia, *Quaderni di storia economica*, settembre 2019).

Da domani, però, la questione sarà certamente più complessa. In un certo senso lo certifica ancora l'ISTAT nel "Rapporto 2020" del luglio scorso: la dinamica migratoria netta prevista per il futuro, pari a 135 mila unità annue, «riuscirà solo in parte ad arginare il declino demografico del paese sul piano numerico».

"Italiani poca gente"

Nel recente *Italiani poca gente* (sottotitolo *Il Paese ai tempi del malessere demografico*, LUISS, 2019), libro che ha avuto una limitata eco mediatica, il demografo di area cattolica Antonio Golini analizza, fra le altre cose, anche l'intreccio fra tendenze demografiche e migratorie. Osserva che l'Italia è stata considerata a livello internazionale un "caso di scuola" negli anni '80-90 per il capovolgimento delle dinamiche demografiche, avendo avuto una denatalità sorprendente, fino a toccare nel 1995 la fecondità di 1,19 figli per donna («minimo mondiale»). Da qui la fase attuale, una «delicatissima fase di transizione» dove s'intrecciano svariati aspetti irrisolti; fra i principali riprendiamo l'invecchiamento e il relativo impatto sull'attività economica, il ridimensionamento della forza-lavoro, le incognite per l'immigrazione, i mutamenti economico-sociali conseguenti. Ma è significativo il suo ricollegare il "caso italiano" al contesto internazionale, a quello che definisce l'attuale «scontro delle demografie» su scala mondiale.

I trend fondamentali in Italia sono individuati in tre aspetti: la denatalità, l'invecchiamento e l'immigrazione. Riguardo a quest'ultima, scrive Golini, «paiono fuori luogo tanto gli allarmismi su una recente "invasione", quanto i tentativi di minimizzare un fenomeno che va considerato anche nei suoi effetti cumulativi di medio termine». «Un numero crescente di analisi, a partire da quelle ufficiali redatte dall'ISTAT, concordano ormai sul fatto che l'afflusso di immigrati ha rallentato l'implosione demografica italiana». «Non saranno i soli immigrati a tirare fuori l'Italia dalla trappola demografica nella quale è caduta». E per il futuro? «Le sfide poste dall'immigrazione, sia nella gestione dei flussi sia nel processo di integrazione dei nuovi arrivati che in Italia è colpevolmente sottovalutato, sono destinate a mutare radicalmente nei prossimi anni».

Cosa osservare? La diagnosi di Golini, uno dei più autorevoli demografi italiani, è precisa, dettagliata e aggiornata, anche se certamente non nuova nelle tesi di fondo, che egli stesso sostiene da molti anni. Come pure lo è la sua prognosi: intervenire per favorire la natalità. Ma questo tipo di analisi e di diagnosi non si è mai raccordata, almeno fino a oggi, ad alcun intervento strutturale indirizzato a contrastare le tendenze denunciate. Anche questo, in fondo, è un aspetto dello squilibrio italiano.

SPOSTAMENTI INTERNI E INTERNAZIONALI

Nella tabella abbiamo ricostruito la dinamica della popolazione residente italiana nei primi vent'anni del secolo, divisa per grandi regioni e per cittadinanza.

Quantificare gli "immigrati" attraverso l'indicatore "stranieri", com'è noto, è una valutazione riduttiva; e può esserlo anche di molto, come abbiamo già rilevato, perché non può tener conto compiutamente delle seconde generazioni e delle successive, intrecciate anche con l'acquisizione della cittadinanza italiana. In ogni caso e a prescindere da ciò, nel 2019 alle cifre ufficiali dell'ISTAT andrebbe aggiunto almeno quasi un milione di persone, fra "regolari non residenti" e "irregolari", stimato nel 25° Rapporto ISMU, che porta il totale degli stranieri a 6,2 milioni, più di un decimo della popolazione.

Si osserva, ma non è certo una sorpresa, che la presenza degli stranieri è concentrata nel Centro-Nord del paese, dove hanno un tasso "europeo", ben sopra il 10%, mentre nel Mezzogiorno è meno della metà. La dinamica della popolazione per regioni mostra anch'essa una marcata differenza: cresce al Centro-Nord, ma cala nel Mezzogiorno.

POPOLAZIONE RESIDENTE IN ITALIA (2001-2020)
(per grandi regioni e cittadinanza)

	2001			*2010*			*2020*		
	stranieri	*italiani*	*totale*	*stranieri*	*italiani*	*totale*	*stranieri*	*italiani*	*totale*
Nord-Ovest	469	14.470	**14.939**	1.290	14.376	**15.666**	1.792	14.322	**16.114**
Nord-Est	357	10.295	**10.652**	1.019	10.368	**11.387**	1.276	10.385	**11.661**
Centro	333	10.556	**10.889**	879	10.642	**11.521**	1.340	10.647	**11.987**
Sud	116	13.799	**13.915**	328	13.649	**13.977**	641	13.243	**13.884**
Isole	60	6.541	**6.601**	132	6.507	**6.639**	257	6.342	**6.599**

	% stranieri			*diff. stranieri*		*diff. italiani*		*diff. popolaz. totale*	
	2001	*2010*	*2020*	*2001-10*	*2010-20*	*2001-10*	*2010-20*	*2001-10*	*2010-20*
Nord-Ovest	*3,1*	*8,2*	*11,1*	821	502	-94	-54	**727**	**448**
Nord-Est	*3,4*	*8,9*	*10,9*	662	257	73	17	**735**	**274**
Centro	*3,1*	*7,6*	*11,2*	546	461	86	5	**632**	**466**
Sud	*0,8*	*2,3*	*4,6*	212	313	-150	-406	**62**	**-93**
Isole	*0,9*	*2,0*	*3,9*	72	125	-34	-165	**38**	**-40**

Dati in migliaia. ***Nord-Ovest***: Piemonte, Valle d'Aosta, Lombardia, Liguria. ***Nord-Est:*** Veneto, Trentino A.A., Friuli V.G., Emilia R. ***Centro:*** Toscana, Umbria, Marche, Lazio. ***Sud:*** Abruzzo, Molise, Campania, Puglia, Basilicata, Calabria. ***Isole:*** Sicilia, Sardegna.

Fonte: ISTAT.

Gli "autoctoni", i cittadini italiani, calano, ma il confronto mette in evidenza le migrazioni interne Sud-Nord che si sovrappongono, seppur più contenute e con carattere qualitativo diverso, a quelle in ingresso dall'estero.

Secondo il Censis, questa è «l'Italia che attrae», che ha una mappa abbastanza definita: la grande area urbana milanese, la valle dell'Adige da Bolzano a Verona, l'asse della via Emilia da Parma a Rimini, la piana di Prato (Firenze) e l'area pontina intorno a Latina ("53° Rapporto", novembre 2019). Qui la popolazione, per immigrazione interna ed esterna, cresce anche in assoluto. È la forma italiana di ciò che avviene su scala europea, che abbiamo descritto (vedi a p. 62). Occorre aggiungere poi le migrazioni di italiani e di naturalizzati verso l'estero, tacciate di "fuga di cervelli" quando sono solo un aspetto della circolazione europea della forza-lavoro, in particolare (ma non solo) di quella a medio-alta qualificazione. «La retorica italiana sulla "fuga dei cervelli" si alimenta spesso di vittimismo e di provincialismo [...] una certa dose di "circolazione dei cervelli" che avesse al centro l'Italia, oltre che fisiologica, sarebbe auspicabile», taglia corto Antonio Golini al riguardo. L'Italia è stata ed è dunque terreno, come l'Europa intera, di movimenti contemporanei di popolazione che interessano diversi strati: le migrazioni dall'esterno, che rafforzano il tessuto economico-produttivo e che trainano popolazione aggiuntiva (ricongiungimenti famigliari, figli, ecc.), le migrazioni interne, che operano anch'esse nella stessa direzione seppur con caratteri qualitativi diversi, e le migrazioni in uscita, che riguardano un mercato del lavoro europeo nel quale autoctoni, naturalizzati e immigrati sono ormai parte integrante.

L'irrisolta crisi italiana *

Nel primo decennio del secolo la situazione demografica dell'imperialismo italiano, seconda potenza manifatturiera in Europa e settima/ottava nel mondo, era la seguente: fecondità largamente al di sotto del valore di rimpiazzo, nascite in continuo calo, decessi in aumento e superiori alle nascite, quindi una crescita naturale regolarmente negativa.

Qualche numero per il 2008: fecondità 1,44 figli/donna, lontanissima dal valore di rimpiazzo di circa 2,1, per quanto in lenta risalita dal minimo del 1995 (1,19); il valore di rimpiazzo era stato sforato all'ingiù ben 31 anni prima, nel 1977, e mai più riavvicinato; il massimo, notoriamente grazie al contributo delle donne immigrate, fu toccato successivamente nel 2009 e 2010 con 1,45; poi la nuova discesa fino all'attuale 1,28.

Il saldo naturale in Italia divenne negativo nel 1993, e da allora in poi lo è sempre stato; quindi nel 2008 lo era da 15 anni consecutivi. Se la popolazione italiana in quegli anni aumentava era solo ed esclusivamente ad opera delle consistenti ondate immigratorie – in particolare nel primo decennio del secolo – che hanno più che colmato il deficit naturale e introdotto abbondanti forze fresche, molte già nell'età giusta per essere subito attive sul lavoro. Ma nel 2015 questo meccanismo si è inceppato, e da allora è iniziato il calo della popolazione.

Assenza di visione

C'erano quindi, e da tempo, tutte le condizioni per un allarme su quanto sarebbe potuto accadere nel futuro; le premesse non lasciavano grandi dubbi. Ma i governi dell'epoca, sulla scia di quelli precedenti, non prestavano attenzione alla questione: il fatto che il saldo naturale fosse sempre più in rosso e la fecondità sempre molto bassa non sembrava

---

* Gennaio 2023.

suscitare preoccupazione. E il tema delle politiche nataliste, a differenza di molti altri paesi europei, non era all'ordine del giorno.

In libreria nel 2008 si poteva trovare, fresco di stampa, il volume *La rivoluzione nella culla. Il declino che non c'è* di Francesco Billari e Gianpiero Dalla Zuanna, docenti di demografia nelle Università Bocconi e di Padova. Vi si poteva leggere che «in Italia non esiste oggi un vero problema demografico [...] è nata, e cresce oggi nella culla, una vera e propria rivoluzione demografica [...] la popolazione italiana aumenterà». Altri demografi però, come Antonio Golini di area cattolica e Massimo Livi Bacci di area laica, sostenevano già ben prima di allora che «un vero problema demografico» in realtà si poneva.

I nodi oggi al pettine

Solo da alcuni anni il protrarsi del trend in calo delle nascite e quello inevitabile della popolazione, perché l'immigrazione non ha più colmato il vuoto, ha suscitato un interesse prima inesistente. Ciò si è tradotto nel "Family Act", decollato nel gennaio 2022 introducendo, sull'onda di esperienze di altri paesi (Francia, Germania), un sostegno per i figli, che comprende il "contributo universale" indipendente dal reddito. È certamente troppo presto per valutarne i risultati; si può solo osservare che il valore assoluto di questo strumento è in Italia circa un quarto di quello tedesco. Ma ciò riguarda la natalità e una possibile ripresa delle nascite favorita da questa politica natalista.

Il problema, per la macchina produttiva dell'imperialismo italiano, è però oggi un altro: si sta profilando, anno dopo anno, il lento prosciugamento del bacino della popolazione in età di lavoro, dalla quale attingere la forza-lavoro che serve e servirà per alimentare il tessuto industriale e dei servizi. In chiusura (a p. 161) sono riportati i dati nel dettaglio. Nessuna politica natalista, lanciata oggi, anche se avesse successo, potrebbe risolvere il problema; se ne potrà eventualmente parlare fra una generazione, cioè fra vent'anni e più.

Quindi è su questo specifico punto che, solo recentemente, si è orientato il dibattito su cosa fare oggi per fronteggiare la situazione; non solo quindi le politiche nataliste per il futuro, ma la popolazione attiva per l'oggi. Segnaliamo alcune fra le voci più autorevoli.

Il governatore della Banca d'Italia, nelle considerazioni finali del 31 maggio, ha affermato che le prospettive demografiche «comportano una tendenziale riduzione della forza-lavoro, che solo in parte potrà essere contrastata da un miglioramento del saldo migratorio e da un aumento della partecipazione al mercato del lavoro».

Il Sole-24 Ore, organo di Confindustria, ha dedicato ripetutamente ampi spazi al tema della carenza di forza-lavoro, che si sta manifestando in numerosi settori e regioni e si accrescerà negli anni a venire. Il 18 luglio ha titolato a pagina intera: "Nel 2030 in Italia 1,9 milioni di potenziali lavoratori in meno".

Avvenire scrive che adesso «a mancare non sono tanto i consumatori [...] ma sono proprio i lavoratori, che non rispondono più all'appello». L'unico aspetto positivo, secondo il quotidiano della CEI, è che di crisi demografica, a differenza di un decennio fa, oggi non parlano solo gli "specialisti", cioè i cattolici e «qualche laico illuminato»: il tema è diventato attuale. Dovrebbe però guardare ben più indietro di un decennio fa: almeno tre decenni, da quando cioè in Italia i nati iniziarono a essere meno dei morti.

Potremmo continuare a lungo, perché gli interventi sono diventati adesso assai numerosi e con ampio utilizzo di espressioni "pesanti". Anche da parte di enti tecnici come l'ISTAT, che introduce un recente report con questa affermazione: «Le nuove previsioni sul futuro demografico del paese [...] confermano la presenza di un potenziale quadro di crisi» (settembre 2022).

Concludiamo col presidente dell'ISTAT, il demografo Gian Carlo Blangiardo. Nell'agosto scorso ha affermato che «un grande paese deve avere una popolazione numerosa», ma nel contempo ha dovuto annunciare che l'Italia era scesa al 1° giugno 2022 al livello di 58,8 milioni di residenti, con un calo dal 2014 di 1,3 milioni e una previsione di altri 1,2 milioni in meno fra dieci anni.

Che cosa fare oggi?

Alzando lo sguardo a paesi ad alta industrializzazione e con un numero di abitanti dell'ordine di grandezza di quello italiano, quindi ugualmente inseriti nella legge della popolazione della maturità imperialistica, si può avere un'idea delle possibili direzioni che si aprono per l'imperialismo italiano. La Francia ha affrontato il problema quasi un secolo fa, prevalentemente dal punto di vista della natalità, e oggi ha il vantaggio di un ritardo di alcuni decenni nel peggioramento della bilancia demografica, oltre ad avere sempre avuto il supporto di una regolare immigrazione. Il Giappone, che ha i fondamentali demografici bassissimi come l'Italia, sta operando lentamente, ma sembra efficacemente, sul fronte dell'aumento del tasso di occupazione femminile, del ritardo dell'età pensionabile e della prudente apertura all'immigrazione.

La Germania, ambita destinazione di un'immigrazione continua e regolare, sta operando contemporaneamente su più fronti con interventi particolarmente robusti e costosi, iniziati più di dieci anni fa. "Fare come la Germania" è infatti il *refrain* di molti, specie in ambito confindustriale. Secondo Innocenzo Cipolletta, ex direttore di Confindustria, va bene spingere la natalità, ma adesso serve a poco: occorre operare sul tasso di occupazione della popolazione in età di lavoro, di quella femminile, di quella anziana ma ancora abile, e nel contempo facilitare l'immigrazione e la relativa integrazione. Secondo Blangiardo servirebbe triplicare l'immigrazione netta, da 130 mila a 370 mila l'anno. Ma c'è da domandarsi se, in un mercato del lavoro che è europeo, e quindi è aperto alla concorrenza di altri paesi anch'essi bisognosi di immigrati, l'Italia sia in grado di accaparrarsi il triplo di quanti ne arrivano oggi. Secondo Laura Zanfrini (ISMU), che interviene sul quotidiano confindustriale, ci sarà in Italia una pesante richiesta di braccia e di cervelli, ci saranno forti tensioni sul mercato del lavoro, quindi ci vorrà una politica migratoria «illuminata».

"Vasto programma"; anzi vastissimo, perché inserito nel perdurante squilibrio italiano.

ITALIA: POPOLAZIONE PER ETÀ

Appare in maniera evidente il vuoto che si sta creando già da oggi nelle classi centrali della popolazione in età di lavoro. Ad esempio, la classe 21-65 anni perderà dal 2021 al 2030 ben 1,68 milioni di persone, in aggiunta alle parecchie che ha già perduto in precedenza. Nelle previsioni ISTAT è inclusa una stima dell'immigrazione netta (immigrati meno emigrati) di circa 150.000 l'anno. È una stima tutta da verificare: se fosse più bassa, ad esempio 100.000 l'anno, poiché gli immigrati appartengono in buona parte a quella fascia di età, il "buco" sarebbe più alto, intorno ai

2 milioni. La fecondità è prevista in rialzo, da 1,25 figli/donna (2021) a 1,55 (2030). Anche questo è un dato che richiede conferme, che per adesso (fine 2022) ancora non ci sono. Infine, è previsto il livellamento delle nascite poco sopra 400.000 l'anno. Nel 2021 furono 400.249 e la previsione per il 2022 fatta dal presidente ISTAT era di 385.000 nati.

Questi due fattori (fecondità e nascite), al quale va aggiunto il numero di donne in età fertile, da tempo in calo, avranno effetti sulla popolazione in età di lavoro, in positivo o in negativo, che inizieranno a vedersi fra poco più di vent'anni. Occorre peraltro ricordare che un aumento della fecondità può essere vanificato se, come accade da tempo, il numero di donne in età fertile è in diminuzione.

C'è poi il problema di tradurre la popolazione in età di lavoro in popolazione effettivamente al lavoro. Ma questo è l'altro corno della complicata questione.

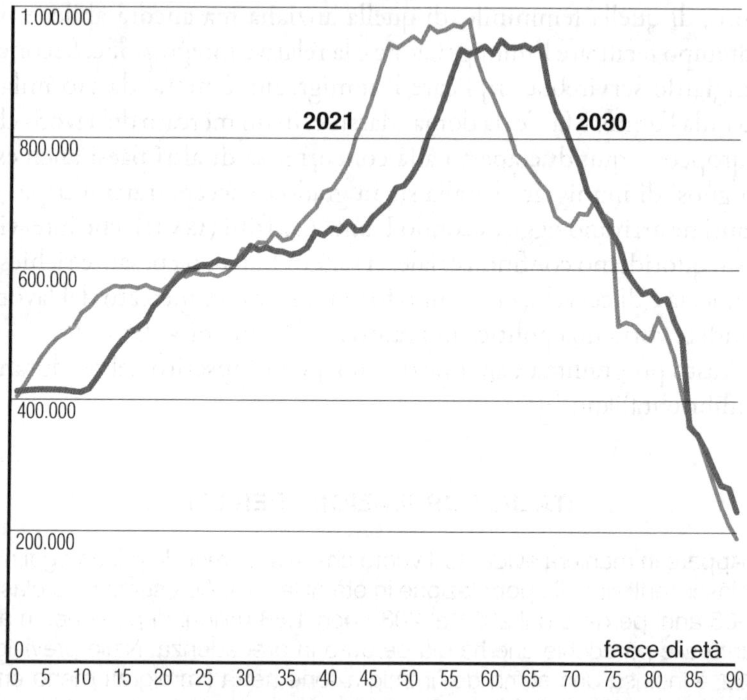

Popolazione residente al 1° gennaio per età (da 0 a 90 anni) nel 2021 e previsione per il 2030 (ISTAT, settembre 2022).

PARTE SECONDA

Migrazioni internazionali

CAPITOLO TERZO

Milioni di migranti in movimento nel mondo

Un processo ininterrotto *

Onu e ocde hanno pubblicato i dati sulle migrazioni internazionali aggiornati al 2013. Si tratta dei dati di stock, come si usa definire il numero di residenti in uno Stato ma nati in un altro Stato. È in sostanza una fotografia, che da sola non può certo ambire a descrivere appieno la complessità della circolazione mondiale della popolazione e della forza-lavoro. La principale carenza è infatti l'impossibilità di cogliere il fenomeno degli spostamenti interni agli Stati, inclusa la fortissima dinamica di spostamento campagna-città che è in corso nei paesi in sviluppo ed emergenti.

Ma è ugualmente possibile fare alcune considerazioni su questa fotografia. L'aspetto che la rende interessante è anche l'essere aggiornata al 2013, anno cardine fra l'uscita dalla crisi e l'inizio della ripresa.

Le migrazioni continuano a crescere

Prima osservazione: «nonostante la crisi economica e finanziaria, le migrazioni globali continuano a crescere», anche se a un ritmo annuo più basso, se si confrontano gli ultimi tre anni di piena crisi col decennio precedente (ma l'Africa triplica il ritmo). Abbiamo qui ulteriore conferma, attraverso il riflesso dei movimenti migratori, sorta di punta di iceberg della sottostante economia mondiale, della dinamica pur fortemente squilibrata degli anni di crisi. Dietro dobbiamo però intravvedere gli ininterrotti spostamenti campagna-città dei paesi in sviluppo, col trasferimento della forza-lavoro

* Settembre 2014.

verso i centri dell'investimento di capitali, sia nei paesi in sviluppo sia in quelli sviluppati.

Seconda osservazione: sta cominciando ad emergere il cambiamento, in realtà in corso da molti anni, di un importante carattere delle migrazioni. Nei paesi OCDE, cioè quelli sviluppati, è fortemente aumentata la quota di immigrati con diploma di terzo livello (laurea): ammonterebbero in questi paesi (il dato è del 2011) a 27 milioni, con un incremento del 70% in dieci anni.

È quella che viene definita la «natura selettiva delle migrazioni», che si sta accentuando.

Il fenomeno è complesso e ha numerose facce che questi dati non consentono di apprezzare appieno, ma è indicatore dell'aumentata richiesta, da parte dell'apparato produttivo in senso lato, di forza-lavoro qualificata, per la quale i mercati nazionali sono sempre meno in grado di dare risposte nazionali.

Interessante la provenienza dello stock di migranti *high skilled* (qualificati) nei paesi OCDE: 2 milioni dall'India, 1,7 dalla Cina, 1,4 dalle Filippine. I paesi più industrializzati devono quindi importare sempre più da lontano anche la forza-lavoro qualificata, non solo quella non qualificata. Ma non per questo si riduce la necessità di quella a bassa qualifica, che ormai significa in buona parte, specie per i giovani, lavoratori col primo livello d'istruzione: necessità che viene giudicata tuttora «elevata».

STOCK DI IMMIGRATI IN MILIONI

	2000	*2010*	*2013*	*Δ% annuo 2000-2010*	*Δ% annuo 2010-2013*
Europa	56,2	69,2	72,5	*2,1*	*1,6*
Nord America	40,4	51,2	53,2	*2,4*	*1,3*
America Latina	6,5	8,1	8,5	*2,2*	*1,6*
Asia	50,4	67,8	70,8	*3,0*	*1,5*
Africa	15,6	17,1	18,6	*0,9*	*2,8*
Oceania	5,4	7,3	7,9	*3,1*	*2,7*
Mondo	**174,5**	**220,7**	**231,5**	***2,4***	***1,6***

Fonte: "World migration in figures", ONU-OCDE, ottobre 2013.

Aumentano gli "skilled"

Osservato dal punto di vista del paese d'origine, ciò si traduce nel fatto che «per quasi tutti [i paesi] il tasso d'emigrazione degli *highly-skilled* supera il tasso totale»: per la precisione, nel 95% dei paesi. In sostanza, la forza-lavoro qualificata emigra in proporzione superiore alla media. È uno dei riflessi, che qui possiamo apprezzare anche su scala mondiale, dello squilibrio internazionale dei sistemi e meccanismi di formazione: impropriamente chiamato *brain drain* (fuga dei cervelli), è invece la circolazione di uno strato di lavoratori che presuppone alle spalle un processo di formazione lungo (fino a vent'anni, includendo la scuola dell'obbligo) e costoso. Gli squilibri fra domanda e offerta determinano qualità e quantità dei vari strati in movimento.

La terza osservazione riguarda l'anagrafe. Nel 2013 l'età mediana degli immigrati (quella che divide in due parti uguali la popolazione: metà è più giovane, metà è più vecchia) è 42,3 anni in Europa e Nord America, è di una decina d'anni più bassa in Asia e Africa. Ciò riflette la storia e l'anzianità dei flussi migratori transnazionali, poi trasformatisi in stock: le generazioni meno recenti, assimilate e spesso con la cittadinanza acquisita, hanno un peso maggiore nei paesi di più vecchia immigrazione.

Ancora un'osservazione riguardo ai rifugiati, ossia alle migrazioni conseguenti alle guerre (ad esempio in Siria) o a eventi politici. «I rifugiati rappresentano una quota relativamente piccola dello stock globale di migranti»: 15,7 milioni nel 2013, il 7%. Inoltre, «circa nove su dieci nel mondo hanno trovato asilo nelle regioni in via di sviluppo».

Continua a crescere, su scala mondiale, lo spostamento della forza-lavoro. Continua a rafforzarsi la nostra classe.

ESIGENZE E SQUILIBRI EUROPEI

«Nonostante la crisi economica e il crescente manifestarsi della retorica anti-immigrazione, la sfida dello sviluppo di una politica migratoria, di integrazione e di asilo che copra tutta la UE rimarrà un punto scottante della politica negli anni a venire» ("Intra-EU mobility: the «second building block» of EU labour migration policy", EPC, maggio 2013).

Questo messaggio proviene dall'European Policy Centre di Bruxelles, *think tank* dell'imperialismo europeo. Lo studio è finanziato da Compagnia di San Paolo (Italia), Riksbankens Jubileumsfond (Svezia) e VolkswagenStiftung (Germania). Viene lamentato, a fronte delle sfide economiche e demografiche attuali e in arrivo, lo stallo delle politiche migratorie, ancora ferme a quello che viene definito il primo mattone (*first building block*) dell'edificio da costruire su questi temi cruciali che investono la disponibilità di forza-lavoro per la macchina economica dell'imperialismo europeo. Il passo in avanti da fare adesso dovrebbe agevolare la mobilità intra-UE dei lavoratori che già vi risiedono: questo sarebbe il secondo mattone. Il terzo, e ultimo, è la politica europea comune d'immigrazione, ovviamente riferita agli ingressi di persone con cittadinanza extra-UE, perché quella intra-UE è già in atto dal 1995 (Schengen).

Agevolare le migrazioni intra-UE

Le argomentazioni di questo *think tank*, che verosimilmente rispecchia tendenze europeiste di grandi gruppi industriali della UE, sono articolate e meritano di essere descritte.

La critica parte dal Trattato di Lisbona del 2009 che, nelle intenzioni, avrebbe dovuto spingere la UE nella direzione di una politica d'immigrazione comune: cosa che è stata realizzata assai parzialmente, per via delle resistenze di alcuni Stati membri. Ma diversi passi sono comunque stati fatti: per esempio, da allora le decisioni in merito a queste questioni saranno prese in ambito UE a sola maggioranza, e non più all'unanimità, limitando così il potere di veto di singoli Stati.

Troppi ostacoli bloccherebbero però oggi la strada verso una politica comune. Fra questi, anche l'esistente frammentazione di competenze, sia in sede UE che nei singoli Stati: ciò rende facilmente impugnabili le singole decisioni da prendere. In sostanza, «troppi ostacoli stanno attualmente bloccando la strada verso una politica UE sulle migrazioni del lavoro».

Le preoccupazioni toccano anche l'aspetto demografico, visto che già alcuni paesi si stanno «contraendo» (*shrinking*), e ciò impatta con «le attuali e prossime future carenze di forza-lavoro e di lavoratori qualificati» negli Stati UE. Va rilevato l'esplicito cenno che viene fatto all'esistenza di almeno due mercati della forza-lavoro: quello generale e quello dei lavoratori qualificati o *skilled*. Si mette infatti in rilievo quella che viene definita «la guerra globale dei talenti», cioè la crescente richiesta di forza-lavoro qualificata che non trova un'offerta corrispondente (da qui la «guerra» per accaparrarseli). È un'esplicita ammissione degli squilibri qualitativi, e non solo quantitativi, del mercato del lavoro europeo (e non solo europeo, come abbiano visto). La scuola, cioè la struttura di formazione della forza-lavoro, non è stata e non è in grado di adeguarsi tempestivamente alle dinamiche necessità dell'apparato produttivo europeo, impegnato nella competizione mondiale; in diversi paesi il calo demografico restringe le leve di reclutamento ad alta qualificazione. L'ex presidente della Commissione UE Romano Prodi osservava alcuni anni fa, interpretando le esigenze europee, che «il flusso di immigrazioni continuerà in tutta Europa ad essere elevato e soprattutto in paesi fortemente stratificati come la Spagna e l'Italia» (*Neodemos*, marzo 2010).

Da qui la proposta realistica dell'EPC di realizzare subito il secondo mattone, nell'attesa che ci siano le condizioni per costruire il terzo, cioè la politica comune complessiva. Si parte dalla premessa che non tutti i paesi UE hanno sofferto allo stesso modo della crisi: «Alcuni stanno ancora sperimentando un forte calo nella richiesta di migranti, [in altri] la domanda di lavoratori immigrati sta ancora crescendo». Viene citata la Commissione UE: nel novembre 2012 ha scritto che «una nuova divisione» si è creata fra paesi avvolti in una caduta a spirale e paesi che hanno resistito, grazie anche al fatto di avere un mercato del lavoro più efficiente. Non è difficile individuarli, questi paesi.

Un mercato del lavoro europeo

La soluzione proposta dall'EPC è di agevolare la circolazione intra-UE degli immigrati extra-UE (gli *immigrati internazionali* rispetto alla UE, portanti cioè nazionalità non-UE) i quali, una volta entrati in un paese UE, hanno forti restrizioni alla mobilità fra un paese e l'altro. Viene citato un paradosso: i cittadini UE possono circolare liberamente all'interno, ma si muovono molto meno di quanto ci si dovrebbe aspettare, mentre gli altri, gli extra-UE, hanno una potenzialità a circolare molto elevata ma non possono farlo o trovano grandi ostacoli, perché una legislazione comune non c'è ancora. Qui si potrebbe intervenire: «Migliorare la mobilità intra-UE sarebbe politicamente e praticamente accettabile». Appare dunque come una chiara esigenza dell'imperialismo europeo nel suo complesso: l'obiettivo finale infatti è realizzare «il mercato del lavoro europeo unico».

Altrimenti, afferma l'EPC, ci sarebbe la possibilità che la UE non sia in grado di fronteggiare le sfide in arrivo, col risultato che la UE continuerebbe ancora a «rimanere indietro a fronte dell'elevata attrazione e del dinamismo dei paesi emergenti».

La tendenza al mercato unico europeo della forza-lavoro procede, pur rallentata dagli ostacoli prodotti dallo squilibrio, o meglio dalla somma degli squilibri, dei singoli Stati membri, che tocca i picchi nei momenti elettorali. Ne abbiamo avuto una prova col referendum anti-immigrati in Svizzera. Ma è una tendenza che, oggettivamente, rafforza anche il proletariato europeo, in tutti i suoi settori e livelli di qualificazione.

La collisione storica del 2015 (1) *

«Per quanto le popolazioni del Medio Oriente, del Sud-Est asiatico e dell'Africa abbiano continuato ad attraversare il Mediterraneo per raggiungere l'Europa in numero crescente fin dal 2011, l'anno 2015 ha segnato il più brusco incremento di arrivi in Europa e di morti nel Mediterraneo»: così si legge nel bilancio stilato dall'IOM (International Organization for Migration).

Le cifre essenziali di quella che abbiamo definito una *collisione storica* sono le seguenti. Arrivi di migranti non regolari nel 2015: 1.045.000, dei quali 35.000 via terra e il resto via mare; rispetto al 2014 il numero si è quintuplicato. Mortalità complessiva del viaggio 3.800 persone, trecento in più rispetto all'anno precedente.

Cerchiamo di collocare questo storico evento in un quadro più ampio, guardando al movimento migratorio su scala mondiale.

Le due tendenze migratorie

Una prima fotografia possiamo trarla dall'ultima edizione (2015) del rapporto ONU sullo stock di migranti nel mondo. Vengono quantificati coloro che sono censiti come nati all'estero nella popolazione dei singoli paesi.

Nel quinquennio 2010-2015 si è passati nel mondo da 222 a 244 milioni, con una crescita pari a un decimo; la quota sulla popolazione mondiale (7,35 miliardi) è passata dal 3,2 al 3,3%. Nei paesi classificati come "sviluppati", che ne contano 141 milioni, la crescita è stata inferiore (+6%), ma l'incidenza sulla popolazione è aumentata dal 10,7 all'11,2%. Nei paesi "in via di sviluppo", che ne contano 103 milioni, la crescita è stata sensibilmente più elevata (+16%) con un'incidenza stabile sulla popolazione (1,7%).

---

* Aprile 2016.

Si può apprezzare, da questi sintetici dati, che il processo migratorio su scala mondiale è in continua crescita, ma continua a presentare dinamiche marcatamente differenziate fra queste due grandi aree del mondo. Proseguono le due tendenze di fondo. La prima, la migrazione verso i paesi sviluppati, partecipa al ricambio continuo, a tutti i livelli di professionalità, del grande esercito di forza-lavoro che vi è concentrato, e in parte colma deficit demografici sempre più vistosi. La seconda, quella diretta verso le aree in forte sviluppo economico, in particolare di Africa e Sud-Est asiatico, alimenta la sete di nuova forza-lavoro derivante dai processi di industrializzazione intensiva ed estensiva, e contribuisce alla crescente urbanizzazione. Qui il processo migratorio è in buona parte anche interno ai confini degli Stati, e quindi non risulta da queste statistiche.

Paesi "sviluppati" e "in via di sviluppo" sono definizioni con un significato che si sta modificando negli anni, se si pensa che la Cina secondo questo schema è classificata, al pari dell'India, nell'area dei paesi in sviluppo. Cina e India, lo sappiamo bene, sono state e sono teatro soprattutto di fortissimi movimenti migratori interni.

L'aumento dell'incidenza migratoria nei paesi sviluppati riflette anche la stazionarietà della popolazione, che è passata nel quinquennio da 1,23 a 1,25 miliardi; per contro, l'area dei paesi in sviluppo è cresciuta da 5,7 a 6,1 miliardi. Il 72% dei migranti, contro il 58% della popolazione mondiale, appartiene alla fascia d'età considerata "lavorativa", dai 20 ai 64 anni. Abbiamo una conferma dell'importanza che rappresenta per la forza-lavoro mondiale la continua iniezione di queste masse di uomini, che in buona parte provengono ancora dalle campagne arretrate.

Punti di accumulazione

Il continente africano, che sfiora ormai 1,2 miliardi, per effetto dei crescenti movimenti interni dovuti anche ai profondi processi di disgregazione contadina presenta una crescita superiore al 4% nel quinquennio e mostra aree di accumulazione di migranti che riflettono la profondità del fenomeno. In Etiopia lo stock di immigrati è raddoppiato, e supera oggi il milione di persone. In Egitto si passa da 300 mila a 490 mila. In Nigeria 1,2 milioni, anche qui in crescita.

In Asia la Corea del Sud, alle prese con un preoccupante e perdurante *inverno demografico*, ha triplicato gli immigrati che ora si avvicinano al 3% della popolazione. In Thailandia la popolazione è poco più che stabile, ma ingloba ormai quattro milioni d'immigrati, 700 mila in più in cinque anni, pari al 6% della popolazione. I tre milioni ufficialmente registrati nel 2015 (+1,6 milioni) in Turchia riflettono, al ribasso, l'ondata di profughi provenienti dalla Siria e dal Grande Medio Oriente.

Quanto all'Europa nel suo complesso (escludendo Federazione russa e Ucraina) lo stock 2015 ha raggiunto i 60 milioni, quasi quattro in più del 2010, con un'incidenza, in crescita, che sfiora l'11% dell'ormai stazionaria popolazione di 550 milioni. Ma qui, più delle statistiche redatte a posteriori dall'ONU, conta la cronaca.

Il flusso verso l'Europa

La cronaca del 2015 ci racconta di un flusso medio giornaliero di tremila migranti, al 97% via mare, otto su dieci diretti in Grecia con provenienza Medio Oriente e Asia occidentale, gli altri dal Nord Africa diretti in Italia. Marginali gli arrivi in Spagna, mentre la Bulgaria ha ricevuto la quasi totalità dei 35 mila arrivi via terra. I tre quarti degli arrivi si sono concentrati in cinque mesi, da agosto a dicembre, con agosto che ha raggiunto più di 7.000 al giorno. Metà degli arrivi provenivano dalla Siria, un quinto dall'Afghanistan, il resto da altri paesi mediorientali e Africa.

Il quadro non sarebbe completo se non si tenesse conto dei transiti. Quasi tutti i paesi balcanici sono stati solcati da flussi di entrata-uscita, con punti di sosta forzata e di accumulazione, spesso a fronte delle barriere di filo spinato che erano state costruite, di masse di migranti dirette per lo più verso il cuore dell'Europa. Le cronache televisive e giornalistiche hanno illustrato ampiamente il fenomeno. Queste le cifre: la Macedonia è stata attraversata da 390 mila persone, la Serbia da 580 mila, l'Ungheria da 410 mila, la Croazia da 560 mila, la Slovenia da 380 mila, l'Austria da 700 mila. Cifre elevate, se si tiene conto della popolazione di questi paesi.

I punti di accumulazione hanno mostrato e mostrano il bastone, non solo figurato, della "Fortezza Europa" alle speranze dei migranti. Le immagini del ghetto francese di Calais, a fronte dell'imbuto per cercare di entrare in Inghilterra, popolato ancora oggi da 5.000 uomini, donne e bambini accampati in condizioni vergognose, sono circolate sui media. Come quelle della greca Idomeni, a fronte del filo spinato macedone, dove si accampano più di 12 mila persone in attesa dell'apertura di un varco verso il Nord Europa. Anche così si opera la selezione della *politica imperialista europea delle migrazioni*.

Per quanto riguarda l'Italia, si registra nel 2015 una stazionarietà degli arrivi, circa 150 mila, rispetto all'anno precedente, quasi tutti di provenienza africana. Con la primavera del 2016, anche a seguito dell'accordo UE-Turchia, si annuncia una ripresa dell'arrivo dei barconi.

La vergogna dei fanciulli

Le fredde statistiche ci dicono anche che due migranti su dieci sono classificabili come *children*, ossia hanno meno di 19 anni di età. Quindi più di 200 mila sono i fanciulli entrati in Europa. Una categoria è costituita dai *non accompagnati e separati*, ossia coloro che migrano separati da genitori e/o parenti: sono stati circa 35.000, uno su sei. Altra categoria sono gli *stranded*, che sono in pratica abbandonati a loro stessi, perché non hanno con sé i mezzi finanziari per provvedere al proprio sostentamento. Gli adolescenti (14-18 anni) invece tendono a far gruppo a sé e a fingersi maggiorenni, per non essere classificati come minori non accompagnati.

In Italia i fanciulli immigrati nel 2015 ammontano a circa 15 mila, dei quali 11 mila *non accompagnati e separati*. C'è una singolare coincidenza numerica col calo delle nascite nel 2015, scese a 488.000, il valore più basso dal secondo dopoguerra, 15.000 in meno sul 2014. Se restassero in Italia, questi fanciulli bilancerebbero esattamente, per un anno solo s'intende, il calo demografico causato dalla perdurante, cronica bassa fecondità.

I bambini sono anche i più deboli, e questa maggiore debolezza si riflette nella mortalità del viaggio, che per loro è assai più elevata

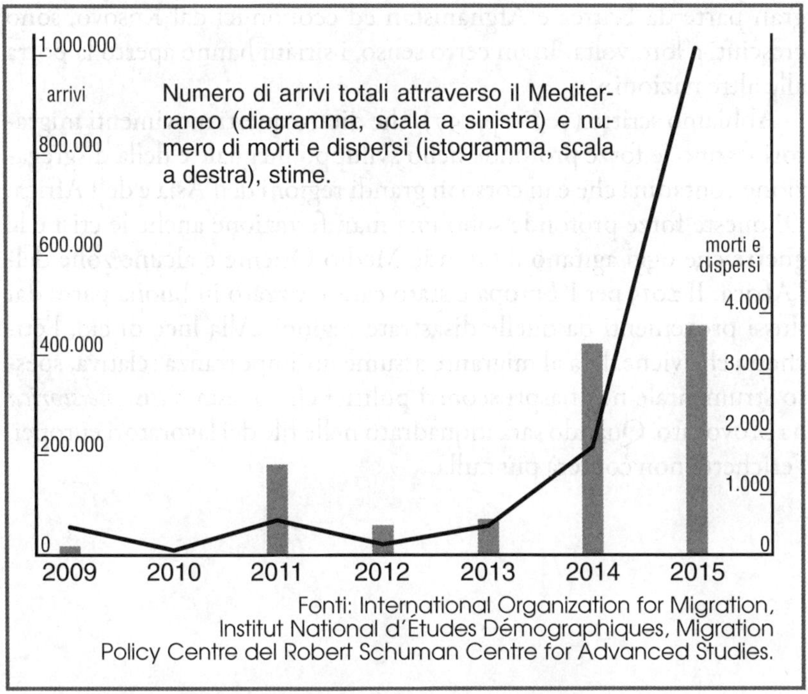

rispetto agli adulti. I morti nel viaggio verso l'Europa sono stati circa 3.800. Risulta che, nel mar Egeo, tre morti su dieci fossero bambini o adolescenti, coll'ulteriore dettaglio che ogni dieci fanciulli deceduti quasi due sono *infant*, ossia con meno di due anni d'età. Se applicassimo la stessa proporzione a tutto il Mediterraneo, i corrispondenti numeri assoluti sarebbero: 1.140 fanciulli morti, dei quali 190 *infant*.

Anche queste cifre fanno parte dell'accoglienza che l'Europa imperialista ha riservato e riserva alle giovani generazioni di immigrati.

Richiedenti asilo o migranti economici?

Secondo Philippe Fargues del Migration Policy Centre, «osservando i flussi mensili dei richiedenti asilo nell'UE-28 si vede chiaramente che il movimento è partito coi siriani a fine 2013. Mesi dopo altri flussi, in gran parte da Eritrea e Afghanistan ed economici dal Kosovo, sono cresciuti a loro volta. In un certo senso, i siriani hanno aperto la porta alle altre nazioni».

Abbiamo scritto (vedi a p. 197) che dietro questi movimenti migratori stanno le forze profonde dello sviluppo ineguale e della disgregazione contadina che è in corso in grandi regioni dell'Asia e dell'Africa. Di queste forze profonde sono una manifestazione anche le crisi e le guerre che oggi agitano il Grande Medio Oriente e alcune zone dell'Africa. Il 2015 per l'Europa è stato caratterizzato in buona parte dai flussi provenienti da quelle disastrate regioni. Alla luce di ciò, l'etichetta che viene data al migrante assume un'importanza relativa, spesso strumentale negli aspri scontri politici che questa *collisione storica* ha provocato. Quando sarà inquadrato nelle file dei lavoratori europei, l'etichetta non conterà più nulla.

La collisione storica del 2015 (II)*

Il milione e più di immigrati arrivati in Europa nel 2015 ha dato forza alla *politica imperialista europea delle migrazioni*.

Uno studio recente del FMI sulle «sfide economiche», così vengono definite, derivanti dall'aumento del numero di rifugiati in Europa mette a fuoco alcuni punti nodali della questione e delle opportunità «economiche» che si stanno aprendo all'Europa per effetto di quella che viene definita una «catastrofe umanitaria».

FMI: sfide economiche e catastrofe umanitaria

Alcuni vantaggi vengono visti a breve termine, dovuti sia all'aumento della spesa pubblica causato dal supporto ai richiedenti asilo, sia all'espansione dell'offerta di forza-lavoro che ci sarà. Sono effetti concentrati soprattutto in Austria, Germania e Svezia.

Sul medio-lungo termine, tutto dipenderà dal grado d'integrazione di questa nuova forza-lavoro nel mercato, legata alla soluzione dei problemi della lingua e della trasferibilità delle loro professionalità lavorative. Ciò richiede interventi politici per consentire ad esempio che possano lavorare anche nel periodo d'attesa dell'esito della domanda d'asilo, che possano spostarsi liberamente verso le aree dove c'è più richiesta di lavoro, e altro ancora. A supporto, studi e indagini di dettaglio sui, peraltro già ben noti ma non sempre pubblicizzati, problemi demografici dell'Europa, sul calo delle nascite, sui vuoti nelle classi cruciali di età, e così via.

Il FMI prevede una crescita della popolazione europea dello 0,15% annuo dal 2015 al 2017 e, a seguire, dello 0,1%, quasi esclusivamente grazie al contributo netto dei migranti: cioè purché entrino ogni anno 1,3 milioni di richiedenti asilo «con un tasso di respingimento del 40%». In altre parole, si manifesta la necessità di migranti per la "accogliente"

---

* Maggio 2016.

Europa, ma si dà per scontata una drastica selezione ai suoi ingressi, rimandandone indietro 2 su 5.

Passare dall'analisi del FMI alla realtà europea richiede un passo lungo e complesso per i centri economici dell'imperialismo europeo. Due paesi nel 2015 sono stati scelti dai migranti, più di altri, come destinazione: Germania e Svezia.

La Germania investe sulla nuova forza-lavoro

È conosciuta da decenni la gravità del problema demografico per la Germania, soprattutto nei riflessi sulla forza-lavoro. Una recente stima dell'OCDE dava questo schematico bilancio per il decennio 2010-2020: fatto pari a 100 il numero di lavoratori a inizio decennio, in pensione andranno 24 lavoratori, le nuove leve saranno 18, il saldo negativo da colmare sarà pari a 6. Il confronto con gli USA (rispettivamente 20 e 21, saldo positivo pari a 1) e con la media europea (22 pensionamenti, 21 nuovi, saldo negativo di 1) dà le dimensioni del problema tedesco. Le professionalità con maggiore carenza sono nell'ordine: mestieri qualificati, ingegneri, venditori, tecnici, contabili/finanziari, autisti, manager, medici e professioni sanitarie, assistenti amministrativi e segreteria; un misto con prevalenza di qualifiche medio-alte. Chi, se non gli immigrati, per colmare il vuoto?

Gli immigrati adesso sono arrivati e, com'è noto, nel settembre 2015 la Germania ha anche alzato le bandiere del *Willkommen*. Le richieste di asilo del 2015 sono state 475 mila, più di un terzo del totale europeo di 1,25 milioni. Ma i problemi non mancano per trasformare questi uomini nei lavoratori che servono alle imprese: «l'integrazione dei rifugiati nel mercato del lavoro tedesco sarà una grossa sfida» ha affermato Ingo Kramer, presidente della Confindustria tedesca. Le grandi imprese soprattutto si stanno dando da fare con programmi concreti d'inserimento. I nomi vanno da Daimler a Deutsche Telekom, da Bayer a Henkel, da Volkswagen alle grandi banche. L'Agenzia federale dell'impiego riferisce che ci sono un milione di posti di lavoro non coperti, e che cinque su sei sono per lavoratori *skilled*.

Frank-Jürgen Weise, capo dell'Agenzia federale dell'immigrazione che è al centro di questo processo, attualizza le cifre e dà una dimensione concreta allo sforzo in atto. Sul suolo tedesco ci sarebbero adesso (marzo 2016) 1,2 milioni di richiedenti asilo, dei quali un po' più della metà saranno accolti e potranno restarvi; di questi 660 mila, in età di lavoro sarebbero 460 mila. «È tutto meno che un'ondata» sostiene. Mezzo milione in età di lavoro contro un milione di posti disponibili e non coperti: in due soli numeri, questa sarebbe la realtà tedesca.

Sempre Weise ha dato un'accelerata alle attività dell'Agenzia, raddoppiando da 19 mila a 37 mila al mese le domande processate. Del milione di rifugiati del 2015, le decisioni sarebbero state prese per 280 mila casi; 370 mila sono in sospeso; altri 3-400 mila non avrebbero ancora fatto la domanda d'asilo. Si vorrebbe ora arrivare a esaurire in 48 ore ogni singolo processo, che prevede che l'Agenzia federale prenda le decisioni sull'accoglienza o meno, lasciando ai Land la responsabilità della logistica e dell'alloggio.

Come sta procedendo l'integrazione? Il titolo di un articolo di *Der Spiegel* del febbraio scorso è esplicito: "Cosa significa un milione di immigrati per la vita di tutti i giorni". E spiega: «Il prossimo compito è integrarli. [...] La Germania tenta di integrare centinaia di migliaia di rifugiati provenienti dal Medio Oriente e dall'Africa». I dati raccolti dal settimanale offrono uno squarcio, poco riportato in Italia, sulle dimensioni e i problemi dell'investimento che la Germania sta mettendo in campo per l'integrazione dei migranti e che – a detta di tutti ormai – la impegnerà per almeno un quinquennio. È anche, di riflesso, uno squarcio della versione centroeuropea del *melting pot* nel quale, un secolo e più fa, fu inquadrata la classe operaia immigrata in USA, in gran parte proprio di provenienza europea.

L'impatto sociale

L'impatto tocca molti settori della società tedesca, dal sistema sanitario alla scuola. Il sistema scolastico avrebbe assorbito nei due anni scorsi 325 mila figli di rifugiati. Saranno necessari 20 mila nuovi insegnanti perché «niente funziona se i rifugiati non parlano il tedesco»; del resto la ripartizione per età dei richiedenti asilo vede il 26% fino ai 15 anni e il 30% da 16 a 24; per metà quindi appartengono alla fascia della scolarizzazione inferiore e medio-superiore.

Herbert Brücker, dell'Agenzia federale dell'impiego, fornisce cifre più dettagliate. Innanzitutto, del più di un milione e centomila rifugiati registrati nel 2015, «probabilmente» solo 800 mila sono ancora sul territorio tedesco: più di uno su quattro è scomparso dai registri ufficiali. Quelli che arrivano in Germania (che sono così valutati: due terzi da Siria, Irak e Afghanistan, il resto da Iran, Pakistan, Balcani, Africa) dal punto di vista scolastico sono polarizzati: più della media tedesca quelli a elevata qualifica, ma più della media anche quelli a bassa qualifica; circa un terzo ha il diploma di scuola secondaria o la laurea. La stima per il 2016 è che ci saranno 380.000 posti di lavoro per i rifugiati, lasciandone 130.000 disoccupati.

Il collaudato sistema svedese

La Svezia nel 2015 ha raccolto 160 mila richieste d'asilo: un terzo della Germania ma, in proporzione agli abitanti, in realtà il triplo. Quest'attrazione per i migranti ha una serie di motivazioni.

La Svezia è paese di antica e forte tradizione industriale. Oggi la quota dell'industria nel prodotto nazionale lordo svedese è superiore, seppur di poco, alla Germania. I più di 4 milioni di salariati svedesi, strettamente integrati coi 35 milioni di salariati tedeschi, sono parte determinante della classe operaia europea. Il paese scandinavo ha un tasso di fecondità (1,88 figli per donna) non lontanissimo dal valore che consente il ricambio delle generazioni, e la quota sulla popolazione totale dei giovani fino ai 24 anni è del 30%, contro il 23 tedesco. Non è quindi il paese europeo messo peggio dal punto di vista demografico.

Dal 2008 la politica migratoria svedese si distingue per l'apertura alla forza-lavoro di provenienza extra UE. La legge che fu promulgata è stata una lungimirante misura di flessibilità in un mercato del lavoro nel quale si riscontravano rigidità e anche carenze di disponibilità di lavoratori. Scrivono Bernd Parusel e Kristof Tamas del DELMI (Swedish Migration Studies Delegation) che questo sistema, lodato dall'OCDE come quello più aperto fra i paesi membri, «è stato introdotto per facilitare il reclutamento in occupazioni dove c'è carenza di forza-lavoro e per offrire agli imprenditori migliori opportunità per assumere dall'esterno» (*Migration Policy Practice*, febbraio-marzo 2016).

La riforma semplificò notevolmente il meccanismo di reclutamento, basato sulla volontà di rendere elastico il mercato facendo combaciare le richieste con l'offerta attraverso un sistema definito *employer driven*, guidato dall'imprenditore (e dalle sue necessità). Venivano forniti rapidamente permessi di durata biennale, rinnovabili e che, dopo alcuni passaggi vincolanti, consentivano l'ingresso vero e proprio al libero mercato del lavoro, in più con la possibilità del ricongiungimento famigliare. Anche i richiedenti asilo potevano lavorare da subito, nel periodo di attesa dell'esito della domanda.

Un bilancio ad oggi mostra alcuni risultati significativi. Innanzitutto, mentre la popolazione svedese è passata da 9,0 milioni nel 2005 a 9,4 nel 2010 e a 9,8 nel 2015, lo stock di immigrati (europei ed extraeuropei) è salito da 1,1 a 1,4 a 1,6 milioni, contribuendo in modo importante alla crescita. La quota di immigrati sulla popolazione, già rilevante, è salita dal 12 al 15 al 17%: oggi, più di una persona su sei in Svezia è nata fuori dai confini nazionali (era una su dieci nel 1995). Dai quattro anni precedenti alla nuova legge ai quattro successivi, gli immigrati di provenienza UE si sono dimezzati, mentre sono aumentati quelli extra UE, che hanno raggiunto i tre quarti. Lo stock di rifugiati censito dall'ONU, che toccò quota 200 mila nel 1995 (effetti della crisi nei Balcani, con molti provenienti dalla ex Jugoslavia, oltre all'ingresso della Svezia nella UE), poi sceso a 75 mila nel 2005, è cresciuto a 83 mila nel 2014 fino a 114 mila nel 2015.

Si sono create tre filiere principali nelle fasce di mercato del lavoro più interessate: per i lavori agricoli dalla Thailandia, per i lavori più *skilled* (come il trattamento elettronico dei dati) dall'India, per i servizi (ristorazione, pulizie) dalla Cina. Con la caratteristica di una elevata circolarità, cioè di parecchi rimpatri dopo periodi di lavoro di qualche anno.

Però c'è anche l'altra faccia della medaglia, per tutti i lavoratori immigrati, non solamente per i richiedenti asilo: «talvolta viene loro pagato un salario parecchio al di sotto dei contratti collettivi; oppure non viene pagato alcun salario; oppure vengono applicate forti trattenute per un debito verso l'imprenditore», scrivono Parusel e Tamas. Tutto il mondo è paese: ciò fa parte del modo di produzione capitalistico, nel quale non esiste alcuna isola felice, neppure in Scandinavia. Questo sistema è messo oggi alla prova dall'impennata di flussi della *collisione storica*.

Germania, Svezia: due centri industriali dell'imperialismo europeo, due centri d'eccellenza della politica imperialista europea delle migrazioni, ma anche due centri privilegiati di accumulo della nuova classe operaia europea.

AFRICA

L'Africa in movimento (1) *

Qual è il posto dell'Africa, continente che pesa per un settimo sulla popolazione mondiale ma per un quarantesimo sul prodotto, nel movimento globale delle migrazioni? Il *refrain*, ormai, sembrerebbe essere sempre lo stesso: anche per la giovane Africa emergono maggiori spinte a una più stretta integrazione. Leggiamo ad esempio nel recente rapporto della World Bank che «sforzi notevoli sono richiesti per ridurre i costi e i rischi che hanno di fronte i migranti africani, e per migliorare i benefici delle migrazioni per i paesi della regione».

Presenza africana nel mondo

Se passiamo alle quantificazioni, dobbiamo però osservare che la collocazione dell'Africa nell'ambito delle migrazioni *internazionali* risulta essere marginale: la stima dei migranti sul continente che fornisce l'ONU è di soli 20 milioni nel 2010, pari all'1,9% della popolazione; per di più in aumento molto contenuto (erano 16 milioni nel 1990), e quindi in calo come quota sulla popolazione, che era del 2,5% vent'anni fa.

La World Bank fornisce stime più elevate: 31 milioni, come risultato dei flussi degli ultimi decenni; quindi pari al 3% della popolazione. Di questi, meno di un milione verrebbero da fuori. Toccherebbe i 140 milioni la popolazione nel mondo che vanta origini africane, risultato dei flussi storici; gran parte risiederebbe nell'emisfero occidentale. Cifre sottovalutate: «il numero effettivo è probabile sia significativamente più elevato», secondo la World Bank. Uno studio dell'ECOWAS, la

* Febbraio 2012

Comunità Economica degli Stati dell'Africa Occidentale, valuta «marginali» le migrazioni africane nei paesi sviluppati: nell'area OCDE ci sarebbero circa 7 milioni di africani.

Eredità coloniali

La posizione dell'Africa è però del tutto particolare. Osserva Ian Goldin che delle migrazioni africane si ha, particolarmente in Europa, una percezione non del tutto corretta, come se il continente fosse potenzialmente uno dei maggiori fornitori mondiali di migranti. Le migrazioni, scrive con ragione, «non sono semplicemente mosse dalla povertà»; le sorgenti principali le troviamo infatti nelle economie emergenti, che attraversano un periodo di sviluppo e che si integrano nell'economia mondiale: «La crescita della mobilità è un corollario dello sviluppo nazionale e dell'interdipendenza globale».

L'Africa nel suo complesso è ancora indietro in questa lunga strada sulla quale ha da poco iniziato ad accelerare. Senza dimenticare che secoli di colonialismo hanno lasciato in eredità una divisione in più di 50 Stati, molti dei quali con confini tracciati col righello, spesso dividendo gruppi etnici che sono risultato di secoli di storia tribale. Solo cinque Stati superano oggi i 50 milioni di abitanti: Nigeria (158), Etiopia (85), Egitto (84), Repubblica Democratica del Congo (68), Sud Africa (51), che assieme concentrano più di quattro decimi degli abitanti continentali; ne seguono sei fra i 30 e i 50 milioni; i restanti hanno una limitata dimensione demografica, anche se per quasi tutti i tassi di crescita sono ancora forti.

Lo sviluppo è poi fortemente diseguale; il Nord Africa, affacciato al Mediterraneo, ha fatto e fa per certi aspetti storia a sé; il Sud Africa è il polo più avanzato, ma demograficamente limitato; vi sono poi i poli della Nigeria e dell'Africa occidentale, e il resto del continente, assai più arretrato. Tutto ciò si è riflesso e si riflette sugli stock e sui flussi delle migrazioni africane. Senza considerare l'ulteriore difficoltà della mescolanza di migrazioni *interne* (dentro i 50 paesi) e formalmente *internazionali* (fra i 50 paesi), che si combinano in una grande varietà di spostamenti "circolari" attraverso frontiere che non sempre sono ben definite.

Visioni realistiche su "irregolari" e "regolarizzati"

La tesi che sostiene Hein de Haas dell'International Migration Institute di Oxford è chiarissima: non la miseria, bensì lo sviluppo genera le migrazioni. «L'immagine diffusa – scrive – di una migrazione africana messa in movimento dalla miseria è basata su un'assunzione fondamentalmente errata delle complesse relazioni che esistono fra sviluppo e migrazioni». E ancora: «In contrasto con l'usuale, ma unilaterale, visione sulla "miseria umana" che spingerebbe i migranti fuori dall'Africa, la migrazione irregolare sembra essere trainata prevalentemente dalla domanda del mercato del lavoro».

Dal suo lontano osservatorio inglese, de Haas evidenzia con realismo contraddizioni che difficilmente si trovano nella pubblicistica mediterranea, dove gli aspetti politici e mediatici oscurano l'analisi economica. Osserva che sia Spagna sia Italia hanno adottato un sistema di "quote" che «formalmente» si basa sulle necessità del mercato del lavoro; ma il fatto che le quote annuali «mai» corrispondano alla domanda spiega la persistenza di un'immigrazione che in larga scala è irregolare. Il che si combina con l'evidenza che gli imprenditori preferiscono assumere immigrati che già risiedano, ancorché illegalmente, in Europa; da ciò la considerazione che è assai improbabile che "quote" anche incrementate possano arrestare le migrazioni irregolari.

Le inevitabili e periodiche regolarizzazioni «vengono vendute al pubblico» con l'idea che servano ad arrestare successive immigrazioni irregolari, e che non ce ne saranno più in futuro; cosa che però non succede, se persiste la domanda di forza-lavoro. C'è quindi una «crescente discrepanza» fra le politiche migratorie restrittive adottate dai paesi europei verso l'Africa e le reali esigenze del mercato. Questo spiega non solo perché queste politiche siano invariabilmente «fallite» nel tentativo di bloccarle; ma anche «che hanno aumentato rischi e costi delle migrazioni, e le sofferenze e lo sfruttamento sul mercato del lavoro dei migranti coinvolti».

Noi abbiamo sempre saputo, e documentato, come alla ricerca politica del consenso interno, che arriva a muovere i più odiosi e beceri accenti razzisti, vadano in parte addebitati anche «sofferenze e sfruttamento» dei lavoratori immigrati.

Le migrazioni africane dal 1960

L'anno 1960 è stato l'anno dell'Africa. Iniziamo da quell'anno a seguire, basandoci anche sulle valutazioni di de Haas, i principali flussi migratori africani, in gran parte diretti verso l'Europa. Il grosso proveniva dalle tre ex colonie francesi: Algeria, Marocco e Tunisia. In quarant'anni, gli emigrati sarebbero: 2,6 milioni dal Marocco, che nel contempo è passato da 12 a quasi 30 milioni di abitanti; 1,2 milioni dall'Algeria (passata da 11 a 31); 700 mila dalla più piccola Tunisia (salita da 4 a 10 milioni). Destinazioni tradizionali dei maghrebini: Francia, percorrendo le filiere dell'ex potenza coloniale, Olanda, Belgio e Germania. Negli anni '80 i flussi si sono consolidati con i ricongiungimenti famigliari ed estesi ad altri paesi fra i quali, come ben sappiamo, Italia e Spagna.

In parallelo si sono attivati i flussi trans-sahariani: flussi storici, secondo sentieri attivi da secoli, ma che negli anni '70 e '80 del secolo scorso assumevano un pieno carattere di *migrazione capitalistica*. Provenienti da un ampio spettro di paesi del centro del continente, dal Corno d'Africa al Golfo di Guinea, hanno percorso quella difficile strada decine di migliaia di potenziali lavoratori. Un flusso sdoppiato: una parte rivolto al Maghreb e all'Europa, una parte ad alimentare la richiesta di forza-lavoro in Libia. Paese questo che contava poco più di un milione di abitanti nel 1951, anno dell'indipendenza, e a fine secolo aveva di poco superato i 5 milioni; quindi in forte debito di forza-lavoro per l'estrazione petrolifera e i relativi investimenti in infrastrutture.

Secondo de Haas, di questi flussi si ha una visione distorta: non masse di disperati, bensì forza-lavoro potenziale, giovane, determinata. «Anche se comunemente sono dipinti come indigenti e disperati, i migranti sono spesso relativamente ben istruiti e hanno un *background* relativamente agiato, se non altro a causa del costo relativamente elevato del viaggio». Uomini appartenenti alle tribù nomadi trasportano la forza-lavoro attraverso il deserto del Ténéré. Julien Brachet descrive questi viaggi, che seguono strade e fanno tappa in città che si sono sviluppate proprio di conseguenza; ne emerge chiaramente il carattere moderno, cioè di una *migrazione capitalistica* di forza-lavoro, mossa da un *network* di richiamo verso i luoghi ove di forza-lavoro c'è la necessità.

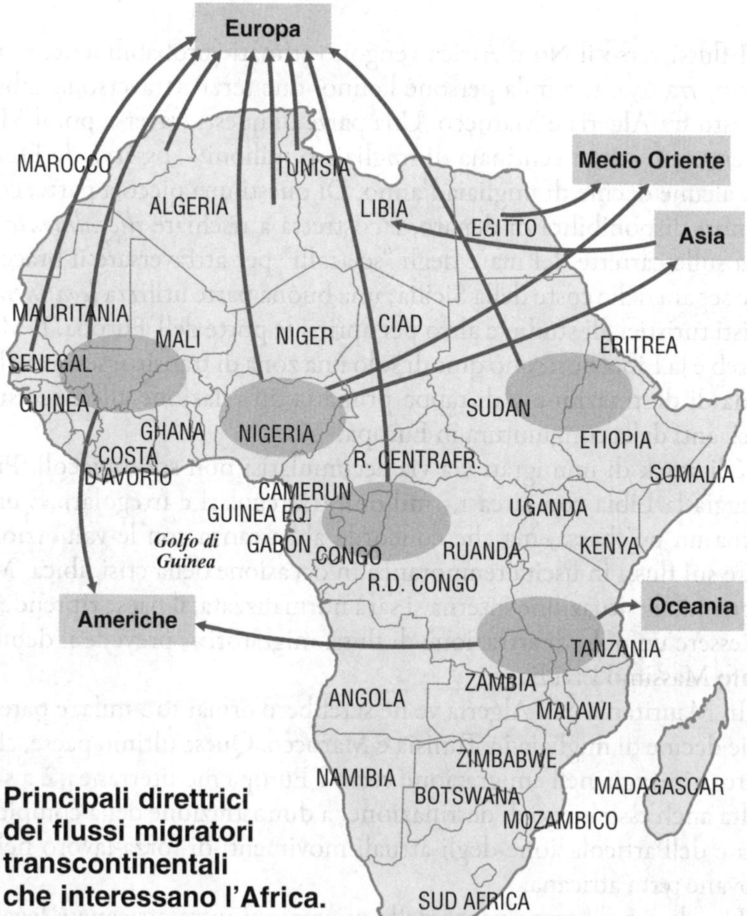

Principali direttrici dei flussi migratori transcontinentali che interessano l'Africa.
Nostra elaborazione.

Fonti: Hein de Haas, "The myth of invasion", "Third World Quarterly", 7/2008; Julien Brachet, "Construction of territoriality in the Sahara", in "Wiener zeitschrift für kritische afrikastudien", 8/2005: Massimo Livi Bacci, "Le migrazioni di guerra della Libia", Neodemos, 22 settembre 2011; Ian Goldin, Geoffrey Cameron, Meera Balarajan, "Exceptional people", 2011; Dilip Ratha e altri, "Leveraging migration for Africa", The World Bank, 2011; "African economic outlook 2011", ONU e African Development Bank; Donata Gnisci, Marie Trémolières, "Atlas on regional integration in West Africa", ECOWAS, 2006; Catherine Wihtol de Wenden, "Atlas mondial des migrations", 2009; "Key statistics on forced labour", ILO.

Flussi sub-sahariani

I flussi verso il Nord Africa vengono stimati (probabilmente al ribasso) fra 65 e 120 mila persone l'anno: due terzi attraverso la Libia, il resto fra Algeria e Marocco. Una parte di questi traversa poi il Mediterraneo: «non centinaia di migliaia o milioni», osserva de Haas, ma alcune decine di migliaia l'anno. Di questi una piccola parte, con minori disponibilità di denaro, è costretta a rischiare *illegalmente* la vita sulle carrette del mare degli "sciacalli" per attraversare il braccio che separa dalle coste della Sicilia; una buona parte utilizza *legalmente* i visti turistici, di studio e altro per aprirsi le porte dell'Europa. Il Maghreb e la Libia non sono quindi solo una zona di transito; sono anche zona di destinazione o di tappa primaria, in relazione alle necessità derivanti dalla congiuntura in Europa.

Gli stock di immigrati via via accumulatisi non sono piccoli. Primeggia la Libia con circa 1,5 milioni, fra regolari e irregolari. È una stima un po' bassa, ma che concorda abbastanza con le valutazioni fatte sui flussi in uscita temporanea in occasione della crisi libica. Ma «quando la situazione interna si sarà normalizzata, il paese riprenderà ad essere un polo di attrazione di flussi migratori», prevede il demografo Massimo Livi Bacci.

In Mauritania e in Algeria ve ne sarebbero ormai 100 mila, e parecchie decine di migliaia in Tunisia e Marocco. Quest'ultimo paese, che pure primeggia nell'emigrazione verso l'Europa mediterranea, è a sua volta anch'esso luogo di destinazione: a dimostrazione della complessità e dell'articolazione degli attuali movimenti di forza-lavoro nella giovane terra africana.

Un altro polo importante delle migrazioni intra-africane è legato al colosso della Nigeria e ai vicini paesi che si affacciano al Golfo di Guinea; e alimenta sia l'estrazione petrolifera sia lo sfruttamento delle risorse agro-alimentari. Vi è infine il polo d'attrazione rappresentato dall'economia sudafricana. Di questi flussi, e delle condizioni delle masse di proletari coinvolte, abbiamo più volte trattato negli anni e nei decenni passati.

L'Africa in movimento (II) *

Nel maggio dello scorso anno, alcuni mesi dopo lo scoppio della crisi nei paesi nordafricani che abbiamo definito *banlieue* e parte delle "Zone economiche speciali" dell'Europa, Antonio Golini ha tirato un bilancio dal punto di vista demografico e migratorio di quella che chiama «area euro-africana». Le sue valutazioni sulle migrazioni africane sono più alte di quelle ufficiali (ONU) e di altre che abbiamo riportato.

Tendenze migratorie euro-africane

Dividendo il continente in due parti, Nord Africa e Africa sub-sahariana, i flussi, cioè il saldo, negli ultimi due decenni (1990-2010) ammontano secondo Golini ad alcune centinaia di migliaia l'anno. Nel dettaglio: 250-300 mila migranti, però dimezzati negli anni più recenti, quelli del Nord Africa; circa 150-200 mila, saliti poi a 350 mila, dell'Africa sub-sahariana. Ma dietro a questi flussi starebbe una «pressione demografica fortissima e crescente». Egli sostiene che le previsioni ONU sulle migrazioni, che a suo parere sottovalutano il problema, «potrebbero essere auspicabili, ma nell'intensità sembrano poco plausibili»; e quantifica in alcuni milioni di uomini/anno i possibili effetti migratori di questa «pressione» proveniente dall'Africa sub-sahariana.

Secondo l'ECOWAS, la Comunità Economica degli Stati dell'Africa Occidentale, le tendenze migratorie nei prossimi decenni dipenderanno non solo dai tassi di crescita a Nord e a Sud del Sahara, nei paesi sviluppati e nei paesi emergenti, ma anche dallo sfruttamento crescente delle risorse petrolifere dell'Africa occidentale e dal loro sempre maggiore inserimento nel mercato globale. Più nello specifico, osserva l'ECOWAS, il Nord Africa ha una riserva importante di forza-lavoro *highly skilled*, accoppiata a una minore "pressione demografica" rispetto al resto del continente.

* Aprile 2012.

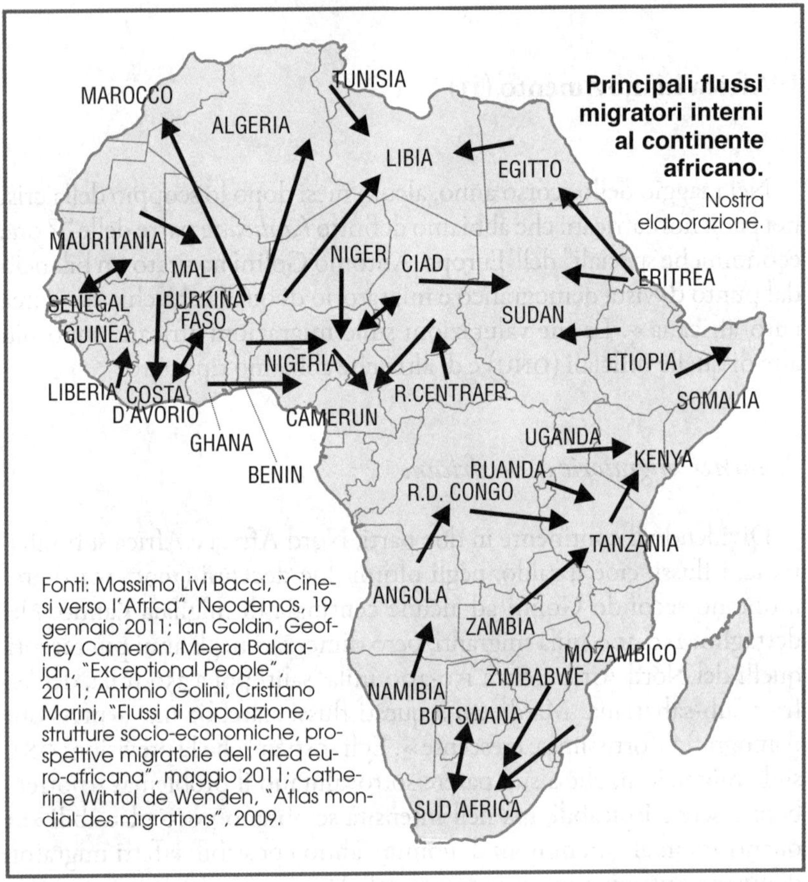

Principali flussi migratori interni al continente africano. Nostra elaborazione.

Fonti: Massimo Livi Bacci, "Cinesi verso l'Africa", Neodemos, 19 gennaio 2011; Ian Goldin, Geoffrey Cameron, Meera Balarajan, "Exceptional People", 2011; Antonio Golini, Cristiano Marini, "Flussi di popolazione, strutture socio-economiche, prospettive migratorie dell'area euro-africana", maggio 2011; Catherine Wihtol de Wenden, "Atlas mondial des migrations", 2009.

"Low-skilled" e "high-skilled"

L'idea, forse un po' mediterranea, che l'emigrazione dall'Africa verso l'Europa sia un'emigrazione "povera" è molto diffusa. Indubbiamente la parte dei *low-skilled* nei flussi migratori provenienti dall'Africa è rilevante; ma non c'è solo questo; lo stesso accade per le migrazioni intra-africane. Da questo punto di vista, è fuori di dubbio che la storia e i differenti ritmi di sviluppo fra il Nord Africa e l'Africa sub-sahariana abbiano segnato una sorta di barriera, oltre che fisica ed economica, anche nelle condizioni demografiche (fecondità) e di distribuzione della popolazione (urbanizzazione, quota di popolazione attiva agricola), che si riflettono sui caratteri e la formazione della relativa forza-lavoro, e si ribaltano poi su quella che emigra, specie verso il bacino mediterraneo.

Consideriamo i dati della Nigeria dall'indagine World Bank sui migranti da alcuni paesi africani. Età media: fra 27 e 33 anni, più alta verso i paesi OCDE; genere: 62-75% maschi, segno che non è ancora iniziata in maniera massiccia la ricongiunzione famigliare; formazione: il 40-50% con scuola secondaria, ma superiore verso i paesi OCDE. Ne emerge quindi un quadro, seppur parziale, che è ben lontano dall'immagine del migrante semi-analfabeta e *low-skilled*: non è solo questo il protagonista, c'è anche una quota, probabilmente crescente, di migranti qualificati. Quadro confermato dai dati sull'analfabetismo: nella media toccherebbe oggi un terzo della popolazione fra i 15 e i 24 anni, è più basso in Nigeria (28%, ma 21 tra i maschi), è molto più basso nei paesi del Nord Africa. Fa storia a sé il Sud Africa, con pochi punti di analfabetismo residuo e senza differenze dovute al genere.

Migrazioni interne

La tabella della World Bank fornisce la ripartizione per destinazione dei migranti internazionali africani. Ne emerge una situazione molto polarizzata. Se è vero che la metà si è mossa all'interno del continente, e la metà ne è uscita, è evidente la fortissima differenza fra il Nord Africa, i cui migranti lasciano quasi tutti il continente, e le restanti regioni (che corrispondono all'incirca all'Africa sub-sahariana). Ma vi è compreso anche il flusso trans-sahariano, che arriva al Nord dal centro del continente, e poi in parte ne esce: non necessariamente si tratta delle stesse persone. Forte è dunque il rimescolamento migratorio interno, che non è facile quantificare in assoluto ma che traspare da queste cifre.

Regione di origine	*intraregionale*	*altre regioni africane*	*fuori Africa*
Nord	6	1	93
Centro	23	38	39
Est	52	7	41
Ovest	71	5	24
Sud	66	6	28
AFRICA	50		50

Ripartizione dei migranti africani per regione di origine e di destinazione. Fonte: World Bank, 2011.

Cinesi in Africa e africani nel Guangdong

Vi sono poi filiere importanti non dal punto di vista dei numeri ma per le tendenze che possono anticipare.

Ad esempio, la crisi libica ha fatto emergere il rivolo carsico di lavoratori cinesi immigrati in Africa al seguito dei grossi investimenti in corso da parte del Dragone. Difficile quantificare: secondo Massimo Livi Bacci, che pure riporta (senza però condividerle) stime che valutano a 750 mila lavoratori il flusso nel primo decennio del nuovo secolo, non ci sono numeri certi. In Sud Africa vi è però da molto tempo una comunità cinese, forte di 200 mila persone; non è di recente immigrazione, perché risale all'insediamento di fine Ottocento al traino degli inglesi. Si tratterebbe però, al di là delle cifre che sono limitate in assoluto, e ancor più in rapporto alla popolazione, di un fenomeno recente ma qualitativamente importante, perché testimonia il crescente legame economico che sta sotto questi movimenti di forza-lavoro. Infatti i caratteri, secondo Livi Bacci, sono principalmente quelli della presenza temporanea di lavoratori relativamente *skilled* e delle loro famiglie al seguito degli investimenti cinesi nel continente. A fianco di questo vi sarebbe però anche un più stabile flusso di contadini poveri cinesi, che si riciclano in terra africana con prospettive di un reddito e uno status maggiore di quello che si prospetta in patria; e di gruppi di piccoli imprenditori e commercianti, che si insediano nelle città creando anche in terra d'Africa le *Chinatown*. Uno dei nuclei importanti è l'Algeria (40.000 persone), dove sarebbero già stati segnalati conflitti interetnici. Altre comunità cinesi si starebbero formando in Zambia e nel Congo.

Livi Bacci non segnala però il flusso nell'altra direzione, dall'Africa alla Cina, che ha caratteri del tutto diversi. Flussi non al seguito di investimenti, ma diretti a colmare carenze di forza-lavoro che stanno iniziando a manifestarsi nel Guangdong. «La Cina ha già iniziato ad attirare migranti africani» scrive Ian Goldin; ciò riguarda principalmente la città di Guangzhou, nel Guangdong, mentre i migranti proverrebbero dall'Africa Occidentale (Nigeria, Guinea, Camerun, Liberia e Mali).

Sembra proprio un ricorso della storia. Due-tre secoli fa, era quella la regione di maggior reclutamento, prima degli schiavi, poi dei lavoratori "liberi", per lo sviluppo capitalistico del Nuovo Mondo di allora, l'America; il Nuovo Mondo di oggi, e il giovane imperialismo cinese in particolare, vi attinge nuovamente. La cifra che Goldin riporta è pari a 100 mila, una goccia nel mare degli otto milioni di cantonesi. È però indicativo osservare quanto rapidamente si attivino e s'indirizzino i flussi migratori, una volta che le filiere e le reti siano gettate e che vi sia la necessità di forza-lavoro: «Questi nuovi insediamenti si svilupperanno in *networks* [reti] per facilitare il movimento di un numero maggiore di persone, quando aumenterà la domanda di lavoratori».

Il "lavoro forzato" dei fanciulli

Non possiamo dimenticare il cosiddetto "lavoro forzato", nelle sue varie forme: è una pratica non solo africana, ma diffusa su tutto il pianeta. Secondo l'ILO vi sono coinvolti nel mondo 12 milioni di persone: 700 mila nell'Africa sub-sahariana, 260 mila in Nord Africa e Medio Oriente; non ne è esente il mondo "civilizzato": 360 mila in USA ed Europa. Quasi la metà sono fanciulli. Nelle piantagioni di cacao che gravitano sulla Costa d'Avorio, secondo altre fonti, sono impiegati più di centomila minori.

Un vizio secolare del modo di produzione capitalistico, questo dell'utilizzo dei fanciulli per la produzione del plusvalore e la valorizzazione del capitale.

Un patrimonio anche per la nostra classe

The Economist (3 dicembre 2011) ha valutato recentemente che l'Africa, descritta solo dieci anni fa come «*the hopeless continent*», il continente disperato, senza speranza, e che oggi rappresenta appena un quarantesimo del prodotto mondiale (a parità di potere d'acquisto), ha iniziato ad accelerare il ritmo di sviluppo. Fra i punti di forza, le risorse naturali e la disponibilità di forza-lavoro. Anche se non sarà una nuova Cina, «potrà fare breccia nel mercato globale per l'industria manifatturiera leggera e per i servizi [...] in un momento scuro per l'economia mondiale, il progresso dell'Africa aiuta a ricordare le speranze di trasformazione dovute alla crescita». Il settimanale della City londinese è quindi ottimista sul contributo che il continente africano potrà dare all'economia mondiale.

Come abbiamo descritto sul nostro giornale analizzando le crisi nordafricane dello scorso anno ("Democratiche «primavere» di urne e cannoni", *Lotta Comunista*, aprile 2011), sta emergendo un continente nel quale demografia e migrazioni rappresentano uno dei fattori di un potenziale sviluppo che ne farà uno dei punti di forza, per la giovane età e per la crescente forza del numero, del proletariato mondiale.

L'Africa rappresenta oggi, per le borghesie locali in via di consolidamento e per le potenze imperialistiche vecchie e nuove, un gigantesco giacimento potenziale di plusvalore da mettere a frutto. Ma, dialetticamente, ciò è anche un patrimonio per la nostra classe. Non è una speranza, è una certezza: il proletariato africano, quello impiegato nel continente e quello che sta migrando altrove, ne rappresenterà un reparto sempre più grande.

Dall'Africa all'Europa *

Quali sono le forze profonde che stanno dietro al crescente movimento di migranti dall'Africa verso l'Europa, che produce mortali tragedie lungo le direttrici mediterranee? Sono, in estrema sintesi, le forze profonde dello sviluppo capitalistico e della disgregazione contadina, che hanno oramai definitivamente investito anche il continente africano.

Non è certo un fenomeno nuovo, perché è sempre stato la costante, il minimo comune denominatore, dello sviluppo e dell'estensione del modo di produzione capitalistico nel mondo. Masse crescenti di popolazione, potenziale forza-lavoro salariata, che lasciano le campagne e si dirigono verso le città ne hanno sempre segnato la storia. Seppure con forme diverse, ma con contenuti analoghi, questo fenomeno ha interessato negli ultimi 30-40 anni, e sta tuttora interessando, la Cina, l'India, l'Indonesia, l'Indocina, l'Asia in sviluppo nel suo complesso. E ancor prima aveva interessato l'Europa, con quelle "migrazioni proletarie di massa" del XIX e XX secolo che contribuirono anche al popolamento delle Americhe. In tutti i casi una componente, più o meno importante, della disgregazione contadina non veniva assorbita dalle città o dall'industrializzazione locale, ma *tracimava* verso i poli, anche se geograficamente molto lontani, dell'economia mondiale, che più di altri attiravano forza-lavoro.

Ora il momento dell'Africa è maturato. L'urbanizzazione è un indicatore importante di questo processo.

Urbanizzazione africana

La popolazione urbana dell'Africa ammonta oggi a 470 milioni, circa il 40% su 1 miliardo e 150 milioni; è cresciuta di 200 milioni

* Maggio 2015.

nei quindici anni trascorsi da inizio secolo, e l'ONU prevede che aumenterà di altri 300 nei prossimi quindici, con un incremento medio annuo nei due periodi che balza da 13 a 20 milioni. Il tasso di crescita annuo del 3,5% è più di un punto superiore a quello della popolazione totale, urbana più rurale. La fecondità è tuttora alta (4,4 figli per donna), calata di meno di un'unità da inizio secolo. Nel 2030 l'Africa nel suo complesso potrebbe contare 1,6 miliardi di uomini: nelle città, con circa 800 milioni, potrebbe aver quasi raggiunto, e forse anche doppiato, la boa del 50%. Un recente studio dell'ONU definisce il tasso africano di urbanizzazione «il più veloce al mondo».

Nel continente non c'è uniformità: è il risultato della storia passata e dell'attuale sviluppo ineguale. Possiamo dividere l'Africa in due grandi regioni: la fascia nordafricana, dal Marocco all'Egitto, e il Sud Africa, più avanti sulla strada dello sviluppo (230 milioni di abitanti, urbanizzati al 58%); e l'altra Africa, più arretrata seppure con forti differenze fra paese e paese.

Quest'ultima, l'Africa sub-sahariana vera e propria, è popolata oggi da più di 900 milioni, dei quali 340 nelle città (meno del 40%); la fecondità (4,8 figli per donna) è di due unità superiore a quella della fascia nordafricana. I ritmi di urbanizzazione sono molto elevati: ogni due anni la quota urbana aumenta di un punto, e la popolazione cittadina cresce da inizio secolo a tassi annui superiori al 4%, previsti quasi costanti fino al 2030. Così i 340 milioni di urbani di oggi, già raddoppiati da inizio secolo, raddoppieranno ancora nei prossimi quindici anni, superando i 600, pur non raggiungendo ancora la soglia dell'uno ogni due.

In questa regione dell'Africa, le città da 300 mila a 1 milione di abitanti, praticamente inesistenti nel 1950, erano 60 nell'anno 2000, oggi sono raddoppiate (112) ed è previsto siano 190 nel 2030. La popolazione delle città fino a un milione, che oggi è un quarto di quella urbana totale, arriverà a pesare quasi un terzo. Si diffonderà quindi il tessuto di medie città, come sottolinea anche l'ONU nell'edizione 2014 del "World Urbanization Prospects": «Le agglomerazioni urbane a più rapida crescita sono le città di media dimensione, meno di un milione di abitanti, dell'Asia e dell'Africa». Non solo Lagos, Il Cairo e Kinshasa, dunque, ma centinaia di città dal nome quasi sconosciuto, nelle quali si sta addensando popolazione e si sta formando proletariato.

Dalla campagna alla città

Una parte della crescita della popolazione urbana è dovuta alle nascite nelle città stesse; il resto è dovuto alle migrazioni, in pratica quasi tutte provenienti dalla campagna.

Tenuto conto di ciò, si può stimare che i flussi annui campagna-città in Africa siano passati dai più di 4 milioni l'anno d'inizio secolo agli 8-10 attuali; il contributo maggiore lo danno l'Africa occidentale (con Nigeria e Ghana) con 3-4 milioni, e l'Africa orientale (con Etiopia e Kenya) con 2-3 milioni. È poi valutabile a un 10%, circa 0,8-1 milione, la quota che *tracima* ogni anno verso l'Europa e altre zone sviluppate. Del resto, la sola immigrazione *regolare* verso l'Europa è attestata da tempo a centomila unità l'anno.

Lo studioso nigeriano di migrazioni Aderanti Adepoju ha sintetizzato efficacemente le due fasi di questo processo. Nell'Africa sub-sahariana le dimensioni dello sviluppo non hanno consentito di approfittare, come nelle Tigri asiatiche, del «dividendo demografico di una popolazione giovane e virile»: ossia, osserviamo noi, c'è stata nelle città africane una disponibilità di forza-lavoro superiore alle pur crescenti richieste attivate dallo sviluppo economico locale. Di conseguenza «l'ingrigire delle popolazioni e le carenze di forza-lavoro nei paesi ricchi possono accelerare la richiesta di lavoratori in molti settori. Nell'Africa sub-sahariana, la forte crescita della popolazione accentua la disponibilità di forza-lavoro, creando un pool di potenziali migranti, pronti a riempire i posti vuoti creati dall'invecchiamento della popolazione al Nord» (*African Population Studies*, dicembre 2011).

Però il «pool di potenziali migranti» ha incontrato e incontra, paradossalmente, strade sempre più impervie e mortali per «riempire i posti vuoti» al Nord, cioè in Europa. Un alto dirigente UE, numero due della Commissione, l'olandese Frans Timmermans, ha dichiarato: «Una politica migratoria efficace consisterà nel progettare migrazioni legali e, in parallelo, applicare correttamente il diritto d'asilo», in quanto dell'immigrazione legale «abbiamo imperativamente bisogno» (intervista a *Le Monde*, 14 maggio). La contraddizione è evidente.

LA LUNGA FRONTIERA DELLE PERDITE UMANE

La carta mette in evidenza quanto fitta sia la rete delle strade percorse dai migranti illegali dell'Africa sub-sahariana diretti verso l'Europa: sono i migranti definiti *economici*, ai quali si sommano su alcune tratte coloro che lasciano le zone di guerra e di crisi. L'aspetto principale sono le provenienze: da quasi tutti gli Stati della regione ha origine un rivolo, che poi diventa un torrente, che dalle campagne e dalle città confluisce nelle strade maestre dirette verso le coste nordafricane. Da lì parte l'attesa dell'imbarco verso la Spagna, l'Italia, Malta. Sono le stesse strade calcate nei secoli passati dalle carovane di merci e di schiavi. È un fenomeno capillare: rispecchia la capillarità della disgregazione contadina del continente africano che dà origine al movimento migratorio *economico*. Su queste strade nel deserto, oltre che sui barconi, si consuma la tragedia delle migrazioni africane del XXI secolo.

Secondo le studiose australiane Leanne Weber e Sharon Pickering, uno dei problemi della valutazione della mortalità di questi viaggi è definire i reali confini ai quali riferirla. Hanno così introdotto il concetto di *confine funzionale*. Un confine virtuale, che va al di là del confine fisico e amministrativo fra Stati per abbracciare tutto il percorso del viaggio del migrante, dalla partenza all'arrivo: a questo va riferita la mortalità,

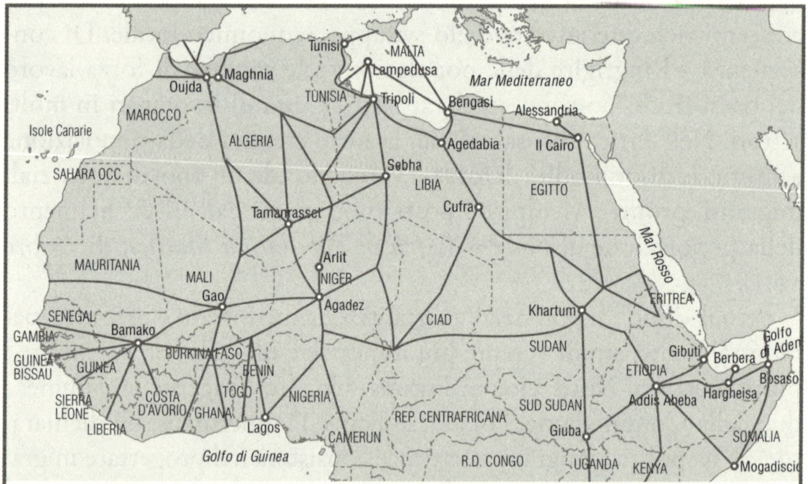

Le principali strade che raccolgono i migranti diretti verso le rive Sud del Mediterraneo centrale e orientale, e di qui all'Europa.

Fonti: "The Global Initiative", 2014; Council on Foreign Relations, 2015; "Urbanization and development transformation in Africa", ONU-UNFPA, 2013.

che così diventa quella *border related*, cioè relativa al passaggio del confine in senso lato. Un'idea corretta, ma che si scontra con la carenza di affidabili statistiche, che loro stesse denunciano. Occorre affidarsi alle stime.

La stima su scala mondiale dei migranti, per lo più illegali, morti nel loro lungo viaggio è crudele; in più, ad ogni morte accertata ne corrisponderebbero almeno altre due, presunte ma non accertate, né accertabili. Ovunque: su terra o in mare, dal Mediterraneo al Sahara, dai Balcani al Rio Grande, dal Corno d'Africa ai mari dell'Australia. Adottando questo criterio si può valutare che fra il 2000 e il 2014 siano stati *intorno a 10.000 l'anno* i morti sui percorsi migratori più pericolosi.

Abbiamo già osservato che questi viaggi hanno comportato oggi, nel XXI secolo, una mortalità dell'ordine del 2-4%. Scrive Klaus J. Bade, studioso tedesco di storia delle migrazioni: «Nel XVIII secolo il tasso di mortalità medio nelle traversate atlantiche – relativo ai soli passeggeri bianchi e non agli schiavi – raggiungeva il 4% per gli adulti e quasi il doppio per i bambini. [...] Nei primi anni dell'Ottocento i tassi di mortalità erano scesi alla metà. Ma con la forte spinta emigratoria anche in questo periodo si arrivò a esiti catastrofici». I secoli passano, ma le cifre e le tragedie si ripetono, uguali alla lettera.

EUROPA

Le rotte della morte *

Nella notte tra il 18 e il 19 aprile, il naufragio del barcone che ha portato tra le 700 e le 900 vittime è forse la maggior tragedia di questo tipo avvenuta sinora nel Mediterraneo, ma è una tragedia a suo modo regolare e prevedibile, lungo direttrici migratorie che sono divenute rotte della morte.

Nell'ottobre scorso è stato dedicato all'immigrazione un numero di *Europa*, supplemento pubblicato congiuntamente da quotidiani di sei paesi europei che esprimono, già dal titolo scelto, tendenze fortemente europeiste. C'è un'esplicita e motivata denuncia: all'Europa serve una «strategia» sull'immigrazione; «la nostra evoluzione demografica e quella del continente africano, a fronti invertiti, faranno delle migrazioni un fenomeno costante ancora per decenni»; ma «come fare in modo che l'immigrazione possa essere vista come parte della soluzione invece che parte del problema?». Nel 2014 per la prima volta, sottolinea *Europa*, nella UE la popolazione in età di lavoro, cioè fra 15 e 64 anni, è diminuita, e si prevede che calerà di 7,5 milioni entro il 2020 (ogni anno a venire, ne mancherà un milione aggiuntivo!). «La vita degli immigrati fa parte di quella degli europei». La *Süddeutsche Zeitung* evidenzia che in Germania il 29% degli immigrati possiede il diploma di scuola superiore, un dato che parla da solo su come stia evolvendo la scolarità della forza-lavoro d'immigrazione.

"Vergognosa politica migratoria"

Poco di nuovo in questi dati, che anno dopo anno aggiornano una situazione conosciuta da tempo e da tutti. Ma ancora una volta la con-

---

* Aprile 2015.

traddizione è evidente, fra la realtà dei fatti e l'ipocrisia di una "Fortezza Europa" che non è in grado di gestire le migrazioni di cui ha bisogno. Così questa spinta oggettiva che, come scrive *Europa*, segue una «logica economica», trasforma in uno spreco colossale di uomini e di energie un fenomeno che dovrebbe essere «parte della soluzione». Il risultato, l'immigrazione, ampiamente stratificata, dal laureato all'operaio industriale al bracciante agricolo, c'è lo stesso, perché nessuno può fermare le forze profonde che la muovono; ma il costo è enorme, e gli immigrati sono i primi a pagarlo, molti con la vita.

Der Spiegel affronta la questione in un ampio articolo del settembre 2014. Il titolo non potrebbe essere più chiaro: "I mortali confini dell'Europa. Uno sguardo all'interno della vergognosa politica migratoria europea". Secondo il settimanale di Amburgo, Frontex si presenta come un'Agenzia che, dalla lontana Varsavia, «difende l'Europa contro un nemico»; la politica di frontiera sta diventando «una questione sui caratteri e i valori della UE»; non esiste una strada legale per i rifugiati per raggiungere l'Europa; chi vuole fare domanda di asilo deve prima entrare illegalmente in Europa, coi barconi, nascosto nei minibus o nei camion, o in aereo con un passaporto falso; «l'Europa si sta isolando». E infine la denuncia esplicita: «È anche vero che la trasformazione della UE in una fortezza ha creato le condizioni che hanno portato ai morti lungo i confini. Molti rifugiati scelgono le pericolose vie attraverso il Mediterraneo perché Frontex sigilla le strade».

Per quanto riguarda i soli rifugiati, che fuggono da crisi e da guerre locali in Africa e Medio Oriente, e che sono quasi tutti migranti illegali, solo uno su dieci tenta la strada dei paesi sviluppati, in particolare dell'Europa; gli altri sono accolti nei paesi limitrofi. Le cifre per la UE, per la "Fortezza Europa" che conta più di 500 milioni di abitanti, sono tutt'altro che drammatiche. Da commissaria europea agli Affari interni Cecilia Malmström, riporta *Der Spiegel*, ha definito una «disgrazia» il fatto che la UE accetti così pochi rifugiati. Conclude il settimanale tedesco: «Finora la UE ha protetto i suoi confini; ora dovrebbe cominciare a proteggere i popoli». Sottinteso che un occhio sia diretto al crescente buco demografico, che penalizza la Germania più di tutti gli altri.

MEDITERRANEO, BALCANI, AFRICA

Sulla cartina sono tracciati i principali percorsi delle migrazioni "illegali" con destinazione Europa, i cui protagonisti sono la miscela di rifugiati e richiedenti asilo, di migranti economici e di famigliari, al seguito o che vogliono ricongiungersi. Alcuni percorsi godono in Italia di alta notorietà mediatica; altri sono del tutto ignorati. Scrive l'Organizzazione internazionale per le migrazioni (IOM) che «i numeri sono conformemente politici». Pur con questa premessa, abbiamo raccolto da più fonti alcune stime sui flussi nei vari scenari che circondano la "Fortezza Europa". Si può valutare che nel 2014 circa 500 mila siano stati gli immigrati irregolari in tutte le forme; di questi, almeno la metà ha attraversato il Mediterraneo.

Frontex nell'ultimo bollettino trimestrale "Frontex Risk Analysis Network" tira le somme dei clandestini che vengono intercettati ai confini della UE: nei primi tre trimestri del 2014 sono stati 22.000 al mese, per un settimo sulle vie terrestri (Balcani), il resto per mare (Mediterraneo orientale e mar Egeo, Mediterraneo centrale cioè verso Malta e Sicilia, e occidentale verso la Spagna). Aggiunge il numero dei respinti

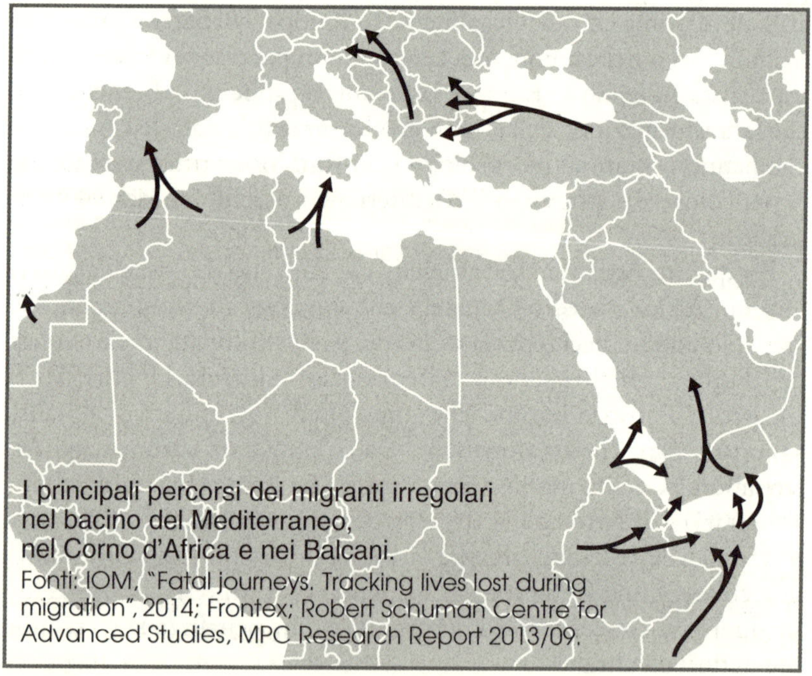

I principali percorsi dei migranti irregolari nel bacino del Mediterraneo, nel Corno d'Africa e nei Balcani.
Fonti: IOM, "Fatal journeys. Tracking lives lost during migration", 2014; Frontex; Robert Schuman Centre for Advanced Studies, MPC Research Report 2013/09.

alle frontiere, circa 9.000 al mese, metà ai confini di terra, un po' meno della metà agli aeroporti, il resto nei porti. In parallelo, il costo umano: la mortalità dei passaggi clandestini, per terra e soprattutto per mare, è valutabile a 5.000 l'anno, per tutti i confini europei.

Aggiungiamo il Corno d'Africa che è da anni un corridoio di passaggio verso la penisola arabica: circa 100 mila i transiti ogni anno, intorno a 1.200 l'anno il costo umano.

Dall'Africa all'Europa

È possibile stimare l'evoluzione dei flussi migratori dall'Africa verso la UE nei prossimi anni? L'ISMU, che fa capo a Fondazione Cariplo, regione Lombardia, Curia e Camera di Commercio milanesi, ha tracciato uno scenario. È interessante perché si basa su valutazioni di carattere demografico-occupazionale e dello sviluppo economico dei paesi africani; non sono considerati i flussi dei rifugiati, richiedenti asilo, ecc.; in sostanza è stato isolato il fenomeno "puro". In sintesi: nel 2014-15 il flusso annuo si è assestato sui 300 mila l'anno (mille al giorno), e su questi livelli dovrebbe rimanere fino al 2025. Significativa però l'evoluzione dell'origine: il Nord Africa scende dal 45% circa a meno del 30%, e corrispondentemente sale il Centro-Sud africano.

Più controlli, più rischi

È stato valutato che il rischio di viaggio di un migrante irregolare, in modo abbastanza indipendente dal transito (che sia via mare nel Mediterraneo o nel mare di Timor, via terra nei Balcani o attraverso il deserto del New Mexico) possa arrivare al 2-4%: ossia, i 100 che partono sanno già che da 2 a 4 di loro non arriveranno a destinazione. Per il bacino del Mediterraneo si hanno stime più dettagliate, ad opera del Centro di studio delle migrazioni presso il Robert Schuman Centre for Advanced Studies. C'è inizialmente un'accusa precisa, ma ricorrente anche in altri scenari: man mano che nuove misure di controllo dei confini vengono introdotte, i migranti cercano strade alternative, che però sono «più lunghe e più rischiose». Vi è poi il dato statistico: la probabilità di morte nei viaggi via mare verso la UE, che era prossima allo zero nel 1998-2000, è cresciuta quasi linearmente fino al 4 per cento nel 2007, per poi oscillare fra il 4 e il 2 fino al 2013; poche le differenze fra le diverse rotte. Il carattere generale rimane quello di «flussi irregolari spesso misti, comprendenti rifugiati e migranti [economici] che cercano la strada della migrazione irregolare». Infine, ancora una sottolineatura della divisione Nord-Sud fra i paesi UE: «I maggiori destinatari di richieste d'asilo non sono i paesi mediterranei (Francia esclusa), bensì Germania, Svezia, Regno Unito e Belgio. Questi ritengono di fare di più degli Stati mediterranei, e in realtà si potrebbe dire che gli Stati mediterranei non adempiono ai loro obblighi verso la UE».

La domanda d'asilo fatta dal migrante irregolare o clandestino è diventata la strada maestra per essere ammessi nella UE, beninteso se e quando la domanda viene accolta dallo Stato al quale è stata presentata, che dovrebbe essere (accordi di Dublino) quello del primo ingresso sul territorio europeo. L'accoglimento delle domande d'asilo da parte dei governi è diventato, di fatto, uno dei modi per regolare questo tipo di ingressi. Le crisi e le guerre del Medio Oriente e del Nord Africa hanno fortemente aumentato l'utilizzo di questa strada, sempre più utilizzata dai migranti irregolari di tutti i tipi (economici, ricongiungimenti famigliari, e quel 10% di rifugiati che si allontanano dalle zone di crisi e decidono di cercare la strada della ricca Europa). Delle circa 600 mila domande del 2014 nella UE, un terzo è stata fatta in Germania, un ottavo in Svezia, un decimo in Francia e altrettanto in Italia.

"Asilo *à la carte*"

La situazione è complessa e intricata. Gli interessi che girano attorno al *business* degli immigrati sono grandi; l'utilizzo politico è spietato; la cialtroneria, specie in Italia, non ha limiti; il richiamo al razzismo impera in mille forme. Il clandestino che riesce ad arrivare e a fare domanda d'asilo aspetta poi mesi e anche anni costretto a uno stato di completa inattività in attesa della risposta o di essere ricacciato in patria. Aspetta, a meno che non ne scappi in cerca di meglio altrove, accampato in centri, spesso definiti «prigioni» o addirittura «campi di concentramento». È la testimonianza di uno spreco di capacità umane, di giovani della nostra classe nel pieno delle loro capacità manuali e intellettuali, che dovrebbe far gridare vendetta.

Una chiara e cruda sintesi di questo stato di cose l'ha fatta recentemente António Guterres, alto commissario dell'ONU per i rifugiati, sulle colonne del *Wall Street Journal* (10 aprile). Il sistema europeo dell'asilo, afferma, è molto «disfunzionale», cioè non svolge i compiti che dovrebbe; inoltre le condizioni fra i vari paesi sono assai differenti, «dai centri di raccolta simili a prigioni nel Sud [Europa] al trattamento più generoso negli Stati del Nord». Ciò crea una situazione di «asilo *à la carte*», e ovviamente le persone cercano di andare dove sanno di trovare condizioni migliori. Aggiungiamo il forte contrasto in sede UE per il fatto che i paesi del Sud Europa tendono a lasciar sfuggire senza controlli verso il Nord i rifugiati in arrivo, scaricando le proprie strutture ma sovraccaricando quelle degli altri, anche se, in fondo, così facendo vanno incontro ai *desiderata* degli immigrati. Guterres è convinto della scarsa efficacia dei muri: i migranti trovano sempre un'altra strada. Ma è noto che al muro greco-turco completato nel 2012 sul fiume Evros starebbe per aggiungersi quello bulgaro-turco, lungo ben 82 km.

Le generazioni immigrate in Europa *

Il demografo tedesco Klaus J. Bade osserva, nella sua storia delle migrazioni europee, che i semplici dati statistici del numero di stranieri e della relativa percentuale sulla popolazione residente «dicono poco sugli effettivi processi d'immigrazione». E aggiunge che il fattore che incide a falsare le comparazioni è la differenza nelle politiche di naturalizzazione fra i vari paesi.

Ciò che afferma è certamente vero. Le politiche di concessione della cittadinanza agli immigrati coinvolgono la prima e soprattutto la seconda generazione, che è quella nata nel paese d'immigrazione con almeno un genitore straniero. Ne consegue una rappresentazione falsata, perché il naturalizzato spesso scompare dalle statistiche delle migrazioni.

Concatenarsi di generazioni

Per avere una visione completa della presenza migratoria è quindi indispensabile tener conto delle successive generazioni di immigrati che si concatenano l'una con l'altra, indipendentemente dalla cittadinanza del singolo. Un quadro che sia limitato ai *flussi annui* e agli *stock accumulati* di immigrati fornisce certamente una fotografia efficace, specie se ripetuta nel tempo, da un punto di vista complessivo, ma non può vederne appieno la penetrazione e la stratificazione nel tessuto sociale del paese. Per valutare l'effettiva presenza degli immigrati in senso lato, specialmente nei paesi che hanno una storia d'immigrazione meno recente, occorre scavare in profondità, recuperando la presenza di queste successive generazioni.

Si pongono anche questioni di metodo: come si definisce l'immigrato? La definizione più comune, più semplice e quindi più adottata

---

* Luglio-agosto 2016.

è quella di persona nata in un paese diverso da quello di residenza, indipendentemente dalla cittadinanza passata o acquisita, che può essere anche doppia. Altre definizioni vengono utilizzate: ad esempio chi è cittadino straniero nel paese di residenza, indipendentemente da dove sia nato. Questo porta alla questione posta da Bade sulle diverse politiche di naturalizzazione degli immigrati: è accertato che la definizione in base alla cittadinanza sottostima, anche sensibilmente nei paesi d'immigrazione meno recente, la valutazione della popolazione legata all'immigrazione in senso lato.

L'intreccio francese

Uno studio dell'INSEE del 2012 sulla popolazione immigrata in Francia aiuta a capire. Vengono distinti gli *immigrati* veri e propri, coloro che sono nati all'estero con cittadinanza alla nascita del paese d'origine, dagli *stranieri*, nati in Francia ma non, o non ancora, cittadini francesi. Si distinguono anche, fra gli immigrati, quelli che hanno acquisito la nazionalità francese da quelli che mantengono quella d'origine. Fatto pari a 100 il totale degli immigrati più gli stranieri nati in Francia, questi ultimi sono pari a 9. Dei restanti 91, tutti nati all'estero, sono 37 quelli che hanno acquisito la nazionalità francese, un processo che richiede anni, e 54 quelli che hanno ancora la nazionalità d'origine.

In sintesi, quest'analisi ci dice che della popolazione con origini migratorie in senso lato quasi la metà è nata nel paese o vi risiede da un numero sufficiente di anni per aver potuto ottenere la nazionalità francese. In altri paesi le proporzioni possono essere sensibilmente differenti, in relazione all'anzianità delle ondate migratorie (che in Francia è alta) e alle politiche di naturalizzazione più o meno aperte.

L'aumento degli immigrati in Europa

Nella tabella è stato ricostruito il quadro della presenza degli immigrati in Europa da inizio secolo. Sono stati considerati 30 Stati, i 28 membri della UE più Svizzera e Norvegia, che del mercato europeo

IMMIGRATI IN EUROPA (2000-2015)

	2000 popolaz.	2000 immigr.	2010 popolaz.	2010 immigr.	2015 popolaz.	2015 immigr.	2000 %	2010 %	2015 %
Cuore Europa + UK	299,1	27,2	310,0	38,6	315,2	41,7	9,1	12,5	13,2
Nord Europa	27,7	2,2	29,8	3,4	30,9	4,0	7,9	11,4	12,9
Sud Europa	63,3	3,5	69,9	8,5	69,0	8,2	5,5	12,2	11,9
Nuove zone Europa	108,2	3,3	105,1	3,4	103,6	3,4	3,0	3,2	3,3
TOTALE	498,3	36,2	514,8	53,9	518,7	57,3	7,3	10,5	11,0

	% popolazione				% cittadinanza	
	autoct.	1ª gener.	2ª gener.	1ª+2ª g.	intra-UE	extra-UE
Cuore Europa + UK	76,1	15,6	8,3	23,9	4,6	5,5
Nord Europa	77,3	15,2	7,5	22,7	4,4	4,1
Sud Europa	83,9	13,8	2,3	16,1	3,3	6,3
Nuove zone Europa	95,3	1,8	2,9	4,7	0,2	0,8
TOTALE	81,2	12,5	6,3	18,8	3,5	4,6

Cuore Europa: B, L, NL, D, F, I, A, CH; ***Nord Europa:*** S, N, DK, FIN, IRL; ***Sud Europa:*** E, P, GR, M, CY; ***Nuove Zone Europa:*** CZ, SK, EST, LV, LT, BG, PL, H, RO, HR, SLO; dati in milioni, i dati sulle generazioni e sulla cittadinanza riguardano la popolazione da 15 a 64 anni nel 2014.

Fonte: ONU International migrant stock; Eurostat Database.

sono parte integrante. Gli altri Stati europei non sono stati inseriti per mancanza di statistiche comparabili; il loro peso, sia demografico sia economico, è comunque trascurabile.

Gli Stati sono divisi in quattro regioni, relativamente omogenee per collocazione geografica e industriale: il *Cuore dell'Europa*, che include Germania, Francia e Italia, cui si aggiunge il Regno Unito; il *Nord Europa* dei paesi scandinavi; il *Sud Europa*, con gli Stati mediterranei e il Portogallo; le *Nuove zone europee*, che comprendono i paesi dell'Est entrati nell'Unione dal 2004 in poi.

La prima parte della tabella riguarda la popolazione e la popolazione immigrata, definita come popolazione nata in un paese diverso da quello di residenza. La crescita della popolazione è stata nel primo decennio dello 0,33% l'anno, dimezzata allo 0,15 nel successivo quinquennio, a dimostrazione della dimensione complessiva dell'*inverno demografico europeo*, pur con sensibili differenze fra Stati. Ad esempio, nei 15 anni la Germania perde 1,2 milioni di abitanti, mentre Francia e Regno Unito aumentano (5-6 milioni), come pure, ma a ritmo dimezzato, l'Italia. Le nuove zone europee sono in forte calo, e il Sud Europa è ormai stagnante.

Queste cifre della popolazione residente comprendono gli immigrati, che da 36 milioni al versante del secolo sono diventati oggi 57, con un incremento di più di tre milioni anche negli anni 2010-15, nel pieno della recente crisi. Se nell'anno 2000 in Europa una persona su 14 era immigrata, siamo oggi a una su 9. Una crescita sensibile, del 4,1% medio annuo nel primo decennio, sceso all'1,2% nei cinque anni successivi. Si può affermare che la pur limitata crescita della popolazione europea da inizio secolo è stata dovuta in maniera determinante all'immigrazione dall'esterno dell'Europa, che ne rappresenta una parte determinante.

Si osserva inoltre che a inizio secolo il *Cuore dell'Europa* e il *Nord Europa* assorbivano gli otto decimi dell'immigrazione complessiva; il *Sud Europa* ha avuto poi un forte balzo all'insù, più che raddoppiando il valore assoluto e avvicinandosi alla quota del *Cuore* e del *Nord*. Trascurabile, stagnante e fisiologica l'immigrazione nelle *Nuove zone*, che hanno invece partecipato al movimento migratorio come fornitori alle zone forti dell'Europa, come appare indirettamente anche dal calo della popolazione; in sostanza un travaso interno europeo di popolazione e di forza-lavoro.

Prima e seconda generazione

Nella seconda parte della tabella sono state quantificate tre componenti della popolazione. I dati riguardano solo la popolazione detta in età di lavoro, che quindi ha una più alta presenza di immigrati, divisa in tre parti: *autoctoni*, cioè nati nel paese con genitori entrambi nati nel paese; *prima generazione*, i nati all'estero; *seconda generazione*, i nati nel paese ma con genitori misti o entrambi stranieri.

Dal confronto con i dati dell'immigrazione totale emerge una quota di 6-8 punti percentuali in più di popolazione, appunto la seconda generazione, che altrimenti non apparirebbe. Questa ha una presenza tanto più elevata quanto più datata, e quindi radicata, è l'immigrazione nel paese: si osserva il peso assai ridotto nel *Sud Europa*, oggetto di ondate immigratorie più recenti, rispetto al *Cuore* e al *Nord*, dove le ondate sono iniziate parecchi decenni prima. In Francia la sola seconda generazione pesa per il 15%, e si valuta che più della metà abbia genitori misti, uno francese e l'altro straniero. In Svizzera il peso è del 16%, in Belgio e Svezia l'11%, in Germania il 5,5%, in Italia il 2,4%. In definitiva, nella popolazione europea di età 15-64 anni, quasi uno su cinque ha oggi un legame con l'immigrazione, europea o extraeuropea, di prima o seconda generazione. Si marcia a forte velocità verso quel raddoppio del peso degli immigrati che, un decennio fa, si prevedeva sarebbe avvenuto nel tempo di una generazione.

L'ultima parte della tabella cerca di dare una risposta alla domanda: quanto pesano le migrazioni intra-europee e gli arrivi provenienti da fuori Europa? La risposta non è agevole, perché le statistiche disponibili si basano sulla cittadinanza, rendendo più difficile la valutazione. Risulta comunque che più della metà degli immigrati sarebbero venuti da fuori Europa, essendo il resto mobilità intra-europea. Una circolazione interna che ha caratteristiche qualitative diverse dagli arrivi dall'esterno, che si impernia sull'ampio ventaglio di professionalità della forza-lavoro necessarie a far girare l'economia sempre più integrata dell'Europa, e che è componente importante della classe operaia europea.

I lavoratori immigrati in Europa *

Se le motivazioni di ultima istanza che mettono in moto le moderne migrazioni capitalistiche sono le carenze di forza-lavoro in alcune aree e settori e la potenziale disponibilità in altre, è analizzando i dati dell'occupazione che possiamo apprezzare in quali settori dell'economia siano andati a finire gli immigrati, e quindi il peso oggettivo che hanno via via acquisito. Non è impresa facile: i dati statistici sono carenti, spesso anche contraddittori, in parte incompleti. Numerosi sono i motivi, che poi sono gli stessi che rendono complessa la valutazione della popolazione con origine migratoria, comprendendovi anche le successive generazioni. Vi sono poi fattori come le naturalizzazioni, applicate in maniera diversa da Stato a Stato rendendo spesso difficili somme e confronti.

Il quadro che abbiamo ricostruito, partendo da dati ufficiali Eurostat e integrandoli con altre fonti e con stime, copre l'occupazione nei trenta Stati europei già considerati in precedenza (UE-28 più Svizzera e Norvegia), divisi con criterio geografico-economico in quattro zone relativamente omogenee:

Cuore dell'Europa (con Germania, Francia e Italia, cui si aggiunge il Regno Unito), *Nord Europa* (i paesi settentrionali che gravitano sul centro dell'Europa), le *Nuove zone* (paesi dell'Est entrati nell'Unione dal 2004, che ne hanno rappresentato un'importante acquisizione come popolazione, forza-lavoro e capacità industriali), *Sud Europa* (paesi mediterranei più il Portogallo).

Per occupazione s'intende il totale della popolazione attiva meno i disoccupati; sono quindi inclusi, oltre ai salariati che ne sono la grande maggioranza, anche i lavoratori autonomi e le numerose forme di attività lavorativa mista. Del resto, non è certo una novità trovare gli immigrati nel tessuto sociale nel suo complesso, e non solo fra i salariati. Ha scritto efficacemente Giuseppe De Rita del Censis: «L'impatto

* Ottobre 2016.

dell'immigrazione si decomprime quanto più viene diffuso. Gli immigrati salgono la scala sociale rilevando piccole imprese. Gli immigrati di seconda generazione occupano gli stessi settori dei datori di lavoro dei loro padri. Il loro ascensore sociale è diventare piccoli imprenditori edili, commercianti, artigiani».

I dati disponibili riguardano la fascia d'età 15-64 anni, che include comunque il grosso dei lavoratori europei, immigrati compresi, e si basano sulla cittadinanza, non sul paese di nascita: ciò comporta una sottostima del dato reale.

Occupazione: uno su tredici è immigrato

Nel 2015 l'occupazione complessiva europea è risalita quasi ai livelli precedenti la crisi del 2008; ma gli immigrati occupati, che erano anch'essi calati, sono risaliti di più, superando il livello pre-crisi. La loro quota sugli occupati è cresciuta di quasi un punto dal 2010 al 2015, e il numero assoluto è passato da 15,0 a 17,2 milioni: da un lavoratore europeo immigrato ogni 14 si è passati a uno ogni 13.

Sono forti le differenze nelle quattro zone. Il *Cuore dell'Europa* è oggi il più tributario di forza-lavoro immigrata, che tocca un occupato su dieci nel 2015 (era uno su 12 e mezzo nel 2010), e ha ripreso ad attirarla al ritmo medio netto di più di mezzo milione l'anno. Bastioni sono la Germania (3,9 milioni), il Regno Unito (3,1), l'Italia (2,3), la Francia (1,4) e infine la Svizzera (1,1 milioni, un quarto del totale). Il *Nord Europa*, che pesa un decimo del *Cuore*, attira sempre più lavoratori stranieri (da uno su 17 a uno su 14 nei cinque anni) e si avvicina al livello centro-europeo.

Il *Sud Europa* è andato invece in direzione opposta: qui pesa il milione di immigrati in meno della Spagna dal 2010 al 2015, immigrazione recente per lo più nordafricana e quindi per effetto della crisi espulsa e rimandata a casa con maggior facilità; il ruolo degli immigrati vi resta comunque rilevante, anche se scende da un lavoratore su 9 a uno su 11. Le *Nuove zone* hanno limitata occupazione straniera, anche perché fino a pochissimi anni fa sono state esse stesse fornitrici di importanti quantità di forza-lavoro soprattutto agli Stati del Cuore dell'Europa.

IMMIGRATI E OCCUPAZIONE IN EUROPA

	2010			2015		
	occupaz.	*immigr.*	*%*	*occupaz.*	*immigr.*	*%*
Cuore Europa + UK	134,4	10,7	*8,0*	138,5	13,4	*9,7*
Nord Europa	13,7	0,8	*5,8*	15,2	1,1	*7,2*
Sud Europa	28,0	3,1	*11,1*	26,1	2,3	*8,8*
Nuove zone Europa	42,6	0,4	*0,9*	43,8	0,4	*0,9*
TOTALE	218,7	15,0	*6,9*	223,6	17,2	*7,7*

Percentuale di immigrati	*agricolt.*	*EME*	*costruz.*	*commerc.*	*ristoraz.*	*servizi dom.*
Cuore Europa + UK	*5,2*	*10,2*	*13,1*	*9,8*	*23,7*	*40,8*
Nord Europa	*6,4*	*13,3*	*9,2*	*12,2*	*31,2*	*52,5*
Sud Europa	*13,8*	*11,0*	*23,1*	*12,9*	*28,8*	*56,9*
Nuove zone Europa	*2,5*	*4,0*	*10,4*	*4,3*	*5,0*	*8,2*
TOTALE	*7,4*	*9,7*	*14,5*	*10,0*	*24,0*	*47,4*
occupati Europa (milioni)	6,9	40,9	19,0	32,2	9,8	2,9
di cui immigrati (milioni)	0,5	4,0	2,8	3,2	2,4	1,4

Cuore Europa: B, L, NL, D, F, I, A, CH; *Nord Europa*: S, N, DK, FIN, IRL; *Sud Europa*: E, P, GR, M, CY; *Nuove zone Europa*: CZ, SK, EST, LV, LT, BG, PL, H, RO, HR, SLO; EME: industria estrattiva, manifatturiera, energia; dati in milioni, le stime sugli immigrati occupati per settore sono relative al 2010.

Fonti: elaborazioni e stime su dati Eurostat Database; European Parlament, 2011; "Recruiting immigrant workers Europe", OCDE 2016.

Industria: un occupato su dieci è immigrato

Il peso che gli immigrati hanno fra gli occupati nei principali settori dell'economia approfondisce il quadro. Nell'industria (estrattiva, manifatturiera, energia: EME) un lavoratore su 10 è immigrato e, sappiamo bene, non da oggi; nel *Nord Europa* è quasi uno su 7.

I bastioni sono in Germania (0,8 milioni), Italia (0,5), Regno Unito (0,4) e Francia (0,3). Complessivamente, sono quattro milioni di immigrati su quasi 41 milioni di occupati in questo settore chiave dell'economia.

Nell'agricoltura uno su 14 è immigrato, ma il peso raddoppia in *Sud Europa*, e sarebbe ancora più alto se si tenesse conto della numerosa occupazione non registrata e informale. I raccoglitori stagionali africani di pomodori del Sud Italia ne sono forse l'emblema; ma non dobbiamo dimenticare i numerosi casi analoghi, come ad esempio in East Anglia, dove nei decenni a fare lo stesso mestiere per le coltivazioni tipiche della regione, con analoga precarietà e livelli di sfruttamento, si sono succeduti i portoghesi, i polacchi, poi gli afghani e gli irakeni, e oggi sembra anche i russi, i lituani e i lettoni.

Dei 19 milioni di occupati nelle costruzioni, quasi tre sono gli stranieri, ma si può pensare che siano in numero maggiore, per motivi non molto diversi da quelli dell'agricoltura; da notare che nelle *Nuove zone* gli immigrati nelle costruzioni hanno un peso importante (10%), che non raggiungono negli altri settori produttivi.

Gli occupati del commercio, che include autonomi e salariati, dal piccolo esercizio alla grande distribuzione, hanno una quota in linea con la media generale; quota che raddoppia nella ristorazione: due milioni e mezzo su dieci sono gli stranieri. In questi due settori si mescolano i salariati agli addetti e titolari delle piccole attività di lavoro autonomo, che non da oggi in quota rilevante sono in mano a stranieri.

Infine i servizi domestici e alle persone, che comprendono colf, badanti e altre attività di questo tipo, per un totale di tre milioni dei quali una metà è immigrata; anche qui le cifre sono sottostimate, per il sensibile peso dell'occupazione cosiddetta non regolare. Un settore chiave per l'Europa dai capelli sempre più bianchi, per il quale è tributaria del lavoro degli immigrati.

L'operaio europeo

Si può dire che la *classe operaia europea* è un blocco sempre più integrato di lavoratori autoctoni dei singoli paesi, di lavoratori europei che si sono trasferiti in altri paesi europei e di immigrati veri e propri nel senso europeo del termine, cioè che vengono da fuori Europa.

La rappresentazione mediatica, specialmente dopo la *collisione storica* del 2015, rende solo in parte e in maniera deformata questa realtà, in fondo semplice: l'economia dell'imperialismo europeo ha avuto, ha e avrà ancor più bisogno di forza-lavoro che deve reclutare sia ridislocando all'interno quella disponibile sia reclutando da fuori delle proprie frontiere.

Lo affermano chiaramente, senza bisogno di troppe mediazioni, le associazioni degli industriali. Ad esempio Confindustria, in un recente studio, afferma che «dalla fine degli anni Novanta l'immigrazione ha spinto l'economia italiana in modo decisivo», e valuta intorno al 9% la quota di valore aggiunto attribuibile agli stranieri. Le preoccupazioni sono chiare: «Per evitare che la popolazione si contragga, è necessario che i flussi di immigrati tornino sui livelli pre-crisi. [...] Quali misure possono incrementare gli effetti positivi dell'immigrazione o almeno evitare che l'attenuazione degli arrivi riduca nei prossimi anni l'apporto degli stranieri all'economia italiana?».

Non diverso il tono del MEDEF, l'associazione degli industriali francesi. Anche qui, in un recente intervento, si parte dalla demografia, dal «silenzio assordante intorno al suicidio demografico europeo» sull'orizzonte 2050. La visione è europea: il MEDEF prevede che entro il 2050 ciò si tradurrà per l'Europa nella perdita di 50 milioni di persone in età di lavoro, e che «ci vorranno braccia e cervelli per compensare questa perdita di attivi». Le soluzioni proposte sono due: assorbire immigrati in funzione delle necessità del mercato del lavoro e rilanciare da subito la fecondità in Europa. Anche ammesso il successo di una linea natalista, notiamo, va da sé che essa avrebbe effetto solo nei decenni: dalla questione migratoria non si sfugge.

La forza-lavoro nei singoli Stati della UE è molto più *europeizzata* e *internazionalizzata* di quanto non appaia in superficie, come abbiamo cercato di mostrare descrivendo la concatenazione delle successive generazioni di immigrati, la loro elevata mobilità, la loro profonda e determinante presenza nei settori fondamentali dell'economia.

Immigrati nel Vecchio Mondo *

Raggruppiamo sotto la dizione "Vecchio Mondo" l'Europa, che lo è per antonomasia, il Nord America, che lo è diventato, e l'Oceania, in pratica l'Australia, che lo è per il grado di sviluppo raggiunto e per la propria storia.

Gli aspetti principali che hanno caratterizzato in questa regione i primi vent'anni del terzo millennio dal punto di vista della forza dei salariati sono tre. Il primo è demografico, e riguarda soprattutto l'Europa ma anche il Nord America: la popolazione, e di conseguenza la forza-lavoro, è invecchiata e continua a invecchiare nonostante l'apporto dell'immigrazione. Il secondo è semplicemente quantitativo: i salariati sono aumentati complessivamente ogni anno di più di due milioni e mezzo, nonostante diversi anni siano stati interessati dalla crisi delle relazioni globali con conseguenze sull'occupazione. Il terzo aspetto riguarda le migrazioni: lo stock di immigrati del Vecchio Mondo dal 2000 al 2017 (ultimi dati ONU, che comprendono per l'Europa gli effetti della collisione storica del 2015) è cresciuto di più di un terzo, in assoluto è aumentato di 42 milioni, ripartiti fra Europa (+22), Nord America (+17) e Oceania (+3 milioni).

Sempre meno giovani

Dei tanti indicatori che possono essere utilizzati per descrivere l'invecchiamento di una popolazione, quella del Vecchio Mondo e in particolare dell'Europa, che da anni è entrata al centro dell'attenzione, anche qui abbiamo scelto quello proiettato al futuro: la popolazione di età fino a 19 anni. In vent'anni in Europa si è passati in questa fascia d'età da uno su quattro a uno su cinque, con un calo assoluto da 178 a 156 milioni, valore che sembrerebbe in questi anni attestato. Ma non sarà così: anche se l'arrivo (e la nascita in territorio europeo) di quan-

---

* Aprile 2019.

tità importanti di immigrati in queste fasce d'età può aver rallentato il calo o addirittura provocato una lieve risalita, non serviranno molti anni, secondo le previsioni ONU, per scendere al di sotto del valore attuale.

Siccome questa ampia fascia d'età è quella determinante per quantificare le future generazioni di lavoratori, dobbiamo osservare che questo è uno degli effetti di lungo periodo dell'*inverno demografico*, che continua a operare e a toccare la composizione per età della nostra classe nella vecchia Europa. In Nord America la strada è la stessa, in ritardo di dieci anni sull'Europa anche perché attenuata dalla forte e continua immigrazione, tendenzialmente giovanile. Solo l'Oceania, in pratica l'Australia, paese d'immigrazione continua ma selezionata, fa ancora eccezione.

La crescita dei salariati

Non può passare sotto silenzio il fatto che in Europa nei primi vent'anni del secolo c'è stato un incremento dei salariati di ben

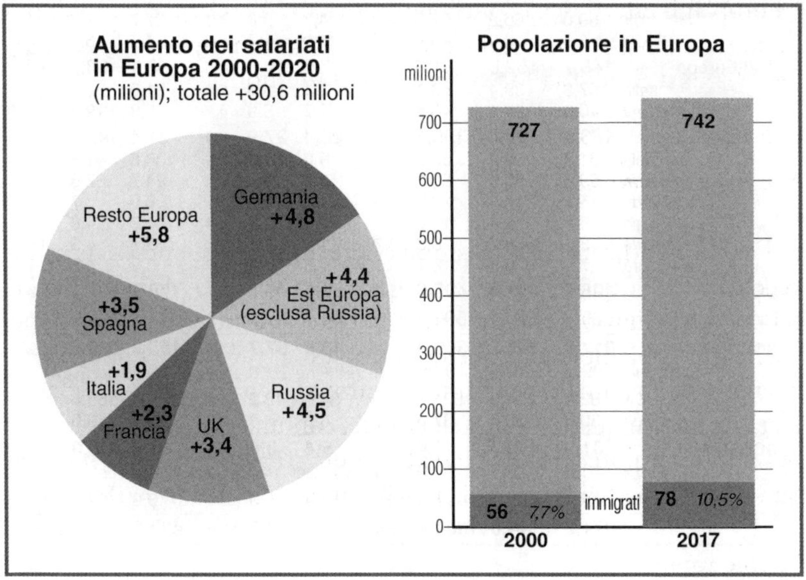

31 milioni, un +12% che si traduce in media in 1,5 milioni aggiuntivi l'anno. Non solo: sono cresciuti più dell'occupazione. Ciò ha prodotto un aumento di due punti (da 83,3 a 85,3%) della quota dei salariati sugli occupati, ormai non lontana dal valore negli Stati Uniti, che per vari motivi è il più alto al mondo. Quindi quasi nove persone su dieci in Europa (ma già nove su dieci negli Stati Uniti) che lavorano e producono sono oggi nella condizione salariata, in tutta la scala delle qualifiche e delle competenze, incluse ovviamente le molte combinazioni della famiglia plurireddito che sostanziano gli strati sociali della maturità imperialista.

	popolazione				stock migranti			totale occupati		
	2000	2017	2020	Δ 00-20	2000	2017	Δ	2000	2020	Δ
EUROPA	**727,2**	**742,1**	**743,4**	*16,2*	**56,3**	**77,9**	*21,6*	**313,8**	**342,3**	*28,5*
0-19 anni	178,3	155,0	156,4	*-21,9*	*(25% nel 2000, 21% nel 2017 e nel 2020)*					
Est Europa	304,0	292,5	290,8	*-13,2*	20,4	20,1	*-0,3*	131,7	137,2	*5,5*
Russia	146,4	144,0	143,8	*-2,6*	11,9	11,7	*-0,2*	66,3	70,4	*4,1*
Ucraina	48,8	44,2	43,6	*-5,2*	5,5	5,0	*-0,5*	20,4	18,0	*-2,4*
Polonia	38,6	38,2	37,9	*-0,7*	0,8	0,6	*-0,2*	14,5	17,4	*2,9*
Romania	22,1	19,7	19,4	*-2,7*	0,1	0,4	*0,3*	10,8	8,2	*-2,6*
Rep Ceca	10,3	10,6	10,6	*0,3*	0,2	0,4	*0,2*	4,7	5,1	*0,4*
Nord Europa	94,5	104,2	105,9	*11,4*	7,9	13,9	*6,0*	42,6	49,7	*7,1*
UK	59,0	66,2	67,3	*8,3*	4,7	8,8	*4,1*	27,7	32,8	*5,1*
Svezia	8,9	9,9	10,1	*1,2*	1,0	1,7	*0,7*	4,3	5,0	*0,7*
Sud Europa	145,7	152,0	151,6	*5,9*	7,5	16,0	*8,5*	58,1	63,3	*5,2*
Italia	57,3	59,4	59,1	*1,8*	2,1	5,9	*3,8*	21,0	22,0	*1,0*
Spagna	40,9	46,4	46,5	*5,6*	1,7	5,9	*4,2*	15,9	19,5	*3,6*
Europa occident.	183,0	193,4	195,2	*12,2*	20,4	27,9	*7,5*	81,4	92,1	*10,7*
Germania	81,7	82,1	83,0	*1,3*	9,0	12,2	*3,2*	36,8	41,8	*5,0*
Francia	59,6	65,0	66,0	*6,4*	6,3	7,9	*1,6*	24,7	27,5	*2,8*
Olanda	15,9	17,0	17,2	*1,3*	1,6	2,1	*0,5*	8,0	8,7	*0,7*
Belgio	10,3	11,4	11,6	*1,3*	0,9	1,3	*0,4*	4,2	4,8	*0,6*
Austria	8,1	8,7	8,8	*0,7*	1,0	1,7	*0,7*	3,7	4,3	*0,6*
Svizzera	7,2	8,5	8,7	*1,5*	1,6	2,5	*0,9*	3,9	4,8	*0,9*
UE a 27	428,4	441,6	443,6	*15,2*	29,6	46,7	*17,1*	178,9	197,1	*18,2*
Europa senza Russia	580,8	598,1	599,6	*18,8*	44,4	66,2	*21,8*	247,5	271,9	*24,4*
NORD AMERICA	**312,8**	**361,2**	**369,0**	*56,2*	**40,4**	**57,7**	*17,3*	**155,9**	**175,8**	*19,9*
0-19 anni	89,2	90,5	90,8	*1,6*	*(29% nel 2000, 25% nel 2017 e nel 2020)*					
USA	282,0	324,5	331,4	*49,4*	34,8	49,9	*15,1*	140,8	156,8	*16,0*
Canada	30,7	36,6	37,6	*6,9*	5,5	7,8	*2,3*	15,0	19,0	*4,0*
OCEANIA	**31,2**	**40,7**	**42,4**	*11,2*	**5,4**	**8,4**	*3,0*	**13,8**	**20,0**	*6,2*
0-19 anni	10,5	12,5	13,0	*2,5*	*(34% nel 2000, 31% nel 2017 e nel 2020)*					
Australia	19,1	29,2	25,4	*6,3*	4,4	7,0	*2,6*	8,9	12,3	*3,4*
totali	**1.071,2**	**1.144,0**	**1.154,8**	*83,6*	**102,1**	**144,0**	*41,9*	**483,5**	**538,1**	*54,6*

	totale occupati 2000	2020	Δ	occupati 2020 agricolt.	industria	servizi	salariati 2000	2020	Δ	% salar./occup. 2000	2020
EUROPA	**313,8**	**342,3**	*28,5*	19,0	84,2	239,1	**261,4**	**292,0**	*30,6*	83,3	85,3
ıel 2017 e nel 2020)											
Est Europa	131,7	137,2	*5,5*	12,1	39,7	85,4	109,7	118,6	*8,9*	83,3	86,4
Russia	66,3	70,4	*4,1*	4,6	18,8	47,0	60,5	65,0	*4,5*	91,3	92,3
Ucraina	20,4	18,0	*-2,4*	2,5	4,7	10,8	15,6	14,9	*-0,7*	76,5	82,8
Polonia	14,5	17,4	*2,9*	1,7	5,4	10,3	10,6	13,8	*3,2*	73,1	79,3
Romania	10,8	8,2	*-2,6*	1,8	2,3	4,1	5,8	6,1	*0,3*	53,7	74,4
Rep Ceca	4,7	5,1	*0,4*	0,1	1,9	3,1	4,0	4,2	*0,2*	85,1	82,4
Nord Europa	42,6	49,7	*7,1*	1,0	9,2	39,5	37,7	42,9	*5,2*	88,5	86,3
UK	27,7	32,8	*5,1*	0,4	5,9	26,5	24,3	27,7	*3,4*	87,7	84,5
Svezia	4,3	5,0	*0,7*	0,1	0,9	4,0	3,8	4,5	*0,7*	88,4	90,0
Sud Europa	58,1	63,3	*5,2*	3,9	14,1	45,3	42,3	49,6	*7,3*	72,8	78,4
Italia	21,0	22,0	*1,0*	0,8	5,7	15,5	15,0	16,9	*1,9*	71,4	76,8
Spagna	15,9	19,5	*3,6*	0,8	3,7	15,0	12,7	16,2	*3,5*	79,9	83,1
Europa occident.	81,4	92,1	*10,7*	2,0	21,2	68,9	71,7	80,9	*9,2*	88,1	87,8
Germania	36,8	41,8	*5,0*	0,5	11,2	30,1	32,7	37,5	*4,8*	88,9	89,7
Francia	24,7	27,5	*2,8*	0,8	5,5	21,2	21,9	24,2	*2,3*	88,7	88,0
Olanda	8,0	8,7	*0,7*	0,2	1,4	7,1	7,0	7,3	*0,3*	87,5	83,9
Belgio	4,2	4,8	*0,6*	0,1	1,0	3,7	3,5	4,0	*0,5*	83,3	83,3
Austria	3,7	4,3	*0,6*	0,2	1,1	3,0	3,2	3,7	*0,5*	86,5	86,0
Svizzera	3,9	4,8	*0,9*	0,2	1,0	3,6	3,2	4,0	*0,8*	82,1	83,3
UE a 27	178,9	197,1	*18,2*	9,1	48,0	166,5	145,1	165,9	*20,8*	81,1	84,2
Europa senza Russia	247,5	271,9	*24,4*	*14,4*	*65,4*	192,1	200,9	227,0	*26,1*	81,2	83,5
NORD AMERICA	**155,9**	**175,8**	*19,9*	2,9	32,9	140,0	**137,6**	**157,5**	*19,9*	88,3	89,6
ıel 2017 e nel 2020)											
USA	140,8	156,8	*16,0*	2,5	29,3	125,0	124,9	142,2	*17,3*	88,7	90,7
Canada	15,0	19,0	*4,0*	0,4	3,7	14,9	12,7	16,1	*3,4*	84,7	84,7
OCEANIA	**13,8**	**20,0**	*6,2*	1,7	3,3	15,0	**9,8**	**14,0**	*4,2*	71,0	70,0
ıel 2017 e nel 2020)											
Australia	8,9	12,3	*3,4*	0,3	2,3	9,7	7,2	10,3	*3,1*	80,9	83,7
totali	**483,5**	**538,1**	*54,6*	*23,6*	*120,4*	*394,1*	**408,8**	**463,5**	*54,7*	84,6	86,1

Milioni di persone; Δ: incremento totale in valore assoluto.

Fonte: nostre elaborazioni e stime sulla base di dati ILO e ONU, Population Division.

Il supporto dell'immigrazione

La crescita è stata relativamente uniforme, con qualche eccezione, nelle quattro zone geografiche europee. Nella UE-27 i salariati sono aumentati di 21 milioni, da 145 a 166; di 3,4 sono cresciuti nel Regno Unito; in Russia di 4,5 milioni. Nell'Europa escludendo la Federazione russa la crescita è stata di 26 milioni. Anche in Nord America la crescita dei salariati è stata importante, venti milioni in più. La lontana e solo apparentemente isolata Oceania ha avuto la forte crescita del

43%, e adesso conta 14 milioni di salariati, quasi quanti Italia e Spagna, alla pari con la Polonia.

Lo stock dei migranti (dati ILO 2017) è una misura indiretta, e come sappiamo per difetto, ma comunque significativa, del supporto che le migrazioni internazionali hanno dato alla popolazione, alla forza-lavoro, ai salariati di un Vecchio Mondo sempre più ingrigito. Ma, più che una misura, dovremmo dire che è una conferma. Se la popolazione del Vecchio Mondo è cresciuta in diciassette anni di 73 milioni (+6,8%), lo stock di migranti è aumentato di 42 milioni (+41,0%) arrivando a 144 e incrementando di tre punti, al 10,5%, il peso sulla popolazione. Dietro queste cifre stanno i contributi che gli immigrati hanno dato all'aumento dei salariati. Il confronto 2000-2017 mostra che Spagna e Regno Unito sono i paesi che hanno avuto il maggiore incremento di stock (4,1-4,2 milioni), seguiti dall'Italia (+3,8) e dalla Germania (+3,2); la Spagna lo ha più che triplicato, l'Italia quasi, il Regno Unito è vicino al raddoppio.

La tendenza già osservata, e che qui si conferma con una visuale di più lungo periodo che guarda al risultato (stock) e non alla dinamica (flussi), è alla diffusione della presenza degli immigrati su tutta l'Europa con tendenza all'uniformità, riflesso diretto e indiretto delle esigenze del mercato del lavoro. C'è l'eccezione dell'Est Europa, in pieno *inverno demografico* e anche in parte fornitore di immigrati per l'Europa occidentale; ma è un'eccezione che sta scricchiolando, perché la dinamica economica e industriale in alcuni di questi paesi si sta già scontrando con una carenza di forza-lavoro che inevitabilmente metterà (e già mette) in moto migrazioni da più o meno lontano.

Il Nord America, sia Canada sia USA, ha aumentato fortemente lo stock nei diciassette anni: 17 milioni, uno all'anno, un risultato che parla da solo. Resta infine da dire che l'Australia, della quale tanto si parla a proposito della chiusura all'immigrazione, ha incrementato il proprio stock di un buon 60%: +2,6 milioni, un aumento medio di 150 mila l'anno.

ESTREMO ORIENTE

Urbanizzazione vietnamita *

Quali sono stati i fattori principali della fortissima crescita del Vietnam negli ultimi vent'anni, in sostanza da quando è stato lanciato, nel 1986, il *doi moi* (rinnovamento) che ha aperto le porte agli investimenti diretti esteri?

Seguiamo una recente analisi (febbraio 2012) del McKinsey Global Institute, dal titolo di per sé significativo ("Sustaining Vietnam's growth") e che ha lo scopo di indirizzare gli investimenti internazionali nelle regioni dove si possano meglio realizzare le *performance* delle imprese e i relativi profitti. Innanzitutto i risultati acquisiti: il PIL pro capite sarebbe cresciuto, dal lancio del *doi moi* al 2010, del 5,3% l'anno: un tasso inferiore solo alla Cina (+7,7%) ma superiore a India (+4,7), Thailandia (+4,4) e agli altri paesi del Sud-Est asiatico.

I fattori della crescita sarebbero i seguenti tre: la migrazione della forza-lavoro dall'agricoltura all'industria e ai servizi; la crescente disponibilità di forza-lavoro giovane (ma la crescita starebbe finendo); i bassi salari, raffrontati all'area del Sud-Est asiatico e alla non lontana provincia cinese del Guangdong.

Una crescita "straordinariamente rapida"

Sempre la stessa fonte valuta che l'occupazione agricola abbia perso ben 13 punti percentuali di peso sul totale degli occupati: dieci sono andati all'industria e tre ai servizi. Il PIL del 2010 proviene per il 21% dall'agricoltura, il 42 dall'industria e il 37 dai servizi. Per confronto, la Cina ha rispettivamente 10, 49 e 41%.

Commento finale: si tratta di un processo di modernizzazione economica che si è svolto a un ritmo «straordinariamente rapido», anche

* Novembre 2012.

se non è prevedibile che il contributo dei lavoratori migranti dalle zone rurali alle città possa continuare nel futuro allo stesso ritmo.

Facciamo un passo indietro. Gli avvenimenti del quarto di secolo 1950-1975, anni durante i quali le successive guerre hanno martoriato l'ex colonia francese, sono costati due milioni di morti (il 4% della popolazione, se li calcoliamo sulla dimensione nel 1975, cioè 50 milioni). Negli anni successivi a Dien Bien Phu (1954) e alla divisione fra il Nord e il Sud, si valuta che più di un milione di persone si siano spostate, o siano state obbligate a farlo: 900 mila da Nord a Sud, il resto in senso contrario, circa il 3% della popolazione. A essi occorre aggiungere, dopo la riunificazione (1975), un numero consistente di emigrati all'estero, *boat people* inclusi, che si stima possano essere quasi 3 milioni, compresi i cinesi insediati nel Sud e costretti al rimpatrio.

Sono i *viet kieu*, i vietnamiti all'estero, mezzo milione dei quali furono allora accolti proprio dagli USA, e dei quali il governo sta da qualche anno incoraggiando il rimpatrio. Una tragedia, quella dei *boat people*, che si starebbe tramutando in un'opportunità per la giovane economia vietnamita: «Il gran numero di esperti con elevata formazione che ritornano dal mondo ricco è proprio ciò di cui il Vietnam ha bisogno per attenuare la carenza di professionalità di alto livello» (*The Economist*, 26 aprile 2008).

Una storia tormentata

La riunificazione del 1975 ha messo in moto, a seguito di vari programmi di sviluppo, lo spostamento in sei anni di circa 5 milioni e mezzo di persone: un decimo della popolazione totale del Vietnam riunificato. In gran parte si tratta di migrazioni più o meno forzate al seguito di programmi di sviluppo agrario, come le piantagioni di caffè nelle aree rurali del Nord. Il *refrain* è sempre lo stesso, e non riguarda solo il Vietnam ma anche altri paesi dell'area, come la Thailandia: «Le migrazioni rurali-urbane sono intense in tutti questi paesi a questo livello di sviluppo, e c'è molta circolazione e movimento avanti e indietro fra città e villaggi» (*The Far East and Australasia 2007*, Routledge). Fenomeni che sono in parte precedenti, in parte contemporanei con la più forte migrazione messa in moto, in Vietnam come altrove nell'area, dall'intenso processo di sviluppo che ha interessato gli ultimi vent'anni.

L'ingresso del Vietnam nel WTO, avvenuto nel 2007, ha reso necessario un lungo periodo di trattative, teso anche a diminuire o azzerare le barriere doganali. In un rapporto di due economisti di Harvard si osserva che «dal 1989 il Vietnam, in parte per scelta e in parte per necessità, ha fatto una rapida transizione al sistema di mercato»; inoltre, secondo la stessa fonte, l'industria di Stato sarebbe oggi solo un terzo dell'industria complessiva del paese ("Viet Nam's industrial policy", UNDP-Harvard Kennedy School, 2010). Il vincolo esterno di «necessità» di un'economia collocata in una zona nevralgica del mercato mondiale viene messo in chiara evidenza; è stato certamente uno dei motori dello straordinario sviluppo vietnamita.

Il rapporto che l'Ufficio statistico vietnamita ha recentemente prodotto sulla base dell'analisi preliminare dell'ultimo censimento del 2009 scrive: «In parallelo con il processo di industrializzazione e urbanizzazione, c'è stata una forte crescita della popolazione nelle aree urbane. Allo stesso tempo, si sono formati sempre di più stili di vita tipicamente urbani. Le caratteristiche demografiche dei residenti nelle città sono chiaramente differenti da quelle dei residenti nelle campagne: nelle città le abitazioni sono più piccole, ci si sposa più tardi, e si hanno meno figli».

Dalle campagne alle città

Bisogna dare atto all'anonimo estensore di questo spaccato della dinamica del Vietnam nell'ultimo, eccezionale decennio di sviluppo di aver tracciato una sintesi precisa, centrata su alcuni temi essenziali, e in pari tempo efficace. Manca però, né poteva essere diversamente, tutto il resto; ossia le conseguenze di questi fenomeni, che sono le moderne classi sociali (grandissima parte delle migrazioni e della crescita urbana è formata da salariati), le relative contraddizioni e lotte, gli scorrimenti sociali, dei quali il passaggio da contadino o collaboratore famigliare rurale a salariato in fabbrica è il passo iniziale, il passo fondamentale.

È un fenomeno già visto mille volte, quindi, quello che interessa nei primi decenni del nuovo secolo il Vietnam e, con una costante di tempo di sfasamento in anticipo, o più spesso in ritardo, gli altri paesi dell'Indocina. Lo sguardo alla vicina Cina, ai suoi ritmi, alle analogie di base, alle differenze e articolazioni del processo svoltosi nei trent'anni scorsi sulla costa orientale cinese è immediato.

UNA FORTE POLARIZZAZIONE

"*Vietnam's tyranny of geography*", titola Le Hong Hiep, economista dell'Università di Ho Chi Minh City, osservando che il suo paese rappresenterebbe la gamba di un gallo (la Cina) il cui becco sarebbe la penisola di Corea. L'immagine è efficace, e viene utilizzata per evidenziare gli aspetti geopolitici e strategici derivanti dalla difficile coabitazione col Dragone, che è oggettivamente un «peso sulle spalle», o per meglio dire sulle gambe, del Vietnam. Ma il giovane Stato del Sud-Est asiatico ha anche un'altra tirannia, più orografica che geografica. La cordigliera dei monti dell'Annam, una specie di Appennino che percorre quasi tutto il paese, da Nord a Sud, è tormentata e alta, e limita lo sfruttamento economico del suolo; peraltro reso difficile anche dalle periodiche alluvioni, effetto del clima monsonico, che interessano regioni importanti del paese. Di fatto le pianure di una certa estensione sono due: il delta del Fiume Rosso (Hanoi e il porto di Haiphong) e il delta del Mekong (Ho Chi Minh City). Ne consegue anche che la densità effettiva della popolazione è assai più elevata di quella media, già di per sé alta e pari a 270 abitanti per kmq (una volta e mezza quella media italiana).

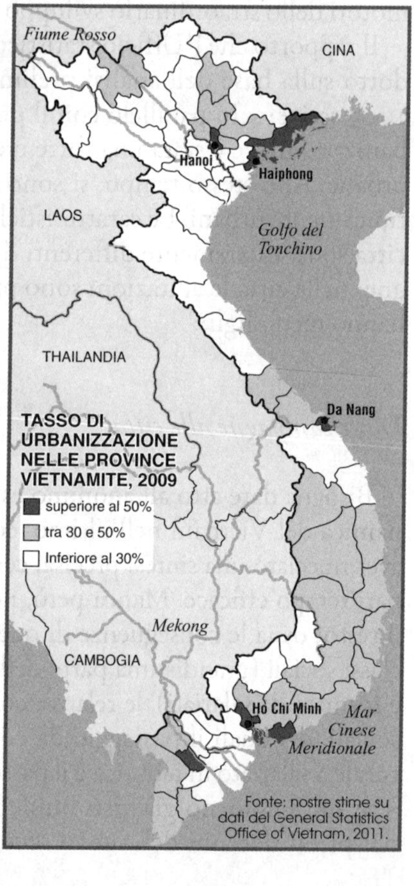

Ne consegue anche una polarizzazione su tre centri: Hanoi-Haiphong a Nord, Da Nang al Centro, e Ho Chi Minh City, ex Saigon, al Sud.

Le migrazioni interne sono state molto intense: praticamente tutte le province sono in negativo, ossia c'è emigrazione interna netta verso le città, con fortissima polarizzazione verso questi tre centri. Le statistiche danno un notevole incremento della popolazione della provincia del polo Hanoi-Haiphong negli ultimi cinque anni (da 5 a più di 8 milioni di abitanti), mentre Da Nang si avvicina al milione e la ex capitale Saigon (Ho Chi Minh City), cresciuta di 200 mila abitanti l'anno, conta 6 milioni di abitanti. Complessivamente si può valutare fra 1 e 1,5 milioni la migrazione annua complessiva dalle campagne alle città vietnamite negli anni di sviluppo accelerato; ed è ancora in corso. La previsione è che possa continuare ancora per uno, forse due quinquenni.

I risultati del Censimento 2009 consentono di guardare più in profondità e in dettaglio nel fenomeno dell'urbanizzazione, conseguenza delle migrazioni interne. Tenendo però conto che «i risultati del censimento sottostimano l'effettivo movimento di popolazione», ciò che è abbastanza una regola ma che, almeno in questo caso, viene ufficialmente ammesso. La questione principale è l'adozione di una nuova definizione di "urbano", più aderente ai criteri di un'economia industrializzata e svincolata da definizioni legate a criteri politico-amministrativi retaggio del passato e ormai non più adeguati. Sappiamo così che il Vietnam non ha l'improbabile 30% delle vecchie statistiche ufficiali, ma un più realistico 39% di popolazione urbana; con fortissime differenze regionali (che emergono dalla cartina) e che confermano la polarizzazione. Le province protagoniste dello sviluppo recente hanno un tasso stimabile al 70%, quindi già allineato con gli standard dei paesi industrializzati. Altre regioni, anche parecchio popolate, sono ancora ferme al 20-30% di popolazione urbana. Ma si conferma la polarizzazione; le protagoniste dello sviluppo vietnamita sono per ora poche, medio-grandi città, sopra il mezzo milione di abitanti. Erano quattro nel 2000, sono sei oggi.

L'inversione sudcoreana *

«È richiesto il lavoro degli immigrati? Le recenti lezioni», si domanda l'"Outlook 2012" dell'OCDE sulle migrazioni internazionali, cercando di tirare le fila degli ormai cinque anni di crisi. L'osservazione è che le migrazioni nei paesi OCDE, cioè i più industrializzati, non sono rallentate di molto: dal 2007 al 2011 il calo sarebbe solo dell'11%.

Il momento delle migrazioni verso la Corea del Sud è maturato già da diversi anni. Il quotidiano di Seul in lingua inglese *JoongAng Daily* nel gennaio scorso ha pubblicato un articolo dal titolo: "Per i figli del *baby boom* non è il momento di andare in pensione", con sottotitolo: "La generazione che ha industrializzato la Corea ha di fronte tutto meno che degli anni d'oro". Vi compare la piramide delle età del paese, sulla quale si osserva subito la marcata forma a botte: la fascia di età 0-9 anni comprende una popolazione di 4,7 milioni, quella 40-49 quasi il doppio, cioè 8,9 milioni.

La generazione che ha industrializzato la Corea è quella nata dopo la fine della guerra, fra il 1955 e il 1963: viene valutata in 7 milioni e oggi sta cominciando ad andare in pensione a un ritmo di 150 mila l'anno. Il tono dell'articolo è quello di un invito a prolungare la vita attiva di lavoro, prendendo l'esempio dal Giappone che ha un'età media di pensionamento di 68 anni contro il 55-57 della Corea. Ma fra popolazione e popolazione che lavora c'è di mezzo il tasso di attività, ossia la quota di persone che sono attive; quota che è diversa per fasce di età, per genere, per scolarizzazione.

Vuoti crescenti dell'inverno demografico

Nel primo decennio del secolo questi problemi emergono in grande evidenza. Dal 2000 al 2010 la popolazione superiore ai 14 anni è cresciuta di 4 milioni, e di circa 2 milioni è aumentata la popolazione

* Settembre 2013.

attiva. Ma quest'ultima è la somma algebrica di un calo di 1,5 milioni nella fascia di età 15-44 anni, di un aumento di 2 milioni nella fascia 45-54, quella del *baby boom*, e di 1,5 milioni negli over 55. Si osserva anche che il tasso di attività totale maschile è calato di due punti (dal 73,4 al 71,5), mentre non si è alzato quello femminile, fermo al 48,8%.

Se operiamo una proiezione al 2020, nell'ipotesi abbastanza realistica che non ci siano forti variazioni nei tassi di attività, osserviamo che la "gobba" dei figli del *baby boom* si sposterà all'insù, nella fascia 55-64, che aumenta in termini di attivi di 1,5 milioni; ma la fascia 15-44 ne perde altri 1,3 mentre gli over 65, tipicamente con tasso di attività basso per via del pensionamento, crescono di 800 mila unità.

Implacabili, gli anni che passano creano vuoti nelle fasce d'età che rappresentano il nerbo della forza-lavoro. Un problema particolarmente importante per un paese come la Corea del Sud, che ha nei lavoratori attivi nell'industria (6 milioni, dei quali 4 nella manifattura) uno dei suoi punti di forza.

Nuove "maquiladoras" coreane

Nel 2004 è stato creato, nella zona smilitarizzata al confine fra le due Coree, il Kaesong North-South Korean Industrial Complex. Vi sono collocate 120 piccole e medie aziende sudcoreane, nelle quali lavorano però circa 50.000 lavoratori nordcoreani e solo mezzo migliaio del Sud. Il fatturato ammontava a 323 milioni di dollari nel 2010, in crescita di un quarto sull'anno precedente. Settori produttivi: tessile e abbigliamento (metà del fatturato), elettronica, macchinario e industria chimica. Le ricorrenti tensioni fra i due paesi, riflesso anche della situazione internazionale nell'area, non hanno mai interrotto l'attività, salvo in occasione della crisi dello scorso aprile. Ma a metà settembre la produzione è stata riattivata, con la comune intenzione di far diventare il Kaesong «competitivo a livello internazionale».

L'OCDE osserva che questa iniziativa «riflette il successo della combinazione del capitale e della tecnologia del Sud con il terreno e la forza-lavoro del Nord». Inoltre «Kaesong offre una soluzione ai problemi derivanti dagli alti salari e dalla carenza di forza-lavoro del Sud» ("Economic Survey Korea", 2012). Le infrastrutture, le strade, le ferrovie, l'elettricità necessarie al regolare svolgersi della produzione vengono fornite dal governo sudcoreano. È un esempio di utilizzo di una forza-lavoro straniera, che però straniera non è, e che parla la stessa lingua. Cose già viste: è una sorta di Zona Economica Speciale o di *maquiladora*, o le due assieme.

Flessibilità sudcoreana

Viene definito "duale" il mercato della forza-lavoro coreano, perché è diviso fra "regolari" e "non regolari". Sono definiti "non regolari" i lavoratori che non hanno un contratto a tempo indeterminato. Rappresentano una fetta notevole dei salariati: 6 su 17,5 milioni, più di un terzo. Non sono marginali fra questi gli over 60, e soprattutto le donne, che pesano per il 53% contro il 37% fra i "regolari".

Poco presenti nella manifattura, hanno un peso doppio di quello dei "regolari" nelle costruzioni, e lavorano quasi tutti in aziende sotto i 300 addetti. Alto è il livello raggiunto in Corea del Sud da questo fenomeno, tipico nei paesi industrializzati: è la tendenza alla flessibilizzazione del mercato del lavoro.

Inevitabile squilibrio nella qualificazione della forza-lavoro

Il tasso di giovani di età 25-34 anni che hanno raggiunto il diploma di scuola secondaria è del 98%, un valore altissimo, che colloca la Corea del Sud quasi venti punti più in alto della media OCDE; ma se andiamo alla classe di età 55-64 anni, il tasso è invece del 40%, venti punti in meno della media OCDE. Il diploma di istruzione terziaria (università) è raggiunto oggi dal 60% dei "giovani", anche qui una ventina di punti in più della media OCDE; nei "vecchi" invece la situazione è rovesciata (12% contro 20%).

Appare chiaramente che la crescita della formazione della futura forza-lavoro è stata recente e rapida. Ma gli squilibri non sono mancati, come nelle altre metropoli imperialistiche. È praticamente impossibile, nell'anarchico modo di produzione capitalistico, eliminarli: le scelte degli studenti non corrispondono se non parzialmente, e con sfasamenti temporali notevoli, alle dinamiche delle richieste del mondo produttivo, e indirizzarle non è facile. Il parassitismo delle metropoli imperialistiche fa il resto. Ma, scrive l'OCDE, «lo sviluppo delle risorse umane attraverso l'istruzione terziaria deve essere sfruttato a fondo a fronte dei trend demografici e della spinta derivante dalla competitività».

Secondo la Korea Employers Federation, ci vogliono dagli 8 ai 30 mesi di lavoro in azienda perché un neolaureato si inserisca appieno nel posto di lavoro, con un costo dell'ordine delle migliaia di dollari. Da qui i tentativi in corso di orientare meglio il sistema universitario, a fronte del calo di studenti in arrivo dovuto al dimagrimento delle leve demografiche. Tentativi che, se di una qualche efficacia, potranno dare risultati solo nei tempi medi. Si parla anche di un eccessivo numero di laureati, quindi di un loro sottoutilizzo; problema che tocca i grandi gruppi (*chaebol*), come è stato osservato nel gennaio scorso ("Regioni e generazioni sul voto coreano", *Lotta Comunista*, gennaio 2013).

Così, anche la Corea del Sud ha dovuto far ricorso all'immigrazione internazionale, inizialmente per coprire i vuoti nei lavori a bassa qualificazione (*low skilled*), specie nella manifattura. Per adesso ha raggiunto un peso relativo pari a circa un terzo rispetto all'Italia. Privilegiati dalla geografia i bacini asiatici, che però invecchiano anch'essi rapidamente.

Le porte aperte all'immigrazione

Resterebbe la Corea del Nord, coi suoi 25 milioni di abitanti: stesse origini etniche, stessa lingua, stesse tradizioni. Sarebbe, in apparenza, l'ideale. L'apertura delle frontiere potrebbe rivitalizzare le fasce di popolazione in età di lavoro, anche se la piramide nordcoreana delle età presenta anch'essa da tempo il calo delle generazioni giovani, conseguenza di una fecondità calante e che sarebbe già scesa sotto i 2 figli per donna. Secondo l'analisi del Korea Economic Institute del 2012, non sarebbe una soluzione. Rifacendosi all'esempio tedesco (dopo la riunificazione, i Land della ex RDT si sono rapidamente allineati, al ribasso, alla RFT riguardo alla fecondità), in dieci-vent'anni il possibile vantaggio sarebbe già esaurito.

L'opzione immigratoria internazionale sembra ineludibile anche per la non più giovane tigre asiatica.

UNA STRADA OBBLIGATA E DIFFICILE

«Il governo coreano ha continuato ad accogliere i lavoratori stranieri negli anni recenti come una soluzione per affrontare alcuni degli effetti dei fenomeni della bassa natalità e dell'invecchiamento della popolazione, e in particolare la carenza di lavoratori in alcuni settori industriali». Da quanto scrive l'International Organization for Migration ("Migration profile of the Republic of Korea", 2012), la necessità degli immigrati è ammessa con chiarezza.

Nel 2012 vi sarebbero in Corea del Sud da 1,2 a 1,4 milioni di stranieri: quasi trenta volte quelli del 1990, che non raggiungevano i 50 mila. Il ritmo d'ingresso attuale è di 80-90 mila l'anno. Come sottolinea ancora l'IOM, «la Corea, che prima era un paese di emigrazione, è diventato adesso un paese che riceve gli emigrati». Un *refrain* che abbiamo già sentito in passato in molti altri paesi, non ultimi Italia e Spagna, e che negli anni più recenti viene declinato anche in salsa sudcoreana. Una salsa complessa e dai molti sapori, anche perché riguarda un paese che, oltre ad avere unità etnica e di tradizioni assai forte, insiste su una superficie limitata, con densità di popolazione elevata, quasi due volte e mezzo quella italiana (474 contro 198).

La storia della Corea come paese d'emigrazione inizia dal XIX secolo, con destinazioni Cina, America, Europa. L'unificazione del secondo dopoguerra ha avuto una funzione di richiamo, poi complicatasi per la successiva guerra, finita nel 1953. Gli anni '60 sono quelli dell'emigrazione. Da segnalare i minatori coreani in Germania e i lavoratori delle costruzioni andati nel Golfo al seguito delle aziende appaltatrici dei grandi lavori di infrastrutture. Significativa anche l'emigrazione verso gli USA, dopo che nel 1965 è stata cambiata la legislazione che ne limitava l'accesso.

Ma negli anni '80 il rapidissimo sviluppo interno ha rallentato e quasi azzerato l'emigrazione. Anzi, si sono manifestate carenze di forza-lavoro in determinati settori, che hanno messo in movimento un rimpatrio, in buona parte dalla Cina, di lavoratori precedentemente emigrati. A questo preciso scopo, il governo ha messo in piedi nel 1993 l'"Industrial Trainee System", per poter reclutare meglio proprio la forza-lavoro necessaria e con la formazione adatta alle necessità.

Il bacino cui attingere non è piccolo. Nel 2011 gli *overseas koreans* avevano superato i 7 milioni: 2,7 in Cina, 2,4 in Nord America, 900 mila in Giappone, 540 mila negli Stati della CSI. Due terzi, però, ormai sono naturalizzati nei paesi d'emigrazione. Da ricordare ancora i *marriage immigrants*, l'immigrazione femminile a scopo di matrimonio, per colmare gli squilibri di genere creatisi nelle campagne per via dell'emigrazione interna dovuta all'urbanizzazione e al *gender gap* legato all'aborto selettivo; paesi d'origine principalmente quelli dell'Est asiatico.

Tre sono i periodi della storia migratoria del paese:

- 1960-1990: prevalente emigrazione (Germania Ovest, Medio Oriente, USA, Canada, Australia);
- 1990-2003: s'inverte la tendenza, ritorno di coreani e nuova immigrazione da Cina, Vietnam, Giappone, Filippine, Mongolia, Cambogia, *marriage immigration*;
- 2004 in poi: aumenta l'immigrazione a vari livelli di formazione, e anche la legislazione, nettamente protezionista, inizia ad adeguarsi.

Importante è il ritorno degli *ethnic koreans*: sono passati da 120 mila nel 2001 a 480 mila nel 2010; quasi il 90% proviene dalla Cina, il resto dal Nord America. Vi sono poi i nordcoreani: numeri piccolissimi fino al 2001, ma negli anni più recenti toccano i 2-3.000 l'anno e formano una comunità di più di 20 mila. Passano non senza difficoltà attraverso la Cina, e vengono accolti in Corea del Sud non come rifugiati, ma con uno specifico programma di reinserimento.

Ma la partita dei prossimi anni, esaurita la risorsa dei coreani nel mondo e in attesa di una possibile apertura delle frontiere col Nord, si giocherà principalmente nel non facile mercato del lavoro dei paesi dell'Est Asiatico.

Crisi nel Sud-Est asiatico (1) *

"I boat people del Sud-Est asiatico disonorano un'intera regione": così titola *The Economist* in maggio. Ancora: «Molti paesi del Sud-Est asiatico hanno tollerato e beneficiato del contrabbando di uomini, che adesso screditano». Noi possiamo citare ad esempio l'esteso impiego degli immigrati e dei minori in Thailandia, nell'industria della pesca, e in Malaysia nell'agricoltura.

Il *Jakarta Post*, quotidiano dell'Indonesia, la maggiore potenza economica e demografica dell'area, scrive che «l'insuccesso nell'affrontare la crisi dei rifugiati può creare scetticismo sulla credibilità della comunità ASEAN». Ma lo stesso quotidiano nel settembre 2013 quantificava in 2,3 milioni i fanciulli indonesiani «fra i 7 e i 14 anni» costretti al lavoro.

Sembra di rileggere, *mutatis mutandis*, i servizi sulle *fabbriche del sudore* della Cambogia e del Bangladesh quando, non più di due-tre anni fa, una serie di incidenti mortali e di crolli di stabilimenti le portò alle cronache internazionali. Fu messo in evidenza che proprio lì, in quelle fabbriche, con quei bassissimi salari e quelle condizioni di lavoro, da anni si producevano i capi d'abbigliamento venduti in Europa e Stati Uniti per i marchi più noti.

Caratteri delle migrazioni

La crisi attuale dei migranti nel Sud-Est asiatico ha radici profonde e lontane nel tempo. Ian Goldin, autore di *Exceptional people*, attenta analisi delle migrazioni nel XX-XXI secolo, scrive che «le economie dell'Asia dell'Est sono cresciute rapidamente e molte si sono rivolte ai paesi vicini per l'occupazione a bassa qualificazione». I paesi a medio reddito della zona sono al tempo stesso fornitori e destinazione di immigrati. Ad esempio la Thailandia li riceve dalla Cambogia, dal Laos

* Settembre 2015.

e dal Myanmar, e ne manda in Medio Oriente; la Malaysia per lungo tempo ha rifornito Singapore con forza-lavoro a bassi salari, ma nel contempo ospita più di un milione di immigrati.

Uno studio congiunto tra ONU e IOM individua i caratteri principali del sistema migratorio del Sud-Est asiatico.

Primo carattere: la direzione dominante delle migrazioni è direttamente correlata allo sviluppo economico e alla situazione demografica dei singoli paesi.

Secondo carattere: si sono consolidati processi e flussi migratori, in sostanza filiere, sulle quali è poi assai difficile intervenire da parte dei governi dei singoli paesi.

Conseguentemente, *terzo carattere*, è assai difficile regolare i flussi, cercare di soddisfare la necessità di lavoratori e nel contempo minimizzare le migrazioni irregolari.

Le conclusioni parlano da sole: «Per quanti progressi si stiano facendo in proposito, le opportunità per una migrazione regolare rimangono limitate, e gli imprenditori e i migranti reagiscono operando al di fuori del quadro legale esistente» ("Situation report on international migration in East and South-East Asia", 2008). Queste conclusioni risalgono a diversi anni fa. Volendo aggiornarle, osserviamo che le differenze sono solo quantitative; la sostanza non è cambiata.

120 milioni di salariati

Poche cifre per aggiornare la dimensione e la dinamica della fucina dell'esercito di proletari nel Sud-Est asiatico. I dieci paesi rivieraschi dei mari Cinese Meridionale, Andamane, Giava e del Golfo di Thailandia, raggruppati nell'ASEAN, con una popolazione di 630 milioni, hanno 300 milioni di occupati, dei quali 120 sono i salariati. Gli occupati crescono al ritmo di 4,5 milioni l'anno. L'agricoltura ne occupa 110, e ne perde un milione l'anno, effetto netto della crescita demografica rurale, della disgregazione contadina e della migrazione verso le città. L'industria ne occupa 60 e aumenta di un milione e mezzo. I servizi crescono di quattro milioni l'anno e occupano 130 milioni. Se poi includiamo i vicini Bangladesh, Australia, Papua Nuova Guinea e Nuova Zelanda, che con il mercato del lavoro dell'ASEAN hanno fortissime relazioni, si devono aggiungere 190 milioni di popolazione e 70 milioni di occupati.

Più avanti nel grado raggiunto di sviluppo economico, oltre alla città Stato di Singapore (5,5 milioni di abitanti), sono la Malaysia (30 milioni) e la Thailandia (65); segue l'Indonesia (250 milioni); assai più arretrati Vietnam, Filippine, Myanmar, Laos, Cambogia.

Le migrazioni campagna-città potevano essere valutate per i paesi ASEAN a circa 3 milioni l'anno a inizio secolo; sono cresciute adesso fino a quasi 4 milioni e, in previsione, non caleranno nel prossimo futuro; il processo è fortemente ineguale fra paese e paese.

Migrazioni caotiche

Le migrazioni intra-ASEAN in buona parte sono destinate non solo a specifici paesi, ma a particolari *enclave* degli stessi paesi, dall'agro-alimentare moderno all'industria, ai servizi. Il dato ufficiale valuta oggi lo stock a 6,5 milioni; ma i clandestini non recensiti sono almeno altrettanti, e forte è la circolazione. Le calamite sono, oltre a Singapore, i due Stati più sviluppati, nei quali vi sono gli squilibri più forti fra domanda e offerta di lavoratori: Thailandia e Malaysia.

A Singapore gli immigrati sono il 40% della forza-lavoro; in Malaysia il 15%; in Thailandia molto meno, il 3%, ma l'elevata quota di clandestini ne fa almeno raddoppiare il peso relativo. Vi sono poi le emigrazioni verso paesi non-ASEAN, con flussi dell'ordine di due milioni l'anno complessivamente, direzione Golfo, Giappone, Corea, Europa.

In sintesi gli immigrati nell'ASEAN, regolari e no, possono essere valutati in rapporto ai salariati (e in effetti in gran parte lo sono) intorno all'8%, ma con punte nettamente superiori in alcune zone e in specifici settori.

La Thailandia è il paese che anticipa le tendenze, come commenta un rapporto ILO-ASEAN del 2014: «L'invecchiamento della popolazione e il calo della fecondità contribuiranno a ulteriori carenze di forza-lavoro, stimabili in 4,7 milioni nel 2020 [...] le migrazioni di lavoratori saranno un aspetto importante della sostenuta crescita nel breve e medio termine».

Su questa base oggettiva, e indirizzate dall'ineguale sviluppo economico e demografico, si articolano le migrazioni nell'area e nascono le periodiche crisi. Il proletariato asiatico ingrossa le sue file.

MIGRAZIONI NELL'ASEAN

Nel 2012 la Thailandia inizia a controllare i porosi (per decenni) confini con Myanmar a Nord e Malaysia a Sud, nonché il mar delle Andamane, e lancia una campagna di regolarizzazione degli immigrati, 3-4 milioni dei quali – una buona metà – è senza permessi. Forti le reazioni contrarie degli imprenditori nei settori (pesca, costruzioni, industria tessile-abbigliamento) che di questi lavoratori non possono fare a meno. Le riporta il *Bangkok Post*: «La realtà d'altra parte è che la Thailandia non dispone in quantità sufficiente di lavoratori *unskilled* [non qualificati], e gli immigrati *unskilled* sono la risposta a questa carenza». La contraddizione è evidente, e la spiega il giornale thailandese: «È chiaro. Se il governo vuole che tutti i lavoratori senza documenti entrino a far parte del mercato del lavoro vero e proprio, il processo di legalizzazione deve costare poco ed essere facilmente accessibile». Fra molte contorsioni legate alle convulsioni politiche thailandesi, il *Bangkok Post* evidentemente incarna una posizione riformista della borghesia thailandese, la quale conosce il senso economico di una gestione del flusso migratorio. Ciò si scontra con l'utilizzo della questione migratoria nello scontro politico nazionale e nella concorrenza sui temi legge e ordine: «Il problema che ci sta sotto è il pregiudizio profondamente radicato contro i lavoratori migranti. Quando viene visto come una minaccia alla sicurezza nazionale, l'eliminazione [del problema dei migranti] è la risposta che viene naturale. Da qui l'idea fissa dei politici sulla deportazione».

E in effetti da allora in avanti, con punte nel 2013 e nel 2015, l'«idea fissa dei politici», non solo quelli thailandesi ma anche in un modo o nell'altro di tutti gli altri Stati dell'area ASEAN più Australia e Bangladesh, ha prodotto risultati. Si è infatti declinata in un susseguirsi di crisi, di blocchi, di *boat people* palleggiati e respinti da porto a porto, sui mari e nei confini di terra, senza produrre effetti, perché l'immigrazione non la ferma nessuno, specie in una zona a crescita elevata e con forti squilibri come questa. A farne tragicamente le spese centinaia di migliaia di uomini, donne e bambini, i migranti a vario titolo che si muovono attratti dalle calamite dello sviluppo.

La strada era difficile già prima; le successive crisi e chiusure di confini l'hanno resa ancora più pericolosa, come sottolinea l'International Organization for Migration: «Le persone muoiono a causa dei modi nei quali i confini sono controllati» (*Fatal journeys*, 2014). È sulla base dei dati dell'IOM che si può stimare in 1.500 l'anno il tributo in morti nelle migrazioni di quell'area dall'anno 2000 al 2013.

Buddhisti e musulmani

Il milione e 100 mila persone della minoranza musulmana in Myanmar, risultato di una migrazione iniziata più di un secolo fa, rappresentano una piccola percentuale dei flussi migratori dell'area. I *rohingya*, come vengono chiamati (ma in Myanmar, dove non sono riconosciuti come etnia o razza fra le 135 ufficiali del paese, li individuano come *bengali*) sono in tutto circa 1,5 milioni; oltre a quelli in Myanmar, ve ne sarebbero più di centomila fra Thailandia, Indonesia e Malaysia; il resto in Bangladesh, India e Pakistan.

In questi primi mesi del 2015 i *rohingya* sono stati portati ad esempio della situazione critica dei flussi, più in generale, di tutta l'area anche se ne rappresentano solo una piccola parte. I barconi carichi di migranti provenienti da Bangladesh e Myanmar diretti verso Thailandia e Malaysia, Indonesia e Australia, hanno riempito le cronache della primavera-estate di quest'anno.

Pesa la storia: di religione musulmana, provengono dal Bengala (ora Bangladesh, prima parte dell'India orientale) con una migrazione verso la Birmania incentivata dai colonizzatori britannici nell'ambito del *british rule*, e accentuata nel secondo dopoguerra. Finito il *british rule* sono sorti contrasti con la struttura economica e sociale birmana, a forte maggioranza buddhista. Da qui, dove erano concentrati nello Stato del Rakhine, sono in parte ripartiti, attratti soprattutto dalle economie thailandese e malese.

Le differenze religiose in Myanmar hanno fatto da scintilla nel 2012 a scontri razziali, con centinaia di morti, fra i buddhisti e i musulmani *rohingya*. Scrive BBC *News-Bangkok* che «un milione di essi è *stateless* [apolide], e il Myanmar non si scusa per la segregazione e le restrizioni che applica». Secondo la birmana *Mizzima Business Weekly*, invece, i buddhisti del Rakhine sostengono che i musulmani che vivono in quello Stato sono solo immigrati recenti, e illegali, provenienti dal Bangladesh. Gli eredi del *british rule* oggi denunciano: «Apartheid nel mare delle Andamane» (*The Economist*).

Crisi nel Sud-Est asiatico (II) *

Gli attori dei flussi migratori che dal Golfo del Bengala arrivano al mar di Giava e, più a Sud, al mar di Timor, sono molto intrecciati. Oltre ai paesi dell'ASEAN e ai flussi fra di loro, occorre aggiungere il Bangladesh e l'Australia.

Il Bangladesh è origine di forti migrazioni anche verso Est e Sud-Est. L'Australia, che pure accoglie un paio di centinaia di migliaia di immigrati l'anno con le carte in regola, dal settembre 2013 ha messo in piedi col governo liberale di Tony Abbott una politica di selezione in base al livello di formazione della forza-lavoro. I metodi sono noti: oltre al respingimento dei barconi in mare, vengono utilizzati campi di raccolta in alcune piccole isole dove vengono collocati gli immigrati in attesa di essere rispediti indietro. Una di queste isole si chiama Christmas, un'altra è l'isola Manus, entrambe lontanissime dalle coste australiane.

La crisi del 2015 e il vertice di Bangkok

Nel 2014 la Thailandia aveva proseguito nel contrastato tentativo di regolarizzare la quota "illegale" (metà circa) dei 3-4 milioni di immigrati che ne irrobustiscono la forza-lavoro. In particolare verso la Cambogia, confine da sempre poroso, sono partiti cellulari carichi di migranti sorpresi con le carte non in regola, arrestati e rimpatriati. Una vera e propria deportazione.

La crisi si è aggravata dopo che nel 2015 è stata decisa un'ulteriore stretta ai confini terrestri con la Malaysia, operazione che ha avuto l'effetto immediato di deviare i migranti verso la via marittima. Centinaia di barconi in mare venivano respinti dai porti non solo indonesiani e australiani, ma anche thailandesi e malesi: un vero e proprio *ping pong*, come è stato definito. Elevata e ampia è stata la visibilità internazionale.

---

* Dicembre 2015.

Una conferenza a Bangkok, alla fine di maggio, ha affrontato la questione, preceduta da un vertice fra i ministri degli Esteri dei tre paesi più interessati (Indonesia, Malaysia e Thailandia). Pochi giorni prima erano stati annunciati a mezzo stampa e con rilievo i ritrovamenti di veri e propri cimiteri con più di 150 morti nella giungla, presso i confini thailandesi, vicino ai campi che racchiudono i migranti clandestini nell'attesa del passaggio delle frontiere. In altri luoghi erano stati trovati 500 corpi. Ancora un esempio concreto del *confine funzionale* e delle morti *border related*, cioè del fatto che occorre considerare tutto il percorso migratorio, dal punto di partenza alla destinazione finale, per valutarne la pericolosità.

A Bangkok erano presenti i dieci Stati dell'ASEAN, Australia, Bangladesh e come osservatori USA, India, Svizzera, Iran e Afghanistan: in totale 17 paesi, oltre all'ONU e organizzazioni ONG. Commenta il *Financial Times* che l'emergenza capita in un momento politicamente cruciale per l'ASEAN, che sta per lanciare il proprio mercato comune: «I paesi del Sud-Est asiatico, che hanno a lungo fatto affidamento economicamente sul lavoro degli immigrati, stanno adottando adesso dure politiche di frontiera e una retorica nazionalista [...] gli Stati del Sud-Est asiatico utilizzano milioni di lavoratori immigrati stranieri, molti dei quali *low-skilled* e illegali». Il paragone con l'Europa balza all'occhio, anche se le condizioni al contorno sono per vari aspetti differenti. Ma la stampa locale non ha mancato di descrivere e illustrare le tragedie che, in quasi perfetta contemporaneità, si compivano nel Mediterraneo.

Un cerotto su una ferita aperta

Il vertice si è concluso con un provvisorio accordo per soccorrere, far sbarcare e temporaneamente ospitare i migranti, smettendo di ricacciarli in mare con la politica del *ping pong*. Riporta il *Bangkok Post* che questo risultato è stato anche definito come un cerotto applicato a una ferita aperta. Il Myanmar, del resto, non ha ammesso che il nome *rohingya* – la minoranza musulmana in Birmania – venisse ufficialmente pronunciato durante i lavori. Sullo sfondo, scrive ancora *Bangkok Post*, una stima di settemila migranti in mare ancora alla ricerca di un approdo proprio nei giorni della conferenza.

Indonesia e Malaysia hanno tenuto la posizione più aperta, impegnandosi anche a ospitare per un anno i migranti ancora alla deriva. Riporta il *Jakarta Post*: «Indonesia, Malaysia e Thailandia hanno sottolineato l'importanza che la comunità internazionale [gli altri Stati partecipanti alla conferenza] abbia assunto una condivisione della responsabilità, aiutandoli ad affrontare la crisi internazionale». I tre paesi sono i più sviluppati dell'area, e hanno quindi il maggiore interesse a non interrompere il flusso in ingresso dei migranti dei quali hanno necessità, in particolare nei settori come la pesca (Thailandia) e l'olio di palma (Malaysia). Un altro punto di consenso alla conferenza ha riguardato lo sviluppo di canali di migrazioni regolari.

Lo stesso quotidiano indonesiano descrive i conflitti che si verificano sui barconi, nei quali si mescolano originari del Bangladesh, musulmani e *rohingya*, anch'essi musulmani ma di ceppo etnico diverso: scene «di un'età barbarica e brutale». Nel giugno 2013 i contrasti etnico-religiosi nel Myanmar fra buddhisti e musulmani ebbero un immediato riflesso in Malaysia, a prevalenza musulmana, fra gli immigrati delle due provenienze religiose.

L'unità di tutti i lavoratori, senza distinzione di razza e di religione, ancora una volta è un compito indispensabile alla difesa di classe.

IMMIGRATI IN THAILANDIA E MALAYSIA

L'industria della pesca thailandese, terza al mondo per l'esportazione, vale un export annuo di 7 miliardi di dollari e abbraccia una filiera che parte dal peschereccio, passa per le industrie di processo e arriva al prodotto finale sugli scaffali del supermercato. L'occupazione di tutto il settore è valutata in due milioni di lavoratori, dei quali 800 mila di occupazione diretta, inclusa l'acquacoltura, e 1,2 milioni indiretta. L'ILO (Organizzazione internazionale del lavoro) riporta che ci sarebbe ancora oggi una carenza di 50.000 lavoratori nel settore, ciò che basta a mettere in moto un sostenuto flusso migratorio verso la Thailandia.

Industria della pesca

Nove addetti su dieci sono immigrati, prevalentemente da Myanmar, Cambogia, Laos e Bangladesh; almeno la metà è illegale. Le condizioni di lavoro sono durissime in tutta la filiera, l'occupazione minorile è assai diffusa, come pure la condizione detta di *forced labour*, cioè immigrati costretti a impegnare la paga di mesi per saldare il conto del viaggio. Quindi è un settore che si regge per quasi la metà su una manodopera non coperta da alcuna tutela giuridica né tantomeno sindacale, proveniente dalla regione, in gran parte frutto della disgregazione contadina e quindi con bassa professionalità, giovane e giovanissima, in condizioni di pesantissimo sfruttamento.

L'ILO parla di «lavoro pericoloso, caratterizzato da orario lungo e intenso sforzo fisico [...] spesso escluso dalle leggi sul lavoro e dalle relative protezioni [...] i lavoratori migranti del settore sono vulnerabili allo sfruttamento e a condizioni di lavoro forzato grazie all'isolamento del luogo di lavoro». L'Associazione degli industriali thailandesi della pesca sostiene che «la prolungata carenza di lavoratori immigrati legalmente ha immensamente toccato la nostra industria», ma lo ha affermato all'inizio della contrastata operazione del governo per inquadrare e rendere legale questa ampia forza-lavoro.

Si tratta di un'operazione di regolarizzazione che – in analogia con quanto è accaduto e accade ad esempio nelle *fabbriche del sudore* cambogiane che producono abbigliamento per notissimi marchi venduto nei negozi di tutto il mondo – viene oggi sollecitato dai grandi gruppi che commercializzano il pescato e in particolare il gambero thailandese in USA e in Europa e che si trovano in difficoltà di fronte al diffondersi sui media delle notizie e delle immagini sulle condizioni di lavoro di coloro che lo pescano e lo lavorano. Fra questi gruppi ci sono Walmart (USA), Carrefour (Francia), Costco (USA), Tesco (UK) e altri ancora.

C'è poi la pesca di frodo, che occupa una forza-lavoro, per così dire, doppiamente illegale e quindi ancor più sfruttata oltre ogni regola. Secondo il *Bangkok Post*, i pescherecci illegali sarebbero addirittura in numero superiore a quelli regolari.

Agricoltura industrializzata

Indonesia e Malaysia si dividono i nove decimi della produzione mondiale di olio di palma, prodotto dalle numerose applicazioni (alimentare, cosmetici, bio-combustibile). Una produzione crescente, quadruplicata in vent'anni. Alla base della filiera sta la raccolta nelle piantagioni, con ampio utilizzo di forza-lavoro stagionale. I lavoratori impiegati ammontano, nei due paesi, a 3,5-3,7 milioni; ma la stima è anche qui di massima, perché molto alta è la quota di immigrati illegali e di forza-lavoro minorile. Risulta che la carenza di forza-lavoro rappresenti un limite all'espansione della produzione, con raccolta abbandonata nei campi per la mancanza di lavoratori.

Ciò riguarda maggiormente la Malaysia, che dispone di un serbatoio interno di manodopera più ristretto e che deve affidarsi, più del gigante e concorrente indonesiano, all'importazione di lavoratori, cioè ai migranti, che in questo settore sarebbero tre quarti degli addetti.

Uno studio del 2012 del dipartimento dell'Agricoltura USA scrive che «nel passato, molte industrie malesi, comprese quelle del settore dell'olio di palma, hanno dovuto fare ricorso a lavoratori immigrati senza permesso di lavoro», molti dei quali provenienti dall'Indonesia, dal Bangladesh e da altri paesi dell'area. La concorrenza con l'Indonesia è forte, e si riflette sulla forza-lavoro immigrata: «Gli incentivi per i lavoratori non qualificati a cercare impiego in Malaysia stanno rapidamente diminuendo man mano che l'industria dell'olio di palma indonesiana prospera, cosa che è la ragione della continua carenza di lavoratori nelle piantagioni malesi».

In Malaysia vi sarebbero 500 mila indonesiani, preferiti ad altri per la capacità di lavoro e la conoscenza della lingua; ma l'Indonesia tende a limitarne l'uscita, temendo le carenze domestiche, e per questo utilizza anche la leva salariale. Scrive il malese *Borneo Post* che i due paesi dovrebbero smetterla di farsi concorrenza l'un l'altro e invece dovrebbero concentrarsi sulle richieste di mercato, aumentando la loro reputazione nel mondo. Ma uno dei problemi è proprio la carenza di lavoratori, della quale soffre più la Malaysia dell'Indonesia. Da qui un recente accordo fra i due paesi per far fronte comune, importando lavoratori dal Bangladesh.

AMERICA

“Border” e “fronteras” del XXI secolo *

Le vicende legate alle migrazioni che gravitano attorno al confine meridionale degli Stati Uniti vanno sempre più inquadrate in un'ottica regionale, abbandonando quella bilaterale USA-Messico, prevalente fino alla fine del secolo scorso. Si deve parlare di un vero e proprio sistema migratorio che comprende tutti gli Stati della regione, ciascuno dei quali entra con particolarità specifiche in questo grosso mercato delle braccia e dei cervelli. Non c'è più un solo *border*, ci sono molte *fronteras* fra i numerosi Stati dell'area; ogni Stato si regola da sé, nel filtrare e lasciar passare i flussi, in base alle proprie convenienze economiche e politiche.

Parliamo di un bacino di più di 300 milioni di persone, aumentati di quasi 70 milioni nel primo ventennio del secolo. Vi sono poi i retroterra: gli Stati settentrionali del Sud America (Colombia, Venezuela, ma anche Brasile) e quello, enorme, degli Stati Uniti.

Il Messico e i nuovi motori

Con quasi la metà della popolazione totale dell'area, il Messico è e resta il paese chiave; ma da alcuni decenni non è più solo il paese dei *braceros* che cercavano la fortuna in California. Ci sono diversi Messico. Il Nord, in particolare, anche per effetto del NAFTA e degli investimenti (americani, ma pure spagnoli e altri ancora) è ormai diventato una regione industrializzata, ben oltre le fabbriche *maquiladoras* vicino al confine con gli States. Seppur fra gli alti e i bassi legati al ciclo economico, oggi questo paese «offre manodopera qualificata, buone strade e connessioni ferroviarie, un'industria legata all'export

* Ottobre 2022.

ben radicata e una via privilegiata per l'accesso ai commerci. [...] I parchi industriali del Nord del paese sono pieni e alcune compagnie internazionali si sono spostate qui» (*Financial Times*). «È stato a lungo paese d'emigrazione e di transito, sta diventando sempre più paese di destinazione e di richiedenti asilo» (Migration Policy Institute). I riflessi di questo sviluppo si vedono: la popolazione aumenta a tassi sempre più bassi e da almeno quattro anni la piramide delle età si sta restringendo alla base.

Gli altri paesi dell'area sono inseriti nei meccanismi dell'ineguale sviluppo, e anche di pesanti crisi. Crisi che si protraggono da anni, come quella del Venezuela. Il paese, che siede su riserve di petrolio fra le maggiori al mondo, ha prodotto milioni di emigrati (un milione nella sola Colombia) alla ricerca di lavoro per effetto di una profonda crisi economica e politica. O catastrofi come il terremoto di Haiti del 2010, che costò 230 mila morti e centinaia di migliaia di emigrati, anche per l'incapacità e la mancanza di volontà di attrezzarsi per fronteggiare fenomeni naturali che pure lì si ripetono con regolare frequenza.

Qui stanno i nuovi motori delle migrazioni dell'area, che hanno tuttora come destinazione principale il mercato del lavoro USA, ma poi anche il Messico e altri paesi. E le crisi economiche e politiche si sovrappongono.

L'imbuto del Darién

Una parte importante dei flussi passa attraverso quell'imbuto naturale che è lo Stato di Panama, il primo da attraversare per chi risale verso Nord, in molti casi dopo essere prima dovuto scendere verso Sud via mare dai Caraibi (Cuba, Haiti) sbarcando in Venezuela o anche in Brasile.

Il Darién è la foresta tropicale che inizia poco sopra il confine con la Colombia, e che nemmeno la strada Panamericana attraversa. Aggirarlo via mare è costoso, passarlo a piedi è impresa durissima: «se rallenti, muori», scrive un report dell'IOM. Qui ci pensa la natura a filtrare le migrazioni. È un'altra durissima *frontera* di questo intricato e pericoloso sistema migratorio. Nel 2021 è stato stimato un passaggio a piedi di 130 mila persone, con 500 morti.

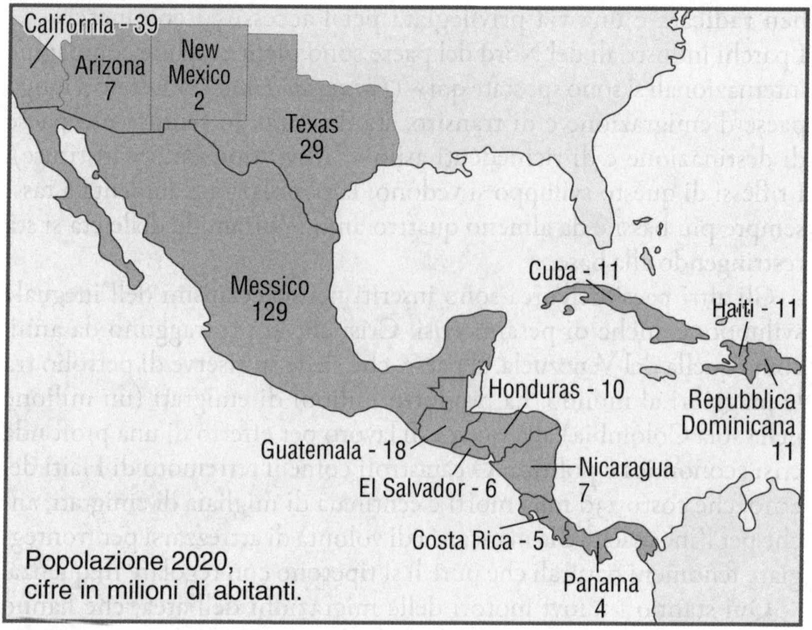

Un Summit inconcludente

Il tema delle migrazioni nel continente americano era stato messo all'ordine del giorno del Summit of the Americas, edizione 2022. Molti si aspettavano un passo avanti che, teoricamente, dovrebbe andare nella direzione di un libero mercato regionale della forza-lavoro. L'obiettivo sarebbe quello di compensare nella maniera più fluida possibile gli squilibri fra l'ineguale sviluppo e le conseguenti necessità di manodopera, da una parte, e i trend demografici dei singoli paesi dall'altra.

Il NAFTA, da questo punto di vista, non aveva funzionato. Ma neanche questo Summit sembra aver concluso qualcosa. Il *Washington Post*, che spinge per un piano regionale sui migranti, avverte un passaggio dal bilateralismo a una sorta di nuovo multilateralismo degli USA verso i singoli paesi, e lo considera un passo in avanti. Ma il *Financial Times* giudica l'evento «irrilevante». E il *Los Angeles Times* evidenzia il commento critico di Richard Haass del CFR: «Non c'è stata una politica sulle migrazioni, niente su infrastrutture e commercio [...] sembra che ci siano grandi promesse e pochi risultati».

I contrasti d'interesse fra i diversi paesi hanno ancora prevalso su un teoricamente possibile interesse comune. Col risultato che la circolazione della forza-lavoro, delle loro famiglie, dei loro bambini, pur indispensabile per il buon funzionamento dell'economia della prima potenza imperialistica e delle potenze regionali latino-americane medie e piccole, sarà ancora per chissà quanti anni filtrata e regolata dagli alti muri con filo spinato, dai larghi fiumi, dalle foreste tropicali, dai manganelli delle guardie di frontiera a cavallo, dai campi di detenzione, dalle separazioni dei bambini dai loro genitori. E continuerà a essere insanguinata dalle cadute mortali, dalle morti nel deserto, nella giungla e in mare.

"Irrazionalità" e "cimitero di massa"

Allo stillicidio delle vittime quotidiane si aggiungono spesso le tragedie, come quella di fine giugno con 53 uomini, donne, ragazzi morti per carenza di aria e per l'altissima temperatura nel cassone di un autoarticolato che li trasportava verso San Antonio, sull'Interstate 35. Provenienza: Messico, Guatemala, Honduras, El Salvador e altri paesi; due di loro erano laureati. Destinazione: il grande mercato del lavoro degli States, a corto di braccia e competenze, dal *bracero* al laureato. È stata la maggiore strage, finora, per numero di morti. Come spesso accade, le tragedie fanno venire temporaneamente a galla qualche verità. «Il confine è diventato un cimitero di massa e una testimonianza della mancanza di umanità e dell'irrazionalità delle politiche di confine e d'immigrazione degli USA» (*Los Angeles Times*). «La tragedia di San Antonio alimenta timori di un'estate pericolosa» (*Washington Post*). Il *border* è «fra i più letali confini di terra al mondo» (*The Economist*).

Sedici anni fa venne dibattuta la scelta di costruire un muro al confine fra USA e Messico per controllare l'immigrazione; è stato poi effettivamente costruito, e oggi copre gran parte del confine. Scrivemmo allora: «È tutta da dimostrare l'efficacia in zone dove difficili sono i controlli degli ingressi, zone battute dai coyote [trafficanti di uomini] i quali, in cambio di adeguata mercede, trasportano i clandestini negli States, con non poco rischio, dato che i morti si contano in 400 o 500 l'anno, più di uno al giorno» ("Un muro per arginare la «reconquista» dei latinos", *Lotta Comunista*, ottobre 2006). Nel 2021 le vittime sono state 651.

Nel 2022 il *Washington Post* sentenzia: «L'assenza di un sistema legale attuabile, che consenta di ammettere sistematicamente immigrati nel numero richiesto dal mercato del lavoro USA, è l'errore che sta alla base del caos al confine» (30 giugno).

È un'assurda situazione, che si protrae da decenni e che sembra essere irrisolvibile. L'unica cosa certa è che viene pagata per intero dalla nostra classe, dal *bracero* al laureato.

DALLO "IUS SOLI" AL "FENCE" DI PUTRELLE D'ACCIAIO E FILO SPINATO

Una stridente contraddizione opera al confine meridionale degli USA, lungo le duemila miglia (3.200 km) che lo separano dal Messico e dall'America Centrale.

Ius soli è il termine sintetico con cui si individua la regola secondo la quale chi nasce sul territorio di uno Stato ne diventa automaticamente cittadino fin dalla nascita, coi relativi diritti e doveri, indipendentemente dallo status dei genitori. Sono una trentina, su duecento, gli Stati che lo contemplano. Gli USA hanno ben radicato nella loro storia e cultura questo concetto, nonostante l'opposizione interna che regolarmente si è manifestata, ma che altrettanto regolarmente è stata sconfitta: è scritto nel 14° emendamento della Costituzione, risalente al 1868. Appare come un *welcome*, un benvenuto rivolto a chi contribuisce a popolare e rafforzare un paese che è nato dall'immigrazione. Paese che così, in due secoli e mezzo, è arrivato a essere la quarta potenza demografica mondiale dopo Cina, India e Unione Europea.

Il *fence* invece è la barriera che percorre buona parte di questo confine con lo scopo d'impedire l'ingresso agli immigrati "illegali", cioè al di fuori dalle restrittive, complesse e contraddittorie regole fissate dagli USA. È esattamente il contrario del *welcome*. In varie forme, talvolta corredato di filo spinato, nella parte costruita più di recente consiste in una sinistra palizzata di colore scuro alta fuori terra 30 piedi (9 metri), più 6 piedi (1,8 metri) di fondazione di cemento sottoterra, formata da putrelle larghe ciascuna qualche decina di cm, di forte spessore e in acciaio temprato per renderne difficile il taglio. Sono piantate verticalmente a qualche centimetro l'una dall'altra, in modo che ci si possa anche vedere attraverso. Iniziato nel 2007 (presidenza Bush, repubblicano), proseguito da Obama (democratico, due mandati) e da Trump (repubblicano), adesso che è quasi concluso la presidenza Biden (democratico) ha interrotto i lavori. Il costo è sui 20 milioni di dollari al miglio. Il confine terrestre è lungo 800 miglia (1.300 km); il fiume Rio Grande è un confine naturale lungo 1.200 miglia (1.900 km). Sembra quasi che natura e storia abbiano voluto far risparmiare qualche decina di miliardi di dollari all'imperialismo americano.

L'immigrazione USA nel XXI secolo *

L'immagine che gli USA siano sempre stati un paese di forte immigrazione è certamente vera, ma va aggiornata. Dopo il picco del 15% di *foreign-born* sulla popolazione totale raggiunto nel 1910, a compimento del ciclo del XIX secolo (in USA "nato all'estero" è sinonimo di "immigrato", indipendentemente dalla nazionalità avuta o acquisita), il calo è stato ininterrotto. Le conseguenze della Prima guerra mondiale, della crisi del '29 e poi della Seconda guerra mondiale hanno drasticamente ridotto gli ingressi, e quindi il peso relativo e poi anche assoluto degli immigrati, fino al minimo del 1970 col 4,7%. I *foreign-born* calarono in 60 anni da 13,5 a 9,6 milioni, mentre la popolazione totale raddoppiava. Negli anni '70 iniziò la forte ripresa, spinta dalle necessità di forza-lavoro a vari livelli non più soddisfatte dai *native-born*, nonostante i forti movimenti migratori interni. Così, con crescita ininterrotta, si arriva ai 45 milioni e al 14 % del 2019: 23 milioni le donne, 20 gli uomini, 2 i fanciulli. Dunque moltiplicati per cinque di numero, e per tre in peso relativo sulla popolazione, in mezzo secolo: si può parlare di una nuova immigrazione.

È un'ondata profondamente differente da quelle precedenti, e via via modificatasi per provenienza, livello di formazione, distribuzione sul territorio federale, adattandosi alle mutevoli richieste del mercato della forza-lavoro. E dovrebbe crescere, data anche la strada della debolezza demografica ormai imboccata dal paese, se non fosse frenata dall'anarchia di un mercato capitalistico non in grado di regolare gli indispensabili flussi di forza-lavoro.

Una nuova immigrazione

Poche cifre, tratte da uno studio della Brookings, per mostrarne i caratteri e le tendenze, che sono fondamentalmente quattro.

* Dicembre 2022.

Il primo è la provenienza: l'America Latina, che forniva la metà degli immigrati a cavallo del secolo, è scesa a un terzo dopo il 2010; gli asiatici (prevalentemente da Cina, India e Filippine) sono passati da meno di un terzo a più del 40%.

Il secondo è il livello di istruzione, valutato su chi ha 25 anni e più: fino a fine secolo i laureati erano poco più di un quarto dei flussi migratori in entrata, valore più basso di quello dei *native-born*; nei primi due decenni del secolo la quota è arrivata al 45%, superando la percentuale degli autoctoni. Resta comunque alta, seppur calante, la quota di chi non ha completato la scuola superiore, un 20% che si raffronta col 9% degli autoctoni. Si osserva quindi una conseguente, crescente polarizzazione del livello d'istruzione della forza-lavoro di più recente immigrazione, che corrisponde bene a un mercato capitalistico che richiede sì tecnici e specialisti, in genere laureati, ma che ha sempre bisogno di chi occupi posti di lavoro a bassa e bassissima professionalità.

Il terzo aspetto riguarda le età. Un atlante prodotto dal Migration Policy Institute è illuminante, perché pubblica le piramidi divise per nazione di provenienza: Messico, Cina, India, Filippine, Vietnam e altre. È però improprio chiamarle piramidi, perché hanno la forma del diamante, strette in alto e in basso, ma ampie nelle fasce centrali di età. Sono strette e basse in alto perché questa nuova immigrazione è tendenzialmente assai più giovane dei nativi autoctoni. E sono strette in basso perché i figli di *foreign-born* che nascono negli USA, paese con lo *ius soli*, non sono ovviamente computati. Ma non strettissime, perché numerosi continuano a essere gli arrivi dei fanciulli, spesso classificati *unaccompained minors*, non accompagnati (dai genitori), perché separandoli sembra sia meno difficile e pericoloso cercare di passare attraverso muri e steccati delle *fronteras* e del *border*. Entrano in definitiva uomini e donne prevalentemente delle fasce d'età richieste dal mercato della forza-lavoro: pronti all'uso, si può dire.

Infine, la destinazione sul territorio federale. Una maggiore dispersione, cioè una minore concentrazione dei flussi d'immigrati nei soli quattro Stati di frontiera col Messico, è in atto da tempo. È accentuata dal crescere della quota asiatica, quella a maggior livello d'istruzione, che però tende a utilizzare vie d'ingresso differenti dal passaggio del border. Oltre a riempire gli insufficienti numeri dell'immigrazione legale, lo strumento è l'*overstay*, cioè un visto turistico (con ingresso legale, anche in aereo) fatto scadere senza tornare al paese d'origine.Una strada che però in pratica è preclusa, per numerosi motivi, alla massa dei latinoamericani.

I settori cruciali e gli "irregolari"

Uno studio del Pew Research Center di alcuni anni fa permette di vedere dove vanno a lavorare, quando arrivano, i *foreign-born* che sono, ricordiamo, gli immigrati definiti tali per essere nati all'estero; in pratica è la prima generazione. Riferendoci alla media nazionale del 18%, sono al di sopra agricoltura e foreste (26%), costruzioni (23), industria manufatturiera di beni di consumo (20), trasporti (19). Ricreazione, turismo e commercio all'ingrosso sono sulla media. Di poco sotto è complessivamente la sanità (14%, ma con forti differenze tra infermieri, medici, specialisti vari) e la pubblica amministrazione (9%).

Non si può concludere questo quadro schematico senza ricordare gli irregolari. Irregolari per la legge federale, per il coacervo di quelle dei singoli Stati, per i tribunali, non certo per il tessuto produttivo, dall'industria ai servizi, per il quale sono indispensabili. Sono stimati 11 milioni, quasi uno su quattro del totale dei *foreign-born*, il 3% della popolazione. I messicani sono 5,6 milioni, altri 1,8 vengono da Salvador, Honduras e Guatemala, ma anche mezzo milione dall'India e 400 mila da Cina e Hong Kong. Quelli che lavorano sono il 5% della forza-lavoro del paese, quindi circa 6-7 milioni. Questa cifra dà il loro peso nella macchina produttiva e di consumo della prima potenza imperialistica mondiale. La loro

OCCUPATI NEGLI STATI UNITI PER PAESE O REGIONE DI NASCITA

nati in	*milioni*	*%*
USA	129,7	*82,3*
Messico	7,1	*4,5*
Caraibi e Centroamerica	5,0	*3,2*
America del Sud	2,1	*1,3*
Canada	0,4	*0,3*
Europa	2,6	*1,7*
Asia Est (compresi Cina, Corea, Giappone) e Sud-Est	5,0	*3,2*
Asia Centrale, Sud (compresa India), Oceania	2,6	*1,7*
Medio Oriente e Nordafrica	1,0	*0,6*
Africa Subsahariana	1,3	*0,8*
totale non in USA	27,1	*17,7*
totale occupati	156,8	100

Fonte: Pew, 2018.

vita non è facile, anche se diversi Stati la semplificano, visto l'importanza che hanno, nell'attesa di una sanatoria appesa alle decisioni della politica.

Mettendo assieme tutto, abbiamo così ricostruito i 45,7 milioni di *foreign-born* dell'imperialismo americano oggi: 10,5 milioni sono *unauthorized* (a stare in USA), ma ci stanno lo stesso; 20,7 milioni sono stati naturalizzati (e sono cittadini USA); 14,5 sono cittadini stranieri, ma legalmente immigrati.

Scrive il Migration Policy Institute: «Nel mezzo del calo della natalità e dell'invecchiamento della popolazione, i lavoratori immigrati svolgeranno un ruolo critico nel futuro della forza-lavoro USA [...] politiche che selezionino gli immigrati con le professionalità necessarie per occupare i posti di lavoro del futuro saranno essenziali per la vitalità economica del paese» (ottobre 2020). Una proposizione che cozza però con la realtà quotidiana dell'utilizzo dell'immigrazione nello scontro politico americano, col risultato di frenare gli ingressi.

"COLLISIONI" E CARENZA DI SEMICONDUTTORI

È nota la carenza di chip sul mercato, che ha rallentato, e anche fermato, la produzione dei numerosissimi beni manufatturieri che li incorporano. Negli USA l'industria che li produce occupa 112 mila addetti, dei quali un terzo è immigrato. Fra gli *electronic engineers*, i *foreign-born* sono la metà e la loro origine è soprattutto India e Cina. Le scelte di politica industriale sono di espandere questa industria, oggi ancor più cruciale, soprattutto in Texas e Arizona, dove è già presente, e in Ohio. Ma non si trova la forza-lavoro adatta. Vengono studiati meccanismi per riprofessionalizzare gli esuberi di altri settori, per creare canali immigratori specifici, ma non basta per l'obiettivo posto di raddoppiare la produzione, e quindi gli occupati. La Brookings recentemente ha osservato che «qui, il desiderio *non-partisan* [ossia: comune a democratici e repubblicani] di avere un'industria dei semiconduttori più competitiva collide con le politiche *partisan* [ossia diverse tra i due] sull'immigrazione» (giugno 2022). Quale contraddizione è maggiore di quella di una grande potenza imperialistica che non riesce ad avere una politica d'immigrazione corrispondente alle esigenze della propria borghesia industriale, perché sull'immigrazione (nel caso specifico, soprattutto quella di diplomati e laureati) si gioca uno scontro politico che non esita a utilizzare le ideologie razziste?

Il fenomeno è generale, anche se diversificato. Secondo Goldman Sachs, siamo nel più forte squilibrio fra domanda e offerta di forza-lavoro dalla Seconda guerra mondiale, come riferisce il *Financial Times*, che scrive di un mercato del lavoro «al calore rosso; [...] da ogni parte negli USA, gli imprenditori in quasi tutti i settori si pongono la stessa domanda: dove sono finiti i lavoratori?» (26 maggio). La disoccupazione media è al 3,5%, pur con differenze fra neri (5,3%), ispanici (3,6%) e bianchi (2,7%). Nonostante il fatto che sarebbero ritornati al lavoro lo scorso anno ben 1,7 milioni di pensionati.

CAPITOLO QUARTO

L'Italia da paese d'emigrazione a paese d'immigrazione

L'Italia dell'emigrazione *

Dodici anni fa Antonio Golini, attento studioso delle migrazioni, analizzando la posizione occupata dall'Italia nelle migrazioni internazionali dell'epoca si domandava non perché l'immigrazione Sud-Nord del mondo fosse così alta, ma al contrario come mai fosse così ridotta. Per quanto riguarda l'Italia, nel 2005 vi erano circa 3 milioni di stranieri, poco più del 5% della popolazione; oggi (2016) sono raddoppiati: 6 milioni, quasi il 10%.

Una risposta alla domanda sta dunque già in questi due dati: nonostante tutti i limiti posti alla libera circolazione delle persone che Golini elencava, le spinte degli «imponenti squilibri demografici ed economici» hanno in realtà operato a piena forza. La *collisione storica* di due anni fa è stata solo una tappa, seppure imponente, di un lungo percorso, del quale l'Italia è sempre stata parte integrante fin dall'affacciarsi nel mercato capitalistico europeo della forza-lavoro in formazione nell'Ottocento.

Una rassegna dei *fatti migratori* più importanti dell'ultimo secolo e mezzo mette in evidenza le tappe di un'integrazione che è superiore a quanto può apparire in superficie.

L'Italia unitaria

Scrive Corrado Bonifazi che «molte caratteristiche dell'Italia di oggi sono il risultato dei flussi migratori che l'hanno percorsa in lungo e in largo, che l'hanno lasciata per altri paesi o che l'hanno scelta come luogo di destinazione e di insediamento» e che «la dinamica migratoria

* Gennaio 2017.

di ogni paese si inserisce in un preciso contesto internazionale che ne condiziona lo sviluppo e contribuisce a determinarne l'evoluzione» (*L'Italia delle migrazioni*, 2013).

Questo processo per l'Italia è decollato nella seconda metà dell'Ottocento, una volta conclusa l'unificazione nazionale, con ritardo rispetto ad altri paesi europei. Nel 1861 l'Italia contava circa 22 milioni di abitanti, dei quali già più di tre milioni erano nati in un comune diverso da quello di residenza, specie al Centro-Nord: era segno di una migrazione interna già significativa, che stava superando quella periodica e stagionale, legata all'agricoltura. Secondo Bonifazi, era «una realtà tutt'altro che immobile». Ma le migrazioni internazionali erano trascurabili.

È col 1870, concluse le guerre di unificazione dei grandi Stati europei, che accelera la circolazione di forza-lavoro all'interno del continente e in parallelo partono le grandi *migrazioni proletarie di massa*, trainate dallo sviluppo europeo, nordamericano e anche dell'America Latina. I fenomeni messi in moto simultaneamente sono, oltre alle migrazioni transoceaniche, che creano un mercato della forza-lavoro a dimensione transcontinentale, l'aumentata circolazione interna in Europa, la crescita dei movimenti interni ai singoli mercati nazionali e infine una radicale modifica della migrazione periodica su base agricola con lo sviluppo di un'agricoltura capitalistica a più alta produttività. I fenomeni procedono integrandosi l'uno con l'altro. Lo scenario di fondo è l'imponente sviluppo capitalistico in Europa e Nord America.

Demografia e migrazioni europee nel XIX *secolo*

Al fondo delle cause delle migrazioni di forza-lavoro stanno gli squilibri demografici. L'America aveva fame di popolazione e forza-lavoro. L'Europa passava da una crescita di popolazione dello 0,5% annuo nella seconda metà del Settecento allo 0,74% della prima metà dell'Ottocento, poi salita allo 0,87% nella seconda metà del secolo. Si calcola che, se non vi fossero state le migrazioni di massa transcontinentali del 1850-1900, la crescita europea avrebbe raggiunto l'1%.

Sono le condizioni oggettive retrostanti ai profondi fenomeni di disgregazione contadina che, in maniera diffusa seppure ineguale, hanno liberato nel continente in quantità massiccia forza-lavoro disponibile per i processi di industrializzazione europei e americani. Nella valutazione di Alan Milward, i paesi europei furono in grado di «travasare gran parte della popolazione in soprannumero per mezzo di un livello senza precedenti di migrazioni interne ed esterne» (*The economic development of continental Europe*, 1973).

Le migrazioni europee dell'Ottocento ebbero due caratteri principali. Quello interno all'Europa, partendo dal livello di aggregazione provinciale e arrivando agli spostamenti fra Stati, faceva affluire forza-lavoro e popolazione nelle zone, in gran parte cittadine, ma anche minerarie, di sviluppo capitalistico e industriale, dove c'era richiesta non soddisfatta. Il secondo, quello transcontinentale, riguardava il massiccio spostamento verso le Americhe, e in particolare il Nord America, con provenienza da quasi tutti gli Stati europei; migrazione alimentata sia dal primo passaggio campagna-città, che *tracimava* per una quota parte in emigrazione all'estero e transcontinentale, sia dal passaggio diretto campagna-estero. È questa la *grande migrazione proletaria di massa*: dalla metà dell'800 alla Prima guerra mondiale si stima in 70 milioni, al lordo dei ritorni, e a 40 al netto, questo grande spostamento transatlantico da un'Europa che contava a fine secolo circa 425 milioni di abitanti.

Ma questa è solo una parte del movimento migratorio dell'Ottocento, e sarebbe errato vederla come la principale, sottolinea Milward: «Sia le migrazioni inter sia quelle intra-continentali derivarono dalle rivoluzioni demografiche e industriali in Europa [...] coloro che sostengono che l'attrazione verso gli USA era la forza principale che governava le migrazioni europee hanno una limitata conoscenza delle forze di base della storia europea». In sintesi, questo gigantesco processo da metà Ottocento alla Prima guerra mondiale avrebbe coinvolto, nella sua valutazione quantitativa, un decimo della popolazione europea (Regno Unito incluso) e un quarto della forza-lavoro.

Il contributo italiano

La popolazione italiana ha partecipato per circa un quinto, nella valutazione di Bonifazi, a questo «mercato del lavoro sempre più ampio ed esteso, con la dilatazione degli spazi lavorativi in una scala continentale e transoceanica». L'emigrazione annua italiana verso l'Europa dal 1876 al 1914 è iniziata con 100 mila l'anno, ma con un salto a 250 mila a partire dai primi anni del Novecento. Quella verso le Americhe ha valori non dissimili, salvo balzare a 400 mila l'anno in media, e con molte oscillazioni, a partire dal cambio di secolo.

Intorno al 1910 nelle Americhe vi erano circa 4 milioni di emigrati italiani, al netto dei ritorni, mentre nelle tre principali destinazioni europee (nell'ordine Francia, Svizzera, Germania) la presenza superava i 700 mila. Più consistenti le quantificazioni di Klaus Bade: l'Italia, con 14 milioni usciti nel periodo 1871-1914 (al lordo dei forti ritorni), il 44% diretti in Europa, il 32% in Nord America, il 24% in Sud America, era in quel periodo la seconda regione europea di emigrazione e la prima area di partenza della forza-lavoro.

In parallelo le migrazioni interne verso le aree dello sviluppo industriale, e non solo, avevano effetti sia concentrati nelle grandi città (ad esempio Milano triplica gli abitanti dal 1871 al 1911) sia diffusi nelle province. Il bilancio del 1911 vede il 5% della popolazione in una regione diversa da quella di nascita, con forte spostamento verso il Nord-Ovest a scapito del Mezzogiorno e del Nord-Est. «Nel primo decennio del Novecento l'Italia era un vero e proprio paese in movimento», commenta Bonifazi, che valuta al 7% la popolazione coinvolta (circa 2,5 milioni).

Occorre aggiungere la massa non indifferente dei ritorni (dalle migrazioni transcontinentali fino al 30-40% tornava indietro, assai meno da quelle intracontinentali) per avere un'idea complessiva di quanto, già alla vigilia della Prima guerra mondiale, l'emigrazione ai tre livelli (interno, europeo, transcontinentale) avesse investito le classi sociali italiane. Soprattutto il proletariato, che di questi nuovi movimenti di massa determinati dallo sviluppo capitalistico rappresentava la quota largamente maggioritaria e che proprio per effetto di questi spostamenti si formava entrando negli ingranaggi della moderna economia industriale. Si era realizzata quella che è stata chiamata la *diaspora italiana*, in gran parte proletaria, di svariati milioni di persone in Europa e in America. Soprattutto, sul fronte domestico si sono sommati alle migrazioni interne i ritorni dalle migrazioni transoceaniche: persone che portavano indietro l'esperienza di un salto nella collocazione sociale.

Il secondo dopoguerra

La successiva tappa fondamentale della storia migratoria dell'Italia riguarda il secondo dopoguerra. Fra le due guerre le emigrazioni e gli spostamenti interni erano proseguiti, ma con un taglio drastico delle prime, specialmente quelle transcontinentali, anche per gli effetti della crisi del 1929. Nell'anno 1927 gli *italiani all'estero* furono censiti (9 milioni). Il saldo migratorio medio netto in uscita nel periodo fra le due guerre si ridimensionava al livello di centomila unità l'anno. Da segnalare il consistente flusso verso la Francia (complessivamente 1,5 milioni, ma con ritorni elevati); in Germania nel 1938-42 si trasferì mezzo milione di lavoratori, quasi un anticipo, legato all'industria bellica e alla carenza di forza-lavoro tedesca, di quelli che saranno i flussi degli anni '50 e '60.

I caratteri principali delle migrazioni post-belliche, determinate dalla crescita economica europea e di conseguenza italiana, sono tre: la ripresa e poi la diminuzione fino all'azzeramento delle emigrazioni transcontinentali, la continuazione di quelle verso l'Europa trainate dalla creazione di un vero e proprio libero mercato europeo della forza-lavoro, e infine le massicce migrazioni interne, che segnano la fase finale del passaggio dell'Italia a un'economia industriale moderna. Sono tre aspetti di un processo unico, la formazione del moderno mercato europeo della forza-lavoro. Lo stesso mercato che, nei successivi trenta e più anni, al contrario dovrà essere alimentato da una forza-lavoro in parte europea, in parte extra-europea.

I flussi in uscita negli anni '50 sono di 2-300 mila l'anno, ma i ritorni sono forti e il saldo netto è circa la metà. Le destinazioni europee sono quelle segnate prevalentemente dalle necessità dello sviluppo industriale: Francia, Belgio, Germania, Svizzera, agevolate da accordi specifici con i singoli paesi e poi dalla libera circolazione nell'ambito del MEC.

L'aspetto socialmente più rilevante del dopoguerra migratorio italiano è la grande migrazione interna. Analizzata su questo giornale nel novembre 2007 ("I nuovi fattori dello squilibrio politico italiano"), ne riprendiamo i numeri più significativi. Il trasferimento netto dal Mezzogiorno è stato nel periodo in media di 150 mila persone l'anno, con flussi di picco lordi annui di 300 mila. Verso il Nord e il Lazio il flusso netto cumulato dal Mezzogiorno è stato di 2,4 milioni. I trasferimenti di residenza nei primi anni '70 avevano raggiunto il 50-60% della popolazione. In sintesi: un «processo molecolare di disgregazione contadina e di urbanizzazione» di «portata epocale».

Nel complesso, in questi anni si determinò per l'Italia, come scrive Bonifazi, «un radicale cambiamento di ruolo nel sistema migratorio internazionale». Il cambiamento iniziò negli anni '70 in coincidenza con la crisi di ristrutturazione.

L'inversione del 1972

Possiamo scegliere il 1972 come l'anno nel quale in Italia si attuò la svolta da paese di emigrazione a paese d'immigrazione? Forse sì, se guardiamo alla sola statistica ISTAT dei saldi migratori, che quell'anno cambiò segno da negativo a positivo. Forse no, perché questo passaggio si è compiuto con vari fenomeni che agirono in parallelo nella seconda metà degli anni Settanta e che si dispiegarono negli anni Ottanta.

Si aprì in quel periodo, silenziosamente ma velocemente, il nuovo capitolo dell'*Italia dell'immigrazione*.

L'Italia dell'immigrazione (1) *

Nell'anno 2016 l'Italia avrebbe quasi raggiunto quella che è stata definita la *soglia simbolica del 10%* di popolazione straniera. La cifra è pari a 5,9 milioni di cittadini non italiani fra i 60,7 di popolazione residente, e li comprende tutti: i comunitari e gli extracomunitari, gli iscritti all'anagrafe e i non iscritti ma dotati di permesso di soggiorno, gli irregolari e i clandestini, stimati complessivamente essere 435 mila. Sono inclusi anche i circa 200 mila richiedenti asilo ospitati e in transito nelle varie strutture di cosiddetta accoglienza.

Sono esclusi invece coloro che la cittadinanza italiana l'hanno acquisita: un numero in continuo aumento, con forte peso dei minori. Negli ultimi quindici anni, cumulati, i naturalizzati sono più di un milione: sono i figli di stranieri nati in Italia e gli immigrati stranieri che, dopo lunga permanenza e integrazione nel tessuto sociale, hanno superato i criteri necessari per acquisire la cittadinanza e hanno deciso di prenderla. Vengono anche chiamati *gli stranieri che non si vedono ma ci sono*.

Le valutazioni sul 2016 sono le più recenti prodotte da ISMU (Iniziative e studi sulla multietnicità), un'istituzione cattolica alla quale partecipano la Curia di Milano e la Fondazione Cariplo.

Se però alla definizione *cittadino straniero* sostituiamo *nato all'estero*, indipendentemente dalla cittadinanza posseduta o acquisita, superiamo largamente, e non da oggi, la *soglia simbolica del 10%* per quanto riguarda la più generale presenza degli immigrati in Italia. Se poi scendiamo ancora più in profondità, percorrendo le successive generazioni, troviamo una presenza e una ramificazione nel tessuto sociale italiano ancora superiori.

Nel Nord e nel Centro Italia oggi la quota di stranieri è di un paio di punti più elevata della media italiana; in numerose città e province industriali e agricole del Nord più che doppia; nel Mezzogiorno è meno della metà.

* Marzo 2017.

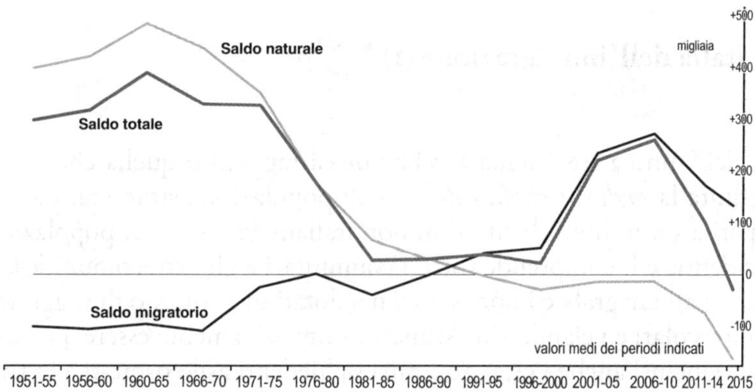

I diagrammi si basano sui dati ufficiali ISTAT del bilancio demografico italiano: saldo naturale (nati meno morti), saldo migratorio (immigrati meno emigrati) e saldo totale, o variazione della popolazione, che è somma dei due. Non sono compresi i flussi migratori clandestini e irregolari, che furono particolarmente consistenti negli anni '80 e ' 90.

Possiamo comunque pensare a questa *media nazionale del 10%* come al punto d'approdo del percorso, durato un secolo e mezzo, dell'integrazione dell'Italia nel mercato europeo e mondiale della forza-lavoro. Nell'ultima parte di questo percorso, gli ultimi quarant'anni, l'Italia e in particolare il Centro-Nord sono diventati destinazione di un'immigrazione, extraeuropea ma soprattutto europea, che ha definitivamente allineato il paese agli altri del Centro Europa e che ha portato la quota di immigrati in Italia al livello della media europea.

SEMPRE PIÙ FREDDO L'INVERNO DEMOGRAFICO NELLA PENISOLA

L'intreccio fra mercato della forza-lavoro, andamento demografico e migrazioni si fa sempre più complesso per l'imperialismo italiano. Il calo della popolazione del paese è diventato ormai una realtà, perché in questi ultimi anni la crescita naturale negativa non è stata più compensata dall'immigrazione netta. Il mercato della forza-lavoro inizia ad avere difficoltà: qualitative (carenza di una formazione scolastica adatta alle necessità dell'economia) e quantitative (mancanza di forza-lavoro adatta nelle fasce di età di maggiore interesse). La gestione delle immigrazioni – e soprattutto l'utilizzo appropriato nel mercato della forza-lavoro, cioè la *politica imperialista italiana delle migrazioni* – ha forti difficoltà nel compensare gli squilibri e nell'incamminarsi sulla strada del modello tedesco e di quello svedese, che sono avanti di anni.

Gli industriali ne hanno consapevolezza. In uno studio del Centro Studi di Confindustria del giugno scorso ("Immigrati: da emergenza a opportunità"), dopo la constatazione che la popolazione italiana sarebbe diminuita senza l'apporto degli immigrati, si afferma che «è necessario che i flussi di immigrati tornino sui livelli pre-crisi». E si sottolinea l'aspetto politico della questione: «Vanno affrontate le preoccupazioni degli autoctoni e combattuti i pregiudizi contro gli stranieri, sia con l'aiuto dei dati reali, che delineano un quadro diverso da quello che spesso appare sui media, sia con proposte concrete in grado di favorire l'integrazione».

L'ISTAT, fonte statistica ufficiale dello Stato italiano, nel gennaio scorso «per la prima volta» presenta un'analisi dell'effetto della componente demografica sulle variazioni dell'occupazione, citando la dinamica migratoria come parziale compensazione al calo di popolazione. Lontano da Roma l'ex ministro degli Esteri Federica Mogherini, oggi a Bruxelles come Alto rappresentante della UE, può esprimere in termini netti e drastici la sintesi della *politica imperialista europea delle migrazioni*: «L'economia europea senza migranti sarebbe paralizzata, la nostra demografia ci porta al collasso. Sarebbe il crollo delle nostre società» (intervista al *Corriere della Sera*, 3 febbraio).

Il nodo demografico, per l'imperialismo europeo e per quello italiano, non è certo nuovo. Molte volte se ne è trattato su questo giornale, osservando che molti grandi paesi europei si sono mostrati impreparati di fronte a questa sfida, inedita nella storia solo per alcuni. Ricordiamo la lapidaria sintesi di Arrigo Cervetto, più di due decenni fa: «Il fattore demografico, troppo trascurato nelle analisi dell'ultimo cinquantennio, diventa decisivo. Lo si vedrà nel prossimo futuro. Per compensare la "strozzatura demografica", l'Europa dovrà tagliare il welfare e importare giovani immigrati» (giugno 1994). Oggi si sente parlare di demografia che porta al «collasso».

Ripercorriamo le tappe più importanti degli ultimi cinquant'anni di storia demografica e migratoria dell'Italia.

1972: dopo più di vent'anni di emigrazione, via via calante, verso le Americhe e soprattutto il centro Europa, s'inverte il segno del *saldo migratorio*, cioè l'immigrazione supera l'emigrazione; salvo un'oscillazione negli anni fino al 1990, caratterizzati però da una forte immigrazione clandestina non registrata in queste statistiche, il saldo sarà sempre positivo negli anni a seguire.

1977: il *tasso di fecondità totale* (TFT, numero di figli per donna) scende a 1,97, cioè sotto il livello di 2,1 che è necessario (in Italia) per mantenere costante la popolazione. Il calo è stato rapido: tre anni prima, nel 1974, valeva ancora 2,33.

1993: il *saldo naturale* cambia anch'esso segno, perché per la prima volta dal secondo dopoguerra il numero dei morti sul territorio italiano supera quello dei nati.

2001: il *TFT* è sceso al valore 1,25. Dall'anno successivo è disponibile il dato distinto fra donne italiane (1,21) e straniere (2,83), cioè le donne immigrate che hanno figli sul territorio italiano. Il contributo delle immigrate si traduce nell'innalzamento di circa 0,1 figli/donna del tasso totale, rallentandone lievemente il calo che era in corso da decenni.

2002: il saldo migratorio ha un repentino balzo all'insù, da 50 mila a 400 mila l'anno; poi negli anni successivi fino ad oggi oscillerà intorno ai 200 mila; in parte le punte sono l'effetto statistico delle successive regolarizzazioni per legge dei clandestini già presenti nel paese, ma in gran parte si tratta di migrazione diretta, economica e per ricongiungimento famigliare, cui si aggiungono poi i richiedenti asilo.

2009: i *figli nati nell'anno da almeno un genitore straniero* superano quota centomila, e su 560 mila nati in totale pesano per il 18%; nel 2015 il loro numero è rimasto quasi uguale, ma il totale delle nascite è sceso a 480 mila, quindi un nato su cinque ha almeno un genitore straniero.

2014: il *TFT delle donne straniere* scende a 1,97, cioè anch'esso sotto il livello della riproduzione; si compie una tappa importante dell'adeguamento della loro fecondità al livello italiano e, più in generale, europeo; il tasso complessivo vale 1,37, e scende a 1,35 l'anno successivo.

2015: Il *saldo totale* della popolazione diventa per la prima volta negativo, ossia il saldo migratorio, seppur ancora in attivo, non riesce più a compensare il saldo naturale, sempre più negativo.

I dati per i cinque anni più recenti in parte non sono definitivi, in parte risentono ancora delle rettifiche post-censimento del 2011, che sorprendentemente fece emergere più di un milione di residenti aggiuntivi facendo così varcare al paese la boa dei 60 milioni. Il dato politico è però incontrovertibile: ormai l'immigrazione non compensa più il saldo naturale della popolazione, negativo ininterrottamente (con la sola eccezione del 2004) da un quarto di secolo. Il dato è ancor più rilevante se si considera che una parte importante delle nascite è a sua volta il risultato della presenza di immigrati che hanno procreato in Italia. Sono cifre che parlano da sole sul doppio puntello fornito dagli immigrati alla declinante popolazione italiana: prima trasferendosi nel paese e partecipando alla forza-lavoro, e poi impiantandovi famiglia e facendo figli, futura forza-lavoro. Ma ormai anche questo puntello sembra non bastare più.

Così l'imperialismo italiano si aggiunge al Giappone, la cui popolazione nel 2007 sfondò di poco quota 127 milioni ma che scese sotto tale quota nel 2013, arrivando a 126,5 nel 2016; si affianca alla Germania, che aveva superato (ma per un solo anno) la barriera degli 82 milioni nel 1998 e che adesso riesce a mantenere quota 80,6 milioni, senza dubbio grazie alla massiccia immigrazione; e si confronta con la Spagna, paese mediterraneo come l'Italia, che dal 2011 (massimo storico di 46,7 milioni, col contributo degli immigrati) perde circa 150 mila residenti l'anno. Se le politiche nataliste da poco iniziate in alcuni Stati sortiranno risultati, lo si apprezzerà fra vent'anni. Nel frattempo s'imporrebbe una gestione delle migrazioni in ingresso, una reale *politica imperialista europea delle migrazioni*. Ostaggio anche delle oscillazioni elettorali xenofobe e securitarie, è però un percorso faticosissimo e contraddittorio.

L'Italia dell'immigrazione (II) *

L'*inversione migratoria* italiana del 1972, il passaggio da paese di emigrazione a paese d'immigrazione, si portava alle spalle un bilancio di venticinque anni nei quali erano espatriati 6,7 milioni di persone ed erano rimpatriati 3,6 milioni, con un saldo negativo di 3,1. La media annua netta di emigrazione nel periodo 1946-1970 si collocava sul livello di 125.000.

Iniziò allora un lungo periodo, non ancora concluso dopo quasi mezzo secolo, durante il quale l'immigrazione si è sviluppata ed è rapidamente cresciuta fino a fare dell'Italia, e soprattutto del Nord Italia, una regione con una presenza media di immigrati allineata al livello centroeuropeo dell'11-13%.

Possiamo distinguere questo processo in due fasi principali. La prima, fino al virare del secolo, è stata caratterizzata da un afflusso, inedito per l'Italia, di popolazione per lo più in età di lavoro e di varia provenienza, europea ed extraeuropea, con un'elevata quota di clandestini e di irregolari. La seconda, col nuovo secolo e fino agli anni più recenti, ha avuto dimensioni assai superiori e un carattere più istituzionalizzato e strutturato, anche per le successive regolarizzazioni e sanatorie.

E non bisogna dimenticare che iniziò in parallelo una circolazione di forza-lavoro all'interno della UE alla quale l'Italia partecipò e partecipa, in entrata e in uscita, con alcune decine di migliaia di emigrati l'anno che si collocano su un livello di qualificazione medio e alto, marcatamente diverso da quello medio-basso che era predominante nell'emigrazione italiana degli anni '50 e '60.

Il sommerso "di colore"

Il censimento del 1971 contò 121 mila stranieri; quello del 1981 meno del doppio (211 mila), quello del 1991 il triplo (356 mila, pari allo 0,6%

* Aprile 2017.

della popolazione). Dietro questi numeri stava però una realtà assai diversa e che evolveva rapidamente. È l'inizio di quello che diventerà rapidamente il «silenzioso ingresso nell'Italia industriale» dei "Proletari di pelle B", come scrivevamo in quegli anni sul nostro giornale descrivendo puntualmente la dinamica di eventi che toccavano in pieno la nostra classe. Si basava su una forte quota di clandestini, attratti da un mercato del lavoro che offriva opportunità in vari settori (dalla piccola e media industria alle costruzioni, al terziario, ai servizi alle persone, all'agricoltura, alla pesca) ma ostacolati da una legislazione farraginosa, frenante e in aperto contrasto con le necessità dell'economia reale. Alla fine degli anni '70 si poteva stimare che il peso effettivo degli immigrati fosse già intorno al 2% della forza-lavoro complessiva; otto anni dopo secondo il Censis era già salito al 4-5%.

Le stime del tempo, a causa dell'alto numero di clandestini, più che raddoppiavano il dato statistico ufficiale; il milione di immigrati sarebbe stato raggiunto a fine anni '80, tre volte i dati censuari del 1991. Correvano gli anni successivi alla crisi di ristrutturazione. Secondo Corrado Bonifazi (*L'Italia delle migrazioni*, 2013) si stava modificando la funzione degli immigrati nei paesi europei di arrivo: non più un riequilibrio quantitativo dell'offerta, ma un ruolo qualitativo e settoriale volto a ricoprire i vuoti di specifici comparti che si creano anche in periodi di non piena occupazione e di congiuntura non sostenuta. Si può ritenere che l'Italia sia passata direttamente alla seconda fase. Dobbiamo considerare anche le attività nell'agricoltura, nell'industria e nei servizi che la popolazione autoctona non era più disposta a svolgere e che quindi venivano coperte dagli immigrati. Le provenienze si diversificano: inizialmente in buona parte con origine dal Nord Africa e da alcuni paesi asiatici, successivamente assume un peso sempre più rilevante l'immigrazione dai paesi dell'ex Europa dell'Est e dai Balcani, innescata dal disfacimento dell'URSS e dal crollo delle barriere alla circolazione delle persone.

Nuove politiche migratorie nel nuovo secolo

Il nuovo secolo inizia con circa 1,5 milioni di stranieri in Italia (2,6%), una stima (ISMU) forse troppo bassa e vicina al dato censuario del 2001 (1,3 milioni). Stanno cambiando le politiche migratorie in molti paesi europei, Italia inclusa: dalla chiusura degli anni successivi alla crisi di ristrutturazione a un'apertura cauta, basata in gran parte sulla stabilizzazione degli "illegali" che erano comunque già entrati. Per l'Italia, il primo decennio del secolo è un periodo di boom immigratorio, reso necessario da un mercato sempre più segmentato e quindi avido di forza-lavoro di medio-bassa qualifica, e facilitato dal meccanismo delle stabilizzazioni *ex post*. Il saldo migratorio, in parte gonfiato dalle sanatorie e poi toccato dalla crisi post-2008, per un decennio e più si mantiene sulle 250.000 unità l'anno. Le provenienze cambiano: l'Europa dell'Est e i Balcani, in parte i nuovi Stati comunitari (Romania), in parte non comunitari (Albania, Ucraina), si affiancano e superano quantitativamente altre provenienze dal Sud America e dall'Asia orientale, ma tendendo a occupare ciascuno settori differenziati dello stratificato mercato del lavoro. Nei primi quindici anni del secolo gli stranieri quadruplicano, da 1,5 milioni (stima 2001) a 6,0 (stima 2016), con un tasso di crescita medio annuo del 10%. Un inedito storico, ma anche un'opportunità storica, per l'imperialismo italiano con le culle vuote.

Le leggi italiane sull'immigrazione

Non si può ignorare l'evoluzione delle leggi italiane sull'immigrazione negli ultimi cinquant'anni e il contributo determinante che hanno dato, o per meglio dire hanno dovuto dare, alla stabilizzazione dell'immigrazione in Italia e a far entrare la forza-lavoro, e più in generale la popolazione immigrata, le famiglie, i figli, nel tessuto sociale del paese. "Roma matrigna" titolavamo nel 1987, e non a torto sottolineavamo quello che si manifestava sempre più come un aspetto dello squilibrio italiano. Bonifazi elenca le leggi che da metà anni '80 al 2012 sono state emanate sul tema dell'immigrazione. Osserva che inizialmente i flussi d'immigrazione si scontravano con carenze legislative e vuoti d'informazione, e ciò determinava la sostanziale irregolarità dello status degli immigrati. Seguirono quindi le ripetute regolarizzazioni, «destinate a diventare quasi una costante nella storia dell'immigrazione in Italia».

È una legislazione che si adegua a posteriori alla realtà dei fatti. Si contano almeno tredici fra leggi, accordi, provvedimenti di regolarizzazione e sanatorie, in quasi 25 anni; sarebbero state così sanate a posteriori le posizioni di 1,8 milioni di persone, passate da *clandestini* a *regolari*.

Sono lavoratori e lavoratrici per lo più giovani, i loro familiari, i loro bambini, parte dei quali hanno dovuto affrontare viaggi pericolosi alla ricerca di un lavoro che hanno trovato colmando le necessità del mercato della forza-lavoro dell'imperialismo italiano, inserendosi strutturalmente nella produzione e nei servizi, ai quali danno un contributo, ormai da decenni, insostituibile. Lavoratori che sono parte integrante della nostra classe.

PROVENIENZA DEGLI IMMIGRATI

Il diagramma riporta l'andamento degli stranieri regolari residenti in Italia dal 2003 al 2016, in complesso e per alcune aree e paesi di provenienza; fonte la statistica ufficiale ISTAT. Le oscillazioni del periodo 2011-2013 sono attribuibili in parte alle conseguenze (in realtà abbastanza modeste rispetto ad altri paesi mediterranei) della crisi con un riflusso di immigrati verso i paesi d'origine, rientrato negli anni seguenti, e in parte al censimento 2011 e ai relativi ricalcoli.

Nella tabella, stessa fonte, vengono riportati in ordine di numerosità i primi dieci paesi di cittadinanza degli stranieri residenti in Italia. Gli anni corrispondono agli inizi della forte accelerazione di presenza straniera (2003), e alla situazione attuale (2016), terzo anno consecutivo di sostanziale stazionarietà dopo la forte ripresa del 2013 e 2014 che aveva recuperato e superato ampiamente, di un buon decimo, il picco negativo del 2012.

Questa fotografia comprende solo una parte, seppur largamente maggioritaria, dell'immigrazione italiana del XXI secolo, mancando non solo quella irregolare e clandestina, ma anche quella che via via si integra acquisendo la cittadinanza italiana. È quindi quella più stabile e più inserita nel tessuto sociale pur mantenendo la cittadinanza d'origine. Si può ritenere che il dato reale degli stranieri (che comprende irregolari e clandestini e richiedenti asilo in varia forma) sia superiore di circa un quinto.

Le quattro principali aree di provenienza, che sommate pesano per l'80-90% sul totale, sono cresciute in maniera abbastanza sincrona,

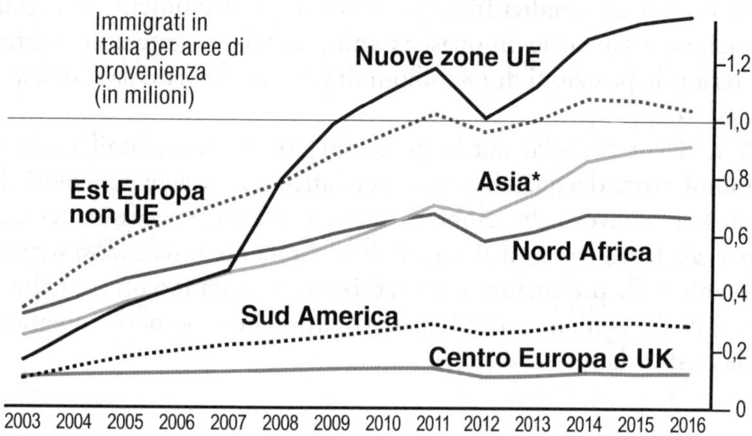

*) Cina, India, Pakistan, Filippine, Sri Lanka, Bangladesh.

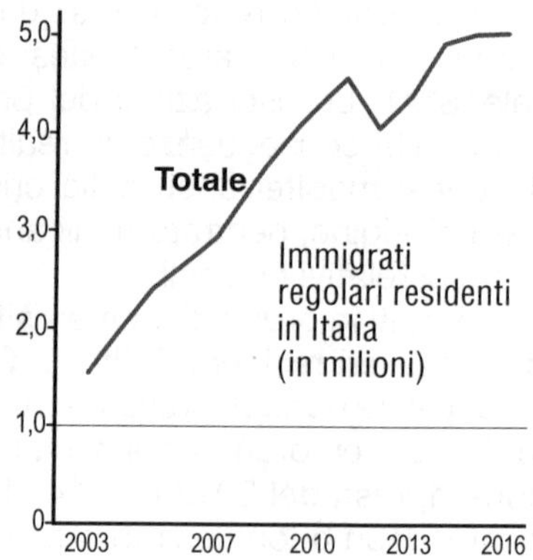

Primi dieci paesi per cittadinanza

dati in migliaia	*2003*		*2016*
Albania	217	Romania	1.151
Marocco	215	Albania	468
Romania	95	Marocco	437
Cina	70	Cina	271
Filippine	65	Ucraina	231
Tunisia	60	Filippine	166
Serbia (e Montenegro)	54	India	150
Senegal	37	Moldova	142
India	36	Bangladesh	119
Perù	34	Egitto	110
totale primi dieci	883		3.245
totale generale	1.549		5.026
peso prime 10 su tot.	*57%*		*65%*

con l'eccezione dei sei paesi asiatici (Filippine, Cina, India, Pakistan, Sri Lanka e Bangladesh) che hanno superato nel 2011 la presenza nordafricana, e delle nuove zone UE (con la Romania largamente in testa) che sono arrivate a pesare per più di un quarto del totale. Seguono i paesi dell'Europa dell'Est non facenti parte della UE (Albania e Ucraina in testa) che pesano oggi per circa un quinto. Il Centro Europa ha una presenza in valore assoluto costante, che corrisponde grosso modo alla quota italiana di circolazione di forza-lavoro più qualificata di cui s'è detto. In sintesi, più della metà degli stranieri oggi in Italia proviene da paesi europei; un quinto dal continente africano e un altro quinto dai sei paesi asiatici sopra citati. Il Nord Africa, che nel 2003 pesava per un quinto, oggi è sceso a un settimo.

Questo andamento si traduce anche nei primi dieci paesi per cittadinanza, che raggruppavano il 57% del totale nel 2003 e oggi i due terzi. Si nota la stabilità delle filiere cinese, indiana e filippina, l'esplodere della presenza romena, e l'emergere di Ucraina e Moldova.

Le generazioni immigrate in Italia (1) *

Quasi mezzo secolo dopo l'inversione migratoria del 1972, e passati sedici anni del nuovo millennio caratterizzati da una forte crescita che solo recentemente è rallentata, possiamo chiederci quanto profondo sia diventato in Italia il radicamento dell'immigrazione. Occorre però andare oltre le sintetiche cifre complessive che quantificano una presenza straniera pari a 5 milioni (8% della popolazione) o, più realisticamente secondo valutazioni di area cattolica, circa 6 milioni (10%).

È difficile dirlo con precisione, ma sicuramente la presenza reale, effettiva, è diventata, in analogia con i paesi europei di più antica immigrazione, molto più estesa e ramificata di quanto non appaia dalle cifre della statistica degli stranieri presenti in Italia; anche perché l'equazione *straniero uguale immigrato* col passare degli anni è sempre meno rappresentativa di una realtà che va, anno dopo anno, articolandosi sempre più. Anche per l'Italia, in analogia con quanto fatto per altri paesi europei di più antica immigrazione (vedi "Le coordinate continentali della crisi francese", *Lotta Comunista*, novembre 2005), andrebbe applicato un "moltiplicatore" che trasformi un freddo dato statistico in un più realistico dato economico, demografico e sociale che rispecchi il peso reale assunto dall'immigrazione.

Si può pensare di avvicinarsi al quadro reale esaminando alcune manifestazioni del crescente radicamento degli immigrati nel tessuto sociale italiano: le concessioni di cittadinanza, le generazioni, la distribuzione per età, le nascite sul territorio italiano, la dislocazione regionale, la presenza nella scuola.

Immigrati in senso lato

Uno schema di massima delle migrazioni capitalistiche, in particolare nei paesi europei, mosse in ultima istanza dagli squilibri demogra-

* Ottobre 2017.

fici e dalle necessità del mercato della forza-lavoro, vede come regola un susseguirsi e sovrapporsi di fasi. In estrema sintesi: si inizia con l'arrivo di persone in età di lavoro, in genere giovani e senza famiglia al seguito; poi con gli anni, e al netto dei riflussi, si innescano in parallelo i meccanismi dei ricongiungimenti famigliari. Ne conseguono i matrimoni fra stranieri e la nascita di figli di stranieri, ma anche, via via che gli immigrati si integrano nel tessuto sociale, i matrimoni misti e i figli di coppie miste, che per via dello *ius sanguinis* vigente in Italia acquisiscono da subito la cittadinanza italiana. Vi sono poi le acquisizioni di cittadinanza che modificano ulteriormente il quadro. Così molti scompaiono dalle statistiche degli stranieri e quindi dell'immigrazione, diventando invisibili nel panorama sociale esattamente come accadde ai portoghesi e agli italiani in Francia nel secolo scorso.

Le generazioni si concatenano, a cominciare dalla seconda, rappresentata dai figli degli immigrati nati in Italia, che si affianca e cresce accanto alla prima, come viene chiamata quella di chi è nato all'estero. Altre generazioni, col tempo, seguiranno. Ne consegue una distribuzione per età degli arrivi che varia nel tempo, ma privilegia le età di lavoro, per lo più medio-basse, e i ricongiungimenti famigliari, ugualmente per lo più di giovani, con peso superiore delle donne e con una quota importante di fanciulli al seguito.

È manifestamente una realtà dell'immigrazione che la classificazione di *straniero* descrive con sempre minor accuratezza. Una statistica Eurostat del 2016 dà un'idea quantitativa di queste componenti. Viene fotografata la popolazione italiana dai 15 ai 64 anni, che comprende la quasi totalità degli attivi e anche degli stranieri che in questa fascia sono in gran parte concentrati, dividendola in quattro categorie. Dei 39,2 milioni in totale, i nati in Italia da genitori italiani sono 33,2 cioè l'85%; gli immigrati di prima generazione sono 5,0 milioni, il 12,8%; i figli nati in Italia da genitori entrambi immigrati sono 140 mila (0,4), mentre i figli di genitori misti sono 814 mila (2,1).

Se focalizziamo la sola fascia dei più giovani (15-24 anni) le cose cambiano: gli autoctoni calano all'82,4%, la prima generazione scende al 10,0%, mentre i nati stranieri in Italia quadruplicano il loro peso (1,8%) e i misti lo triplicano (5,4). In sostanza, in questa fascia d'età la seconda generazione (nati in Italia da genitori stranieri o misti) ha raggiunto già un peso pari ai tre quarti della prima generazione: ogni

10 stranieri nati all'estero ve ne sono 7 nati in Italia, una parte dei quali sono cittadini italiani. La tendenza è chiarissima: la seconda generazione acquista un peso sempre crescente, indipendentemente dalla cittadinanza alla nascita.

Stranieri nati in Italia

Uno sguardo attento richiede la seconda generazione. All'inizio del nuovo secolo, su 529 mila nati in territorio italiano, quelli con almeno un genitore straniero erano 41 mila, meno dell'8%, e con i genitori entrambi italiani 488 mila. Nel 2015 questi ultimi sono calati a 380 mila, un quarto in meno, non sorprendente effetto dell'inverno demografico, mentre gli altri, la seconda generazione appunto, si sono moltiplicati per due volte e mezzo raggiungendo le 100 mila unità. Come ben sappiamo, ciò non ha impedito che in quindici anni le nascite complessive diminuissero di un decimo, 50 mila neonati in meno.

Negli anni più recenti la ripartizione delle nascite, riflesso anche del rallentamento dell'immigrazione, si è stabilizzata: su cento nati, 80 hanno genitori entrambi italiani, 20 almeno uno straniero (15 entrambi, gli altri 5 misti, ma in prevalenza da padre italiano e madre straniera). Anche la fecondità delle coppie straniere e miste si sta adeguando al ritmo complessivo della metropoli italiana.

Il peso del Centro-Nord

Se c'è un fattore che rispecchia, in particolare nei primi periodi di forte immigrazione, le cause trainanti del fenomeno migratorio è proprio la destinazione. Com'è noto, le destinazioni degli arrivi in Italia sono, con larga prevalenza, al Centro-Nord, dove oggi sono ospitati in misura dell'85% del totale nazionale degli stranieri residenti, con un peso sulla popolazione pari al 10,6% contro il 3-4% di Sud e Isole (media nazionale 8,3). Spiccano Lombardia (11,5%), Emilia Romagna (12,0), Toscana e Lazio (10,6).

È interessante individuare le province nelle quali la presenza (quota sulla popolazione residente) è sensibilmente più elevata, per esempio una volta e mezzo quella nazionale, ossia maggiore del 12,5%. Si comincia con Prato (16,0%) e via via decrescendo Piacenza, Milano, Parma, Modena, Brescia, Mantova, fino a Firenze e Reggio Emilia con il 12,7%. Aggiungiamo la capitale Roma, che tocca il 12,2%. Le province con almeno un decimo della popolazione straniera sono 33, cioè meno di un terzo del totale, 27 al Nord, 6 al Centro e nessuna al Sud e nelle Isole.

Sono da segnalare due importanti direttrici. La via Emilia: da Bologna (11,6% di stranieri) si arriva a Milano passando da capoluoghi di provincia che sono tutti sopra il 12,5%. La direttrice Milano-Venezia: di poco più bassa, tocca Bergamo, Brescia, Verona, Mantova, Vicenza e Padova, tutte città largamente al di sopra del 10%.

Non è difficile intravedere dietro queste città il tessuto di aziende agricole, di industrie grandi, medie, piccole e piccolissime, di aziende dei servizi di ogni tipo, assistenza famigliare inclusa, nel quale la forza-lavoro immigrata è diventata negli anni componente ormai strutturale.

UN'ITALIA CON LE PORTE CHIUSE?

Per il secondo anno consecutivo l'ISTAT comunica che la *popolazione residente* in Italia è calata: un risultato largamente atteso e puntualmente verificatosi appena l'immigrazione, come è successo negli anni più recenti, ha smesso di crescere ai sostenuti ritmi precedenti, cosicché il numero di stranieri residenti è diventato quasi stazionario. La *popolazione residente*, che include tutti, ammonta a 60,67 milioni alla data del 31 dicembre 2016, ed è calata di 76 mila rispetto a quella dell'anno precedente, a sua volta calata di 130 mila sul 2014: quindi 206 mila residenti in meno nel biennio. Se separiamo i cittadini *stranieri* da quelli con cittadinanza *italiana*, si osserva che negli ultimi due anni gli *italiani* sono calati di 238 mila (sarebbero calati più del doppio se si escludessero le nazionalizzazioni, fenomeno in forte crescita e pari a 380 mila nel biennio); gli *stranieri* invece sono aumentati di 33 mila, un numero molto basso rispetto agli anni precedenti, riflesso della stazionarietà delle immigrazioni nette negli anni più recenti e delle naturalizzazioni.

Ma cosa sarebbe oggi l'Italia se fosse stata decisa, all'inizio del secolo, una politica di blocco dell'immigrazione? Il demografo Salvatore Strozza ha svolto questo esercizio di simulazione, che ha lo scopo di «descrivere gli effetti prodotti dalle migrazioni internazionali del nuovo millennio su dimensione e caratteristiche delle persone che vivono in Italia» (*Rapporto sulla popolazione*, 2017). Non è solo un esercizio accademico, è anche un messaggio politico, perché viene utilizzato a supporto di tesi favorevoli a una maggiore apertura, e soprattutto integrazione, dell'immigrazione nella forza-lavoro italiana, unica soluzione efficace a breve per contrastare quell'inverno demografico che, come continuiamo a vedere dai numeri, è diventato ormai una realtà anche quando viene misurato con l'indicatore complessivo e semplificativo della *popolazione residente totale in Italia*.

Il confronto operato da Strozza copre il periodo 2002-2014 e si basa sull'ipotesi di un blocco dell'immigrazione nei dodici anni (saldo migratorio pari a zero), quindi con la variazione di popolazione residente nel paese dovuta solo alla componente naturale (nati meno morti). Ne risulterebbe in dodici anni un calo assoluto di un milione, da 57,8 milioni di residenti nel 2002 a 56,8 nel 2014. Invece, per effetto delle immigrazioni, nel 2014 la popolazione residente ha raggiunto 60,8 milioni: ben 4 milioni in più di quella che ci sarebbe stata dopo dodici anni di barriere chiuse. Un risultato che si commenta da solo.

Lo squilibrio italiano continua quindi a crescere, tocca pesantemente le fasce di età più importanti per la forza-lavoro, ma fa parte di uno squilibrio demografico europeo che ha poche eccezioni. Infatti l'Europa, di cui l'Italia rappresenta più di un decimo, non va molto meglio. Il recente studio "Europe's demographic future" del Berlin Institute for Population and Development titola «stabilità solo grazie all'immigrazione», prevede che la popolazione europea al 2050 potrebbe sì crescere, dagli odierni 510 a 529 milioni, ma che la crescita sarà dovuta solo all'immigrazione, e osserva: «I demografi prevedono che l'UE continuerà ad attrarre popolazioni da altre regioni del mondo per parecchio tempo [...] se l'immigrazione fosse minore del previsto, la crescita della popolazione europea probabilmente finirà prima di metà secolo».

Le generazioni immigrate in Italia (II) *

Non c'è forse miglior indicatore del radicamento dell'immigrazione in Italia della statistica delle acquisizioni di cittadinanza italiana da parte di stranieri.

Il fenomeno ha avuto una crescita fortissima negli anni più recenti, sia perché sono giunte a maturazione per un numero via via maggiore di persone le condizioni, sia perché il diritto è stato effettivamente esercitato. In estrema sintesi le principali condizioni, in base alla legge in vigore e che risale al 1992, sono: dieci anni di residenza o matrimonio con cittadino italiano o raggiungimento dei 18 anni se nato in Italia da genitori stranieri.

Nuovi cittadini in forte aumento

I numeri parlano da soli. Le acquisizioni di cittadinanza da inizio secolo a oggi sono state in continua crescita dai 12.000 del 2002 ai 60-65.000 del 2010-12; poi il balzo all'insù, da 100 mila nel 2013 fino a 205 mila nel 2016. Cumulati sono circa 1,1 milioni in tutto, più della metà dei quali riguardano gli ultimi quattro anni; a questi occorrerebbe poi aggiungere quelli del secolo scorso. In sostanza, con un ritardo dell'ordine del decennio e più, all'aumento degli stranieri è corrisposto l'aumento dei nuovi cittadini italiani, seppure con il filtro di una legislazione che impone tempi lunghi. Gli anni più recenti hanno visto aumentare, fino a pesare per la metà, le acquisizioni per residenza, mentre quelle per matrimonio sono scese a un decimo e quelle per elezione (figli nati in Italia da genitori entrambi stranieri) sono quattro su dieci.

In testa si collocano le nazionalità extra-UE più presenti e radicate, Marocco e Albania, poi India, Bangladesh, Pakistan, con un tasso di

* Novembre 2017.

concessione di cittadinanza su mille residenti che oscilla fra il 4 e il 7. Significativo il fatto che per i romeni, in testa alla classifica degli stranieri, questo tasso sia assai più basso (1,2), essendo essi stranieri sì, ma già cittadini europei: ciò che spinge sembra essere quindi l'ottenere una cittadinanza europea per chi europeo non è. La Lombardia nel 2015 ha avuto un quarto di tutte le concessioni; se aggiungiamo Veneto, Emilia, Piemonte e Toscana, queste cinque regioni del Centro-Nord hanno pesato per il 70%, coerentemente col peso della presenza straniera.

Dal punto di vista demografico si osserva che il 40% (quattro su dieci) dei nuovi italiani ha età fino a 19 anni, e il 50% (cinque su dieci) sta nella fascia d'età dai 20 ai 49 anni. Impari è il confronto con tutta la popolazione residente nel paese, risultato dell'inverno demografico e nonostante l'apporto dell'immigrazione: la fascia d'età 0-19 anni pesa per il 18%, quella 20-49 per il 38.

Osserva l'ISMU (Iniziative e studi sulla multietnicità): «L'Italia è al primo posto in Europa per numero di acquisizioni di cittadinanza. Nuovi cittadini italiani significa anche nuovi cittadini europei [...] mentre [in Italia] le acquisizioni di cittadinanza aumentano, nel resto dell'Europa diminuiscono». Non c'è da stupirsi: l'Italia, ultima arrivata fra le grandi potenze europee per l'immigrazione di massa, ripercorre la strada dell'integrazione per concessione di cittadinanza con corrispondente ritardo. Il presidente dell'ISTAT Giorgio Alleva ha messo in rilievo nel novembre 2016 che «la vera novità degli ultimi anni è rappresentata dal crescente numero di giovani immigrati e ragazzi di seconda generazione che diventano italiani [...] un numero non trascurabile di giovani (66 mila nel 2015, per metà sotto i 30 anni) che ogni anno transitano dalla cittadinanza straniera a quella italiana; in molti casi il passaggio avviene senza che gli interessati abbiano mai vissuto l'esperienza migratoria».

Queste numerose concessioni di cittadinanza avvengono in virtù (e nonostante) una legge del 1992, lontana dallo *ius soli* e comunque antecedente al boom migratorio del primo decennio del secolo. Sullo sfondo opera quindi la costante tipicamente italiana del ritardo e dello squilibrio della legislazione rispetto alla realtà e alla dinamica dei fenomeni migratori e che agisce con condoni, sanatorie, leggi *ex post* e così via.

Verso uno "ius soli" europeo?

Ma la questione *ius soli - ius sanguinis* ha valenze e storia profonde, che vanno molto al di là della contingente polemica politica italiana. Occorre poi ricordare che acquisire la cittadinanza di uno Stato della UE equivale ad acquisire di fatto una "cittadinanza europea".

Il Sole-24 Ore in un recente articolo confronta le politiche di acquisizione della cittadinanza nei principali paesi europei. Ne risulta un forte allineamento sullo *ius sanguinis* (l'acquisizione della cittadinanza per filiazione), che è diffuso in modo abbastanza uniforme. Emerge però anche una tendenza all'adozione dello *ius soli*, definito «a geometria variabile» anche perché declinato in differenti sfumature; da questo punto di vista la Francia è all'avanguardia, la Germania un po' indietro, Italia e Svezia sono in retroguardia. I confronti sono difficili, perché le sfumature sono molte. La conclusione è però significativa, perché fa emergere la *classe operaia europea*: «L'esperienza di altri paesi europei [...] illumina su come la sua [*ius soli*] introduzione aiuti nella socializzazione di una nuova base di cittadini, lavoratori e, nella stragrande maggioranza dei casi – non dimentichiamolo – contribuenti».

Un'analisi del Robert Schuman Centre rileva che nel ventennio 1989-2010 lo *ius soli* in Europa ha avuto 12 casi di estensione e 7 di restrizione, ed esiste in qualche forma in 19 paesi europei. In Francia e Regno Unito questo *ius* è presente in forma giudicata forte (*strong*), mentre in Germania, Italia e Spagna lo è in forma giudicata debole (*weak*). Osserviamo che risulta siano stati fatti comunque dei passi avanti verso l'estensione dello *ius soli*.

Molto esplicite sono le tesi espresse da uno studio recente del tedesco IZA (Institute of Labor Economics) su cosa sta cambiando nella legislazione sulla cittadinanza. Innanzitutto la cittadinanza viene vista come una «chiave per migliorare l'integrazione socio-economica e politica degli immigrati». Poi la nozione stessa: «Nelle società multiculturali di oggi la nozione tradizionale di cittadinanza come appartenenza a uno specifico Stato nazionale deve essere rivista. Un nuovo concetto di cittadinanza dovrebbe essere preso in considerazione, che riconosca le persone come individui mobili che sono interconnessi e interdipendenti attraverso i confini nazionali».

Il messaggio è esplicito: il mercato della forza-lavoro europeo richiede lavoratori mobili e interconnessi, non impediti dai confini nazionali. Siamo ancora una volta alla *classe operaia europea*, senza frontiere.

MATURANO GLI EFFETTI DELL'INVERNO DEMOGRAFICO

Gli anni passano, e gli effetti dell'*inverno demografico* si cumulano nella popolazione residente in Italia e nelle sue componenti. Qui sotto riportiamo due visioni di questo fenomeno: una *fotografia* scattata il 1° gennaio 2017, e un *film* che parte dal 2003 e termina nel 2017. I dati sono quelli ufficiali dell'ISTAT, che all'inizio 2017 quantifica gli *stranieri* in Italia in 5 milioni, l'8,3% della popolazione.

La *fotografia* riproduce le piramidi delle età della popolazione residente divisa fra *cittadini italiani* e *stranieri*; sappiamo che *stranieri* equivale a *immigrati* con una approssimazione sempre più grossolana

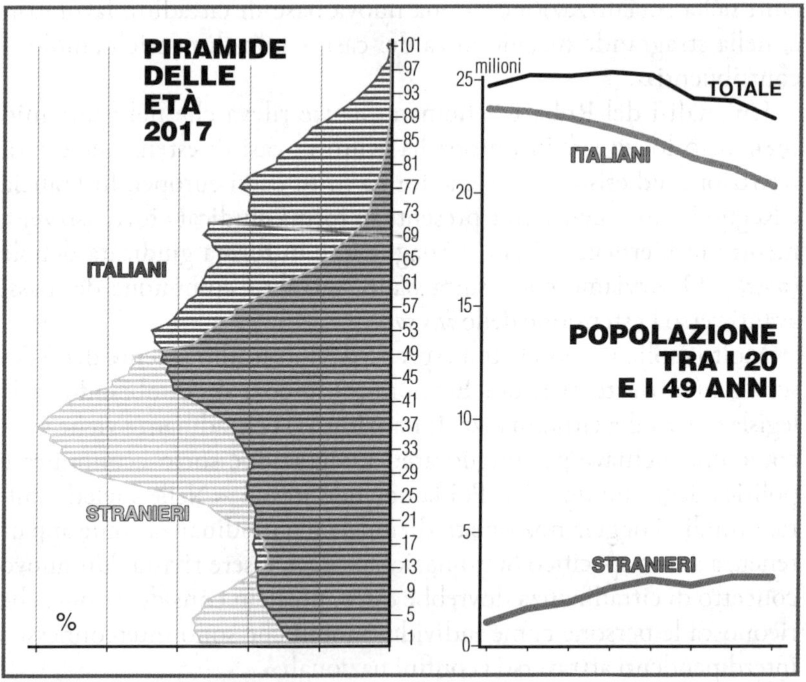

man mano che le generazioni entrano nel metabolismo sociale del paese. Il colpo d'occhio parla da sé: l'immigrazione è presente maggiormente nelle fasce d'età che fra gli autoctoni sono da tempo ridotte, e che però sono quelle cruciali per il funzionamento della macchina produttiva. Il diagramma completa il colpo d'occhio mostrando la dinamica negli ultimi quindici anni della popolazione di quella fascia di età cruciale per l'economia, fra 20 e 49 anni. Cruciale perché è quella che comprende la forza-lavoro nei trent'anni che vanno dall'uscita dalla formazione con gli studi, quando c'è stata, e l'inizio dell'attività lavorativa, fino alla maturità della prestazione lavorativa. Ma è una fascia cruciale anche dal punto di vista demografico, perché vi appartiene la grande maggioranza delle donne in età fertile: il numero di nascite non dipende infatti solo dal tasso di fecondità, ma anche dal valore assoluto delle donne in età di procreazione.

L'andamento della popolazione *italiana* di questa fascia è impietoso, perché in 14 anni perde 3,5 milioni di persone (245 mila l'anno) passando da 23,7 a 20,2 milioni. Gli immigrati (gli *stranieri*) passano da 1 a 3 milioni e, pur crescendo di 2 milioni, compensano solo per poco più della metà questa perdita: infatti il saldo è negativo di ben un milione e mezzo. Per di più l'incremento degli stranieri si è adesso molto rallentato, e sarà necessaria una ripresa dell'immigrazione mirata proprio a quelle fasce d'età per migliorare le cose. Del resto, l'aspetto della piramide del 2017 non promette niente di buono.

Gli stranieri sono però valutati da varie fonti pari a circa 6 milioni, un milione in più del dato ISTAT. Vi sono poi gli stranieri che hanno acquisito la cittadinanza italiana, che a partire dal nuovo secolo sono computati cumulativamente 1,1 milioni; si arriva così a circa 7,1 milioni, quasi il 12% dei residenti, persone legate *direttamente o indirettamente* all'immigrazione. Abbiamo ricostruito, con alcune stime, un quadro maggiormente realistico della presenza dell'*immigrazione in senso lato* in alcune fasce d'età. L'ipotesi di base è che la stragrande parte degli *stranieri* sia da considerare *immigrata*, e che coloro che hanno acquisito in vario modo la cittadinanza italiana lo siano anch'essi, come origine. Se ne ricava così un quadro diverso della popolazione *direttamente legata all'immigrazione*, anche indipendentemente dall'avere o no la cittadinanza italiana:

- da zero a 5 anni, il 19%: ciò vuol dire che, a fronte di quattro italiani autoctoni, ce n'è quasi un altro legato all'immigrazione;
- da 6 a 10 anni, il 15%, quasi uno a fronte di sei;
- da 26 a 30 anni, il 22%, più di uno a fronte di quattro;
- da 31 a 35 anni, il 24%, quasi uno a fronte di tre;
- da 36 a 40 anni, il 21%, più di uno a fronte di quattro.

La percentuale cala rapidamente sopra i 50 anni.

Le cifre parlano chiaro: *uno ogni cinque, uno ogni quattro, uno ogni tre*. È questa una delle tante misure del radicamento, in corso e a venire, dell'immigrazione nella popolazione italiana; e conseguentemente nella forza-lavoro, distaccamento italiano di una classe operaia europea nella quale la cittadinanza è solo un fattore di divisione e discriminazione.

Le generazioni immigrate in Italia (III) *

La presenza reale degli immigrati in un paese come l'Italia, che ha ormai alle spalle quasi due decenni di forte immigrazione preceduti da altri due di immigrazione regolarmente crescente, non può essere quantificata solo dalla *prima generazione* e dalla *seconda generazione* (i figli degli immigrati nati in Italia). L'articolazione è più complessa perché una parte degli immigrati e dei loro discendenti, man mano che si integra nel tessuto sociale e viene da esso metabolizzata, tende a scomparire anche dalle statistiche.

L'esempio francese

Catherine Wihtol de Wenden del CNRS francese, attenta studiosa delle migrazioni, ha analizzato per la Francia la questione della *seconda generazione* e di quelle a seguire (terza, quarta). Le differenze fra l'Italia e un paese che ha avuto importanti colonie e con un'immigrazione segnata da più fasi (la prima nel XIX secolo, la seconda fra le due guerre, la terza nel dopoguerra) sono profonde. Ma alcune considerazioni hanno valenza generale. Scrive la Wihtol che questa seconda generazione, e anche talvolta la terza o la quarta (non ancora in Italia), sono difficili da definire e in alcuni casi sono diventate *invisibili* nel panorama sociale ("Second generation immigrants: citizenship and transnationalism", 2014). Alla base sta principalmente l'effetto delle riunificazioni famigliari, che nel caso francese del dopoguerra iniziarono in maniera «inaspettata» dopo il 1974 quando furono (temporaneamente) chiuse le porte all'immigrazione di forza-lavoro per effetto della crisi.

Quindi lo schema proposto, e in parte generalizzabile, è questo: prima arriva la forza-lavoro, distribuita nelle fasce d'età corrispondenti; poi ci sono le riunificazioni famigliari, anche in periodo di calo dei

* Gennaio 2018.

flussi (come è quello attuale in Italia). Da qui partono, assieme a tutti i fenomeni paralleli d'integrazione (matrimoni, ecc.), le seconde (e poi successive) generazioni, sempre più *invisibili*.

Secondo il sociologo Flavio Ceravolo «la migrazione internazionale ha cambiato il volto dell'Italia e degli italiani, fino a produrre una nuova categoria di italiani, i figli degli immigrati, prodotto delle migrazioni internazionali»; e le seconde generazioni sono composte «esclusivamente da giovani». Cosa farne? «L'Italia sconta un ritardo significativo rispetto agli altri paesi europei nella creazione di capitale umano e non può permettersi di relegare possibili nuovi talenti in una condizione di marginalità» (*Straniero a chi?*, 2013).

A questo anche la Fondazione Agnelli ha dedicato uno studio. Il tema generale è quello dell'integrazione degli immigrati, e gli scopi sono chiaramente precisati: «Il grado di integrazione dei figli dell'immigrazione nella società italiana avrà un'influenza non secondaria sulla qualità del capitale umano di cui disporremo per affrontare le sfide dei prossimi decenni».

Si può dire che entrambi gli interventi usino parole chiare ed efficaci per inquadrare scopi e prospettive di una riformista *politica imperialista delle migrazioni* in Italia, mirata al migliore utilizzo di una forza-lavoro sempre più indispensabile, e carente in molte fasce di professionalità.

Intreccio di generazioni

Dall'analisi della Fondazione Agnelli possiamo trarre informazioni utili per cercare di inquadrare meglio la presenza attuale e futura degli immigrati nella società italiana. Una premessa è però necessaria: la piramide delle età di una popolazione senza migrazioni si modifica nel tempo solo per effetto delle nascite e delle morti; l'equivalente piramide di una popolazione immigrata invece si modifica soprattutto per gli ingressi, che si inseriscono direttamente nelle età tipiche dei migranti, meno per le nascite e ancor meno per le morti, che sono in numero ridotto perché la popolazione immigrata è sensibilmente più giovane di quella autoctona.

Nella figura, seguendo l'analisi citata, è riportata la piramide delle età, da zero a vent'anni, della giovane popolazione immigrata in senso

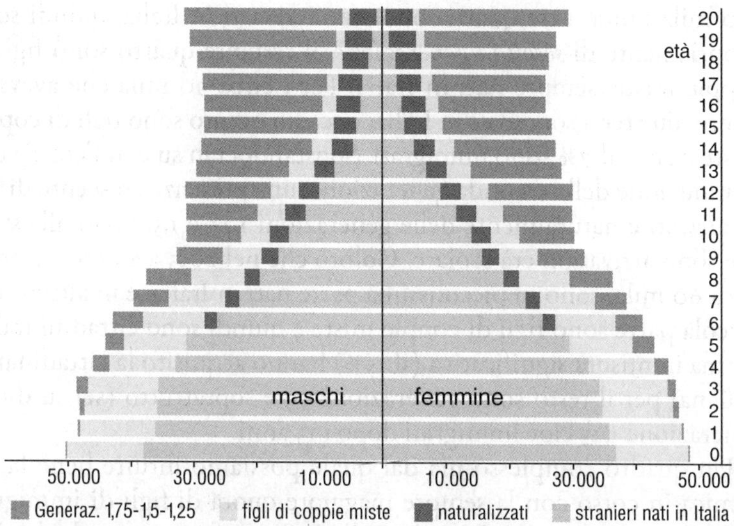

Piramide delle età dei giovani immigrati in senso lato in Italia nell'anno 2013. Generazioni 1,25–1,5–1,75: prima generazione, nata all'estero e giunta in Italia in età che va da prescolare a 17 anni.

Fonte: Stefano Molina, Fondazione Agnelli, 2014.

lato in Italia nell'anno 2013. Vengono individuate e quantificate sei categorie:

– i nati all'estero arrivati in età 13-17 anni, detti *generazione 1,25*;
– i nati all'estero arrivati in età 7-12 anni, definiti *generazione 1,5*;
– i nati all'estero arrivati in età prescolare, definiti *generazione 1,75*;
– gli stranieri nati in Italia, che sono la *seconda generazione* vera e propria;
– i *figli di coppie miste*, che sono italiani alla nascita;
– i *naturalizzati*, stranieri che hanno acquisito la cittadinanza italiana.

In sostanza la *prima generazione* che nel 2013 aveva fino a vent'anni è stata suddivisa in tre parti in relazione all'età alla quale è arrivata, in parte per ricongiungimenti famigliari, in parte per entrare direttamente sul mercato della forza-lavoro.

Si osserva che per l'età inferiore a un anno, che corrisponde a circa 100 mila unità, i tre quarti sono stranieri nati in Italia, quindi sono propriamente di *seconda generazione*, il restante quarto sono figli di coppie miste, sempre nati in Italia. Per i circa 90 mila che avevano 5 anni, due terzi sono nati in Italia, circa un quinto sono figli di coppie miste e circa il 7% sono immigrati. Spostandoci in su con l'età c'è una diminuzione della seconda generazione, una presenza crescente di naturalizzati e naturalmente delle generazioni 1,25 e 1,5, i nati all'estero che sono arrivati in età scolare. Coloro che nel 2013 avevano 20 anni, circa 60 mila, sono in piccolissima parte nati in Italia, e in altrettanto piccola parte sono figli di coppie miste e quindi sono cittadini italiani; ma in misura significativa (il 15%) hanno acquisito la cittadinanza italiana; per il resto sono generazione 1,5 e soprattutto (sei su dieci) generazione 1,25 cioè immigrati dopo i 13 anni.

Un quadro complesso ma dal quale possiamo intuire bene la dinamica in corso con la sempre maggiore quota di figli di immigrati nelle giovani e giovanissime classi d'età. Si confermano anche le altre fotografie della presenza immigrata giovanile. L'Italia sta integrando e metabolizzando il fortissimo incremento che c'è stato nel nuovo secolo. Lo studio evidenzia inoltre l'effetto di inerzia demografica, che porterà (e sta effettivamente portando) a una crescita della presenza degli immigrati nella scuola primaria e secondaria.

Sui banchi di scuola

Infatti un indicatore tra i più sensibili della profondità raggiunta dall'immigrazione in senso lato in un paese è quello della presenza degli stranieri nel sistema scolastico. Nelle scuole non possiamo che ritrovare il riflesso dei processi descritti e che riguardano le generazioni di *immigrati in senso lato*.

Vediamo un primo quadro sintetico. Nell'anno scolastico 2001/02, su 8,9 milioni di alunni nelle scuole (dalla materna alla secondaria superiore), gli stranieri non raggiungevano i 200 mila, il 2,2%, per due terzi nella materna e nella scuola primaria. Nel 2014/15 la popolazione scolastica totale è lievemente calata, ma gli stranieri si sono moltiplicati per quattro, con più forte crescita nelle secondarie, e pesano per il 9,2%. Gli alunni italiani (che comprendono anche gli immigrati naturalizzati, ormai non pochi negli ultimi anni della scuola di secondo grado) sono diminuiti di 680 mila unità, perdita non completamente colmata dalla crescita degli alunni stranieri che è stata di 620 mila. Di passaggio viene da chiedersi quante classi in meno vi sarebbero state nelle scuole italiane in quindici anni, se fosse mancato il rincalzo degli alunni stranieri.

Entriamo più nel dettaglio. C'è da osservare che la presenza nella scuola di secondo grado, inferiore di qualche punto rispetto agli ordini più bassi, tende ad allinearsi: nel 2014/15 è salita al 7% mentre è più o meno costante al 10% negli altri ordini, segno di un'integrazione scolastica che marcia verso l'alto. Le nazionalità degli alunni seguono quelle degli stranieri: le prime quattro (Romania, Albania, Marocco e Cina) ne coprono più della metà.

Ciò che più di tutto manifesta la profondità della presenza degli immigrati è la forte crescita, fra gli alunni, degli stranieri nati in Italia, quindi figli di genitori entrambi stranieri. Si è passati da un terzo di nati in Italia fra gli stranieri che vanno a scuola nel 2007/08 a più della metà nel 2014/15, ma con forti differenze per ordine. Nelle scuole materne, quasi nove stranieri su dieci sono nati in Italia, sette su dieci alle elementari, e poi a calare quattro su dieci nelle secondarie di primo grado e due in quelle di secondo.

La Lombardia, regione italiana col maggior peso d'immigrati, merita uno sguardo più in dettaglio perché, in particolare nelle città di Milano e Brescia, svetta per la presenza straniera nei banchi di scuola. Negli ultimi sei anni scolastici (da 2010/11 a 2016/17) la quota di stranieri è cresciuta di due punti percentuali e mezzo, e ha raggiunto il 14% (ma è il 17 nella primaria). Nei sei anni gli alunni stranieri sono cresciuti di più di 30 mila unità, gli italiani di 20 mila. Sappiamo anche che nel 2016/17 nella primaria i tre quarti sono nati in Italia, quota che scende alla metà nella secondaria di primo grado e a un quarto nel secondo.

Lontano dai riflettori

Le province col maggior numero di alunni stranieri vedono in testa la direttrice emiliana, partendo da Milano col 14,4% (e il 60% nati in

Italia), poi Piacenza (21 e 61) e giù fino a Bologna con quote analoghe; la direttrice veneta incontra Bergamo (15 e 64), Brescia (18 e 62) e via via, con lieve calo di presenza.

Aggiungiamo infine che i cosiddetti "ritardi scolastici" degli alunni stranieri, benché più elevati di quelli italiani, sono in calo: da quattro su dieci nel 2010/11 a poco più di tre su dieci nel 2014/15.

Il quadro, ormai definito, è questo: lontano dai riflettori, ma vicina alle variegate necessità del mercato della forza-lavoro, anno dopo anno la presenza delle seconde generazioni degli immigrati in senso lato silenziosamente procede. È un aspetto poco propagandato della versione italiana della *politica imperialista delle migrazioni*. Il problema è che per l'imperialismo italiano, seconda potenza manifatturiera d'Europa ma nel pieno di una grave crisi demografica, potrebbe non bastare.

Elenco degli istituti e organismi

Accademia Cinese delle Scienze Sociali, Beijing
ACS (American Community Survey), Washington
AEI (American Enterprise Institute), Washington
Berlin Institute for Population and Development (BIPD), Berlino
Brookings Institution, Washington
Bruegel (Brussels European and Global Economic Laboratory), Bruxelles
CENSIS (Centro Studi Investimenti Sociali), Roma
Centro di Studio delle Migrazioni, presso Robert Schuman Centre for Advanced Studies, Fiesole (Firenze)
Centro Studi di Confindustria (CSC), Roma
CFR (Council on Foreign Relations), New York
CNRS (Centre National de la Recherche Scientifique), Parigi
CSIS (Center for Strategic and International Studies), Washington
DELMI (Swedish Migration Studies Delegation), Stoccolma
DESA (Department of Economic and Social Affairs - ONU), New York
EPC (European Policy Centre), Bruxelles
Eurostat (Ufficio Statistico dell'Unione Europea), Kirchberg (Lussemburgo)
FMI (Fondo Monetario Internazionale), Washington
Fondazione Agnelli, Torino
FRS (Fondation pour la Recherche Stratégique), Parigi
IFRI (Institut Français des Relations Internationales), Parigi
IIASA (International Institute for Applied Systems Analysis), Vienna
ILO (International Labour Organization), Ginevra
INED (Institut National d'Études Démographiques), Parigi
INSEE (Institut National de la Statistique et des Études Économiques), Parigi
International Institute for Strategic Studies (IISS), Londra
International Migration Institute, Oxford
IOM (International Organization for Migration), Ginevra
ISMU (Iniziative e Studi sulla Multietnicità), Milano
ISTAT (Istituto Nazionale di Statistica), Roma
Istituto Max Planck per la Ricerca Demografica, Rostock
Istituto Montaigne, Parigi
IZA (Institute of Labor Economics – Institut zur Zukunft der Arbeit), Bonn
Japan Center for Economic Research, Tokyo
Japan Institute for Labor Policy and Training, Tokyo
KEI (Korea Economic Institute of America), Washington
Keidanren (Nippon Keizai Dantai Rengokai), Tokyo
Korea Employers Federation, Seul

McKinsey Global Institute
MEDEF (Mouvement des Entreprises de France), Parigi
Migration Policy Institute (MPI), Washington
Neodemos, Firenze
NHC (National Health Commission), Beijing
OCDE (Organisation de Coopération et de Développement Économiques), Parigi
ONU Population Division, New York
Pew Research Center, Washington
PRB (Population Reference Bureau), Washington
Robert Schuman Centre for Advanced Studies, Fiesole (Firenze)
Tokyo Immigration Bureau, Tokyo
UN Population Fund, New York
UNFPA (United Nations Population Fund), New York
United States Census Bureau, Suitland (Maryland)
World Bank, Washington
WTO (World Trade Organization), Ginevra

Bibliografia scelta

Adepoju Aderanti, *African Population Studies*, dicembre 2011
Alba Richard, *The great demographic illusion*, Princeton University Press, Princeton 2020
– "Il mito della minoranza bianca", 2015
Anderson Margo, *The american census: a social history*, Yale University Press, New Haven 2015
Annales de Géographie, t. 50, 1941, Armand Colin, Parigi
Berlin Institute for Population and Development - BIPD, "Europe's demographic future", agosto 2017
Billari Francesco e Dalla Zuanna Gianpiero, *La rivoluzione nella culla. Il declino che non c'è*, Università Bocconi Editore, Milano 2008
Bonifazi Corrado, *L'Italia delle migrazioni*, il Mulino, Bologna 2013
Bruegel, "Migration and mobility in the UE", 2018
Casella Roberto, *Battaglie e principi per una politica comunista*, Edizioni Lotta Comunista, Milano 2007
– "Proletari di pelle B", *Lotta Comunista*, gennaio 1978
– "Civiltà della vita", *Lotta Comunista*, aprile 1979
Censis, "53° Rapporto sulla situazione sociale del Paese", novembre 2019
Centro Studi di Confindustria, "Immigrati da emergenza a opportunità", giugno 2017
Ceravolo Flavio, "Straniero a chi?", *Quaderni di sociologia*, 2013
Cervetto Arrigo, *Opere*, Edizioni Lotta Comunista, Milano 2015-2020
vol. 2, *Il ciclo politico del capitalismo italiano*, Edizioni Lotta Comunista, Milano 1989
– "Psicologia come scienza degli affari", *Prometeo*, marzo 1954
vol. 4, *La contesa mondiale*, Edizioni Lotta Comunista, Milano 1990
– "Falchi, colombe e cicogne", *Lotta Comunista*, gennaio 1989
vol. 4, *Il mondo multipolare 1990-1995*, Edizioni Lotta Comunista, Milano 1996
– "L'onda asiatica e la bassa marea del welfare", *Lotta Comunista*, giugno 1994
– "Forza e debolezza delle potenze demografiche", *Lotta Comunista*, agosto/settembre 1994
vol. 18, *Relazioni 1980-81*, "Il referendum sulla legge regolante l'aborto", 22 maggio 1981
vol. 28, *Archivi (3)*, "Civiltà della vita" (manchette), *Lotta Comunista*, aprile 1979
Commissione europea, "L'impatto del cambiamento demografico", dicembre 2019
– "Rapporto sull'impatto dei cambiamenti demografici", giugno 2020
Csis, "Aumentare la forza-lavoro giapponese con l'immigrazione", dicembre 2016

Dalla Zuanna Gianpiero e Colombo Asher Daniel, "Immigration italian style, 1977-2018", *Population and Development Review*, settembre 2019
- "Migrazioni, demografia e lavoro in un paese diviso", *Quaderni di storia economica*, Banca d'Italia, settembre 2019

Dalvit Federico, *L'Europa nelle collisioni globali*, Edizioni Lotta Comunista 2018
- "La politica imperialista europea sull'immigrazione", *Lotta Comunista*, settembre 2915

Davoli Piermaria, *La classe operaia nel mondo. 1975-2002*, Edizioni Lotta Comunista, Milano 2003
- "Silenzioso ingresso nell'Italia industriale", *Lotta Comunista*, gennaio 1990
- "Roma matrigna", *Lotta Comunista*, aprile 1987

Due miliardi di salariati, Edizioni Lotta Comunista, Milano 2012
- "Le incognite della crescita cinese", *Lotta Comunista*, ottobre 2005
- "Un muro per arginare la «reconquista» dei latinos", ottobre 2006

Dorling Danny e Gietel-Basten Stuart, *Why demography matters*, Polity Press, Cambridge 2017

Epc, "Intra-EU mobility: the second building block of EU labour migration Politicy", maggio 2013

Frey William, *The diversity explosion: how new racial demographics are remaking America*, Brookings Institution Press, Washington 2014

Frontex, "Frontex Risk Analysis Network", marzo/aprile 2015

Goldin Ian, *Exceptional people*, Princeton University Press, Princeton 2011

Golini Antonio, *Italiani poca gente*, Luiss University Press, Roma 2019
- "The ages of populations", *Aspenia*, giugno 2009

Ifri, "Politique étrangère", settembre 2020

Iom, "Migration profile of the Republic of Korea", 2012
- "Fatal Journeys", 2014

Ismu, "25° Rapporto sulle migrazioni 2019", Franco Angeli, Milano 2020

Istat, "Rapporto sulla popolazione", 2017
- "Rapporto annuale" 2018
- "Rapporto annuale" 2019
- "Rapporto annuale" 2020
- "Rapporto annuale" 2022

La Barbera Guido, *Crisi globale e ristrutturazione europea*, Edizioni Lotta Comunista, Milano 2013
- "I nuovi fattori dello squilibrio politico italiano", *Lotta Comunista*, novembre 2007
- "L'imbroglio ecologico al tempo dell'Asia", *Lotta Comunista*, gennaio 2010

Lotta Comunista. Il modello bolscevico 1965-1995, Edizioni Lotta Comunista, Milano 2017
- Capitolo 12 "Il mutamento degli anni Ottanta",

Le Hong Hiep, "Vietnam's tyranny of geography", *The Diplomat*, luglio/agosto 2011

Lenin V.I., "Il capitalismo e l'immigrazione operaia", *Opere*, vol. 19, Edizioni Lotta Comunista, Milano 2002
[Lutz Wolfgang e Gailey Nicholas], *Depopulation. As policy challenge in the context of global demographic trends*, IIASA, 2020
[Lynn Daniel (a cura di)], *The Far East and Australasia 2007*, Routledge, Londra
Marx Karl, articoli sull'America scritti per *Die Presse* 1861, *Marx-Engels Opere*, vol. 19, Edizioni Lotta Comunista, Milano 2021
– "Introduzione (1857) ai Lineamenti fondamentali (Grundrisse)", *Marx-Engels Opere*, vol. 28, Edizioni Lotta Comunista, Milano 2023
May John, "Population policies in Europe", *L'Europe en formation*, marzo 2015, n. 377
McKinsey Global Institute, "Sustaining Vietnam's growth", febbraio 2012
Milward Alan, *The economic development of continental Europe 1780-1870*, Routledge, Londra 1973
OCDE, "Outlook 2012"
– "Economic Surveys, Korea", 2012
– "Factbook 2013: Economic, Environmental and Social Statistics"
ONU e IOM, "Situation report on international migration in East and South-East Asia", Bangkok 2008
ONU Population Division, "World Population Prospects 2014" (WPP 2014)
– "World Population Prospects 2019" (WPP 2019)
– "World Population Prospects 2022" (WPP 2022)
Parusel Bernd e Tamas Kristof, "The most open system for labour immigration – has it worked?", *Migration Policy Practice*, febbraio-marzo 2016
[Perkins Dwight H. e Vu Thanh Tu Anh], "Viet Nam's Industrial Policy: designing politicies for sustainaible development", UNDP-Harvard Kennedy School, gennaio 2010
Rossi Salvatore e Giunta Anna, *Che cosa sa fare l'Italia*, Laterza, Roma-Bari 2017
Strozza Salvatore e De Sanctis Gustavo (a cura di), *Rapporto sulla popolazione*, il Mulino 2017
Tertrais Bruno, *Le Choc démographique*, Éditions Odile Jacob, Parigi 2020
UNFPA Population & Development Branch, "Policy responses to low fertility: how effective are they?", 2020
Whitby Andrew, *The sum of the people*, Basic Books, New York 2020
Wihtol de Wenden Catherine, "Second generation immigrants: citizenship and transnationalism", *Araucaria*, gennaio/giugno 2014, vol. 16
[Zeman Krištof, Beaujovan Eva, Brzozowska Zuzzanna, Solbotka Tamáš], "Cohort fertility decline in low fertility countries", *Demographic research,* febbraio 2018, vol. 38
Zola Émile, *Fécondité*, 1899
– *Germinal*, 1885

Indice delle cartine, delle tabelle e dei grafici

Indice dei nomi

O-P

Q-R

S

T

V

W

X-Z

EDIZIONI LOTTA COMUNISTA

Collana Testi

A. Cervetto	Lotte di classe e Partito rivoluzionario
A. Cervetto	L'imperialismo unitario
L. Parodi	Critica del sindacato riformista
L. Parodi	Critica del sindacato subalterno
A. Cervetto	Il ciclo politico del capitalismo di Stato. 1950-1967
R. Casella	La crisi sindacale degli anni Ottanta
A. Cervetto	La difficile questione dei tempi
A. Cervetto	La contesa mondiale
A. Cervetto	L'ineguale sviluppo politico. 1968-1979
A. Cervetto	L'involucro politico
A. Cervetto	Il mondo multipolare. 1990-1995
A. Cervetto	Forze e forme del mutamento italiano
A. Cervetto	Metodo e partito-scienza
L. Parodi	Studi sullo sviluppo del capitalismo in Italia – I
G. La Barbera	La crisi del capitalismo di Stato. 1989-1995
R. Casella	La disfatta sindacale nel ciclo europeo
G. La Barbera	Crisi di internazionalizzazione
G. La Barbera	L'instabile ordine del multipolarismo. 1995-2001
G. La Barbera	L'Europa e la guerra
S. Motosi	Scritti. Indagine scientifica e passione rivoluzionaria
G. La Barbera	L'Europa e lo Stato
R. Pastorino	Il compito inedito
L. Parodi	Studi sullo sviluppo del capitalismo in Italia – II
R. Casella	Battaglie e principi per una politica comunista
G. La Barbera	L'Europa, l'Asia e la crisi
R. Casella	Illusioni alla berlina e certezza del marxismo
L. Parodi	Studi sullo sviluppo del capitalismo in Italia – III
N. Capelluto	La crisi delle relazioni globali
L. Parodi	Grandi famiglie del capitale
G. La Barbera	Lotta Comunista. Il gruppo originario. 1943-1952
G. La Barbera	Crisi globale e ristrutturazione europea
G. La Barbera	La nuova fase strategica
G. La Barbera	Lotta Comunista. Verso il partito strategia. 1953-1965
P. Rivetti	I sindacati nella ristrutturazione europea
	Terrorismo reazionario, europeismo imperialista, internazionalismo comunista
G. La Barbera	Lotta Comunista. Il modello bolscevico. 1965-1995

R. Pastorino	La loro politica e la nostra
G. La Barbera	Crisi dell'ordine e pandemia secolare

Collana Classici

K. Marx, F. Engels	Manifesto del Partito Comunista
F. Engels	Note sulla guerra franco-prussiana del 1870-1871
L. Trotsky	Le guerre balcaniche. 1912-1913
K. Marx, F. Engels	Voci per *The New American Cyclopædia*
K. Marx, F. Engels	Lettere. 1874-1879
K. Marx, F. Engels	Lettere. 1880-1883 (marzo)
A. Bordiga	Struttura economica e sociale della Russia d'oggi
F. Engels	Lettere. aprile 1883 - dicembre 1887
K. Marx, F. Engels	Scritti. febbraio 1854 - febbraio 1855
F. Engels	Scritti. maggio 1883 - dicembre 1889

Opere di Marx ed Engels

50 volumi di testi più un volume di Indici
(In corso di pubblicazione)

Opere di V.I. Lenin

45 volumi di testi più un volume di Indici

Opere di Arrigo Cervetto

28 volumi di testi più un volume di Indici

Raccolte

Lotta comunista. Raccolta 1965-1982
Lotta comunista. Raccolta 1965-1995
Lotta comunista. Raccolta 1983-1995
Lotta comunista. Raccolta 1996-2003
Lotta comunista. Raccolta 2004-2010
Lotta comunista. Raccolta 2011-2017
Lotta comunista. Annata 2007
Lotta comunista. Annata 2008
Lotta comunista. Annata 2009
Lotta comunista. Annata 2010
Lotta comunista. Annata 2011
Lotta comunista. Annata 2012
Lotta comunista. Annata 2013
Lotta comunista. Annata 2014
Lotta comunista. Annata 2015

	Lotta comunista. Annata 2016
	Lotta comunista. Annata 2017
	Lotta comunista. Annata 2018
	Lotta comunista. Annata 2019
	Lotta comunista. Annata 2020
	Lotta comunista. Annata 2021

Collana Analisi

L. Parodi	Cronache operaie
F. Palumberi	La battaglia mondiale dell'automobile
M. Boschetti	Industria e farmaci
P. Davoli	La classe operaia nel mondo. 1975-2002
G. Poggi	Cronache militanti
F. Montalbetti	Gli imperi dei mass media in Europa
A. Cervetto	Ricerche e scritti
R. Casella	Giganti dell'Asia
N. Capelluto, F. Palumberi	Energia e petrolio nella contesa imperialista
D. Bianchi	La Russia nel mondo multipolare
F. Palumberi	La democrazia imperialista in America
P. Migone, B. Ferroglio	La battaglia mondiale delle telecomunicazioni
G. De Simone	Il Giappone e la crisi
F. Palumberi	La militarizzazione dello spazio
F. Palumberi	Gli imperi dei mass media in America
P. Davoli	Due miliardi di salariati
R. Casella	Il secolo dei Giganti dell'Asia
G. Conti, a cura di	Cronache del berlusconismo
G. De Simone	Grande Medio Oriente. Crisi e guerre della nuova fase strategica
G. Motosi, P. Nardini	La battaglia mondiale dell'acciaio
C. Avalli	La questione storica dell'unità italiana
F. Dalvit	L'Europa nelle collisioni globali
G. Conti	Squilibrio italiano e vincolo europeo
F. Palumberi	L'automobile e la sfida elettrica Guerre, crisi e battaglie dell'auto nel nuovo secolo
D. Bianchi	La Russia in guerra nella crisi dell'ordine
G. Motosi	Democrazia imperialista in Cina Dilemmi del pluralismo a partito unico
P. Davoli	Demografia e migrazioni nel mutamento epocale

Collana Ricerche

AA.VV.	Primo Maggio, nella storia della classe operaia
AA.VV.	Ungheria 1956. Necessità di un bilancio

Antologia	Bruno Fortichiari. In memoria di uno dei fondatori del PCd'I
G. Munis	Lezioni di una sconfitta, promessa di vittoria
G.G. Cavicchioli, a cura di	Ottobre 1917. 100 anni. 100 militanti della rivoluzione
G.G. Cavicchioli, E. Gianni, a cura di	1919 L'Internazionale Comunista. 100 anni. 100 militanti del Partito mondiale
G.G. Cavicchioli, E. Gianni, a cura di	PCd'I 1921. 100 anni. 100 militanti del Partito comunista d'Italia
M. Mancini, E. Gianni, a cura di	1871 La Comune di Parigi. 150 anni. I militanti del Consiglio della Comune

Collana Documenti

AA.VV.	Marx. Scienziato e rivoluzionario
AA.VV.	Lenin. Coscienza e volontà rivoluzionaria
AA.VV.	Engels. Scienza e passione rivoluzionaria
D.B. Rjazanov	Alle origini della Prima Internazionale
F. Lessner	Ricordi di un operaio comunista
W. Wolff	Il miliardo slesiano ed altri scritti
I.V. Babuškin	Ivan V. Babuškin, militante bolscevico
H. Schlüter	La Prima Internazionale in America

Biblioteca giovani

V.I. Lenin	L'imperialismo, fase suprema del capitalismo
F. Engels	Antidühring
V.I. Lenin	Stato e rivoluzione
V.I. Lenin	Materialismo ed empiriocriticismo
V.I. Lenin	Che fare?
V.I. Lenin	L'estremismo malattia infantile del comunismo
A. Cervetto	Lenin e la rivoluzione cinese
V.I. Lenin	Che cosa sono gli "Amici del popolo"?
V.I. Lenin	La rivoluzione proletaria e il rinnegato Kautsky
K. Marx	La guerra civile in Francia
K. Marx, F. Engels	La concezione materialistica della storia
V.I. Lenin	Il socialismo e la guerra
	La scelta comunista
Antologia	La fondazione dell'Internazionale Comunista. Marzo 1919

K. Marx	Per la critica dell'economia politica
K. Marx	Lavoro salariato e capitale
K. Marx	Salario, prezzo e profitto
K. Marx	Le lotte di classe in Francia dal 1848 al 1850
K. Marx	Il diciotto brumaio di Luigi Bonaparte
F. Engels	La situazione della classe operaia in Inghilterra
	Una causa di tutta l'umanità
Antologia	Il razzismo è in casa nostra

Finito di stampare nel mese di febbraio 2023

Stampa
Galli Thierry Stampa, Milano